本书是教育部人文社会科学研究青年基金项目“日本明治时期的阳明学文献整理与研究”（18YJC720028）、重庆市社会科学规划青年项目“日本明治时期的阳明学研究”（2020QNZX64）、重庆市教育委员会人文社会科学研究重点项目“阳明学在日本明治时期的影响研究”（22SKGH125）、重庆市邮电大学人才引进项目“日本明治时期的阳明学研究”（K2017-85）的研究成果。

日本明治时期的阳明学研究

徐倩◎著

中国社会科学出版社

图书在版编目（CIP）数据

日本明治时期的阳明学研究／徐倩著．—北京：中国社会科学出版社，2022.5

ISBN 978-7-5227-0019-9

Ⅰ．①日…　Ⅱ．①徐…　Ⅲ．①王守仁（1472-1528）—哲学思想—研究　Ⅳ．①B248.25

中国版本图书馆CIP数据核字（2022）第060504号

出版人　赵剑英
责任编辑　梁剑琴
责任校对　李　莉
责任印制　郝美娜

出　　版　中国社会科学出版社
社　　址　北京鼓楼西大街甲158号
邮　　编　100720
网　　址　http：//www.csspw.cn
发行部　010-84083685
门市部　010-84029450
经　　销　新华书店及其他书店

印刷装订　北京君升印刷有限公司
版　　次　2022年5月第1版
印　　次　2022年5月第1次印刷

开　　本　710×1000　1/16
印　　张　11.25
插　　页　2
字　　数　179千字
定　　价　68.00元

前　言

以三宅雪岭、高濑武次郎、井上哲次郎为代表的日本明治阳明学研究，可谓是东亚近代阳明学研究的起点，他们开启的阳明学研究范式影响深远，如今中日阳明学界一些流行观点仍可被视为其核心思想的变形。不仅如此，他们勾勒的阳明学形象几乎成为常识，被中国、日本社会的一般民众所接受，成为民众了解阳明思想的窗口，例如“心即理”“知行合一”“致良知”三纲领快餐式解读法。但是，对他们筚路蓝缕的开拓之旅，中日学界缺乏足够的研究。笔者希望通过本书能够深入三宅雪岭、高濑武次郎、井上哲次郎的思想内部，勾勒出日本近代阳明学发展的线索，全面、客观地评价他们的研究成果。

全书共有五个部分：

第一章主要对于中日学界的阳明学研究状况进行了概述。在中国方面，从与本书密切相关的阳明学理学脉、后学分派两个方面进行了综合性考察；在日本方面，则按照江户时代、明治时期、大正及以后的时间线进行了纵向考察。

第二章试图解答以下核心问题：三宅雪岭开启了怎样的日本近代阳明学研究？第一节围绕三宅雪岭在东京帝国大学所受的学术启蒙，及其独特的哲学观之形成展开论述。第二节探察了三宅雪岭的儒教观，包括其对儒教批判的回应、对儒教思想史的建构等内容。这两节正是三宅雪岭阳明学研究深入展开的理论底色。在第三节中，笔者以 1893 年出版的《王阳明》为核心，并联系同时期的其他思想著作，系统梳理了三宅雪岭阳明学研究的主要观点。第四节总体归纳了三宅雪岭阳明学研究的三大倾向及其贡献与不足。

第三章在总体梳理高濑武次郎的学术生涯的基础上，以其明治时期主要的阳明学论著，即《日本之阳明学》（1898 年）、《阳明学阶梯》（1899 年）、《王阳明详传》（1904 年）、《阳明学新论》（1906 年）、《中国哲学史》（1910 年）等为一手文献，阐述高濑武次郎在日本阳明学谱系的搭建、在阳明哲学理论的拓展等方面的贡献，及其对于中国阳明学研究产生的影响。本章共分为四节：第一节“高濑武次郎其人其学”，第二节“日本阳明学谱系的建立”，第三节“阳明学新论”，第四节“高濑武次郎的中国影响及其思想的总体评价”。

第四章集中描绘了被称为日本近代阳明学研究主流的井上哲次郎的阳明学景象。第一节以“东京帝国大学启蒙时期—德国留学时期—归国后成为官学泰斗时期”为核心线索考察了井上哲次郎的学术生涯，概观其在明治时期主要的研究趋向；第二节尝试从学理建构（即“东洋哲学史的研究”）与价值重构（即“由伦理修身走向国民道德”）两方面来探讨井上哲次郎的儒学观，这两点亦是其阳明学研究屡屡关照的核心理论背景；在第三节中，在厘清井上哲次郎儒学三部曲（1900 年《日本阳明学派之哲学》、1902 年《日本古学派之哲学》、1905 年《日本朱子学派之哲学》）相互关系的基础上，从日本阳明学谱系的构想、日本阳明学特殊性的凸显、作为两种思想武器的阳明学、与武士道的关联四个方面阐释井上哲次郎的日本阳明学研究的独创性；第四节总体评价井上哲次郎阳明学研究的贡献及不足。

结语对全书进行归纳，阐述以三宅雪岭、高濑武次郎、井上哲次郎为代表的日本近代阳明学研究的总体特点，以及对于东亚阳明学研究的影响、启示。

目　　录

引　言

第一节　研究契机

近代以来，儒学现代化的问题一直是学界的重点、难点问题。经过熊十力、马一浮、钱穆、冯友兰、唐君毅、牟宗三、徐复观、萧萐父、成中英、杜维明、郭齐勇、陈来等几辈学者的探索耕耘，儒学现代意义的诠释愈加多样，融入当代、走向未来的路径也更加多元。20 世纪 90 年代以来，不仅在学界，从官方到民间对儒学的关注也持续升温，社会各方人士在儒学与现代社会的关系问题上各持己见、多有激辩。然而回顾历史可以发现，在以儒学为共同思想基轴的东亚文化圈中，最早面临这一问题的当属明治时代的日本。

德川幕府崩坏后，旧式“正统”思想体系瓦解，西方思想的浪潮席卷而来，日本明治初期的思想界空前活跃。丸山真男在《明治时代的思想》中指出，明治时期的知识人面临两个重要的转变：一是从身份社会中解放出来，向曼海姆所说的“社会性流动”阶层转化；二是此前是由公权组织（作为权力机构一部分的学问场所，如教会）配给正统思想，此后多样化的学说开始在知识市场中自由竞争。[①] 从庙宇中走出来的“儒学”失去庇护，一时成为明治知识人批判的靶子。福泽谕吉[②]、

① 丸山眞男「明治時代の思想」,『丸山眞男集』第六卷，東京：岩波書店 1995 年版。

② “儒教在后世愈传愈坏，逐渐降低了人的智德，恶人和愚者越来越多，一代又一代地相传到末世的今天，这样发展下去简直要变成了禽兽世界。”详见福泽谕吉《文明论概略》，北京编译社译，商务印书馆 1959 年版，第 149 页。

津田左右吉[①]就曾激烈地抨击儒教。儒学尤其是朱子学被视为导致日本社会停滞不前、阻碍西方文明传播之物。比较文化论学者柳父章指出，明治思想史上的“传统”问题多被作为阻碍近代化的封建残渣而被否定，“传统”在日本近代国家及近代思想的形成中的参与是极其有限的，对其停滞性、脆弱性的批判一直都在进行。[②] 然而，回到明治时代的知识语境中可以发现，近世知识传统的解体与近代西方思想的接纳是同步进行的。基于幕府学制的要求，许多明治知识人都上过寺子屋、私塾，有着深厚的汉学素养，福泽谕吉本人也熟谙儒学经典。思想的历史是由一个个体及其背后的实际经历所构筑的。从明治知识人共同的儒学体验来看，[③] 很难做出中国儒学与日本近代化没有丝毫关联的定论。徐水生教授在《中国儒学与日本现代化的复杂关联》中从儒学与近代天皇制、西学受容、日本近代企业文化等层面梳理出两者的联动性，客观来看二者的关系并非单一线性式的，而应是复杂多维立体式的。[④] 笔者通过爬梳近代知识人的儒学论述，发现在这一问题的背后还紧扣着“日本化”的主体性线索。正由于此，近代以来的一些日本知识人难以在该问题上保持冷静的态度。在“近代化”与“日本化”双重焦虑的炙烤下，他们对于儒学进行了有意的变形、捏塑，使之符合日本式近代化的廓形，而这在阳明学上表现得尤为明显。

鹿鸣馆时代之后，一些明治知识人开始反思日本文化主体性问题，主张重新评价日本传统文化的近代价值，这其中便包括儒学。以陆羯南、三宅雪岭、志贺重昂、井上圆了等为代表的政教社和以德富苏峰为代表的民友社开始反思欧化浪潮，揭起了“国粹主义”“平民主义”之大纛，他们以《日本人》《亚细亚》《国民之友》为阵地，在民间发起了国粹主义运动。在这场运动中，“东洋”作为西洋的对抗性话语被提出并广泛普及。冈仓天心便说：“亚洲本为一体，以喜马拉雅为界可以划分出两种文明，即孔子共同社会主义的中国文明和吠陀个人主义的印

① 津田左右吉曾说儒教是“压抑人性的中国思想”。津田左右吉「文学観」，『文学に現れたる我が国民思想の研究——平民文学の時代中——』，洛陽堂 1921 年版。

② 柳父章『翻訳の思想』，東京：平凡社 1977 年版。

③ 渡辺和靖『明治思想史——儒教的伝統と近代認識論』，東京：ぺりかん社 1979 年版。

④ 徐水生：《中国儒学与日本现代化的复杂关联》，《南国学术》2015 年第 2 期。

度文明。"[①] 儒学尤其是迥异于朱子学的阳明学作为亚洲文化圈共同的思想资源重新受到日本国粹派知识人的重视。1893 年，三宅雪岭撰写了《王阳明》一书，政教社机关杂志《日本人》连续多月刊出大幅整版广告宣传此书。该书将阳明哲学简要总结为"心即理""知行合一""致良知"，这便是"王阳明哲学思想的三点式快餐理解法的原型"[②]。更值得注意的是，三宅雪岭直接将日本明治维新的精神原动力归于阳明学，"幕府藩制衰颓的同时，学术也随之束缚废弛。维新时期挺身而出的志士，大多都修习阳明良知之学"[③]。同年，德富苏峰的经典著作《吉田松阴》问世，书中特别指出明治维新的精神领袖吉田松阴多受阳明学之滋养。[④] 此后，伴随着《教学大旨》《大日本帝国宪法》《教育敕语》等的颁布，以天皇制为核心的国民道德思想成为新一轮"正统"思想中的一环。沿着三宅雪岭、德富苏峰的路径，高濑武次郎、井上哲次郎开始进一步发掘阳明学中可供使用的近代性资源，阳明学与国体、伦理修身、国民道德、武士道等有了更多绵密的关联，其目的在于塑造日本国民对于天皇制国体的集体认同。有趣的是，阳明学不仅受到官方学者的重视，经由明治时期基督教传教士的宣传，它在日本社会民众中也获得了较高的认可度。明治基督教思想家内村鉴三曾感叹，阳明学充溢着进步的希望，却曾和基督教一样不被国家认可。[⑤] 隅谷三喜男指出，明治时期日本社会对于基督教的受容是以阳明学为基础的，"阳明学在反封建斗争中扮演了积极的角色，对于基督教的理解而言，它的作用在于'预备主的道，修直他的路'（马太福音 3：3）"[⑥]。深厚的民众根基和高度的官方认可让阳明学成为塑造明治国民精神不可或缺的思

① 岡倉天心『东洋の理想』，亀井勝一郎、宮川寅雄編『明治文学全集・冈仓天心集』，東京：筑摩書房 1968 年版，第 6 頁。

② 邓红：《何谓"日本阳明学"》，《华东师范大学学报》（哲学社会科学版）2015 年第 4 期。

③ 三宅雪嶺「王阳明」，『三宅雪嶺集』，柳田泉編『明治文学全集』第 33 巻，東京：筑摩書房 1967 年版，第 313 頁。

④ 德富蘇峰『吉田松陰』，東京：岩波書店 2001 年版。

⑤ 内村鑑三『代表的日本人』，『明治文学全集 内村鑑三集』第 39 巻，東京：筑摩書房 1967 年版，第 132—133 頁。

⑥ 隅谷三喜男『近代日本の形成とキリスト教』，東京：新教出版社 1961 年版，第 27 頁。

想资源。

近年来中日学界已经注意到，在儒学问题上“日本化”与“近代化”是彼此纠葛、不可分割的。平石直昭在《德川思想史图像的综合构成——“日本化”和“近代化”》①中指出“封建思想的近代化”与“外来思想的日本化”是战后日本德川思想史研究的主要范式。吴震在《19世纪以来“儒学日本化”问题史考察：1868—1945》中也强调：“从‘日本化’与‘近代化’的视角出发来重构近代日本思想史，是具有方法论意义的。”② 有鉴于此，笔者认为需要对“近代化”与“日本化”双重夹击下的明治阳明学做一系统考察，明治知识人对阳明学做了怎样的主体性重塑？日本近代阳明学中有哪些合理性与非合理性因素？它又是如何深刻影响了民众的精神世界、改写日本近代历史的？通过这一系列考察，本书希望：一来更为全面地审视阳明学在日本近代社会的发展脉络，呈现中日阳明学的历史差异；二来通过日本的历史坐标，为中国乃至整个东亚国家当下面临的儒学现代化问题提供参照。

第二节　研究综述

钱明在《关于东亚世界的“阳明学”概念》中，对于中国、朝鲜、日本使用的“阳明学”概念进行了文本梳理，指出“尽管‘阳明学’之术语最早由中朝两国学者提出，但近代意义上的‘阳明学’概念，也就是与‘朱子学’相对的、具有强大实践功能的、在行动主义、道德主义以及革新诉求意义上使用的‘阳明学’概念或者说价值判断，应该说是由日本学者首先提出的。”③ 张崑将则在《当代日本学者阳明学研究的回顾与展望》中指出近现代日本阳明学有两个十分值得注意的阶段，“一是在甲午战后的阳明学研究热潮，带有近代日本国家主义的色彩；一是在战后的1972年，特选择在王阳明逝世五百周年纪念上，

① 平石直昭「德川思想史像の綜合的構成——「日本化」と「近代化」」，平成6至7年度科学研究费补助金（综合研究A）研究成果报告书（非公开出版物），1996年。

② 吴震：《19世纪以来“儒学日本化”问题史考察：1868—1945》，《杭州师范大学学报》（社会科学版）2015年第5期。

③ 钱明：《关于东亚世界的“阳明学”概念》，《贵阳学院学报》（社会科学版）2015年第2期。

集合一流的汉学者编辑出版了《阳明学大系》十二卷”①。本书集中考察的是前者，即日本近代第一次阳明学研究热潮。与此同时，需要明确的是，明治时期的“日本阳明学”与第二次世界大战后日本的阳明学研究是两个不同的概念。邓红在《何谓“日本阳明学”》中对“阳明学”一词进行了界定：“阳明学”是典型的“和制汉语”，由吉田松阴最早在《己未文稿·与入江杉藏信》中使用，在学派承传上称王阳明、李贽、大盐平八郎为“阳明派”；明治以后，“阳明学”出现了两条发展路径，一是明治二十至三十年（1890 年）以后，三宅雪岭、德富苏峰、陆羯南等人为批判政府的表皮式欧化政策而倡导的作为“国民道德”的（近代）阳明学；二是战后日本学者在中国哲学史领域里开辟的王阳明哲学思想研究。② 邓红将这两者进行了明确的区分，认为前者是一场命名为“日本阳明学”的社会运动，三宅雪岭、高濑武次郎、井上哲次郎等人的论著都是对于“日本阳明学”的学术包装；后者则指向日本学术界对于王阳明及其后学的哲学思想研究，这在明治思想界异常冷清，直到第二次世界大战后才由安田二郎、岛田虔次等人真正开启。

钱明教授归纳出东亚近代意义上的“阳明学”概念是准确的，进而张崑将教授、邓红教授将明治时期与第二次世界大战后的阳明学区别而论亦是妥当的。与此同时，笔者以为对于明治时期的日本阳明学应该做更进一步的区分：一种是学院式的阳明学研究，一种是社会式的阳明学运动。前者以三宅雪岭、井上哲次郎、高濑武次郎为代表，他们均是东京帝国大学哲学科出身，最早接受近代西方哲学的影响，同时反思欧化浪潮，试图融合东、西洋思想以复活传统文化，从而进化出日本思想，宣扬国粹主义、日本主义，他们的阳明学研究基本上便是从这一立场出发，进而利用西方哲学理论阐释王阳明哲学，梳理中日阳明学谱系，重新发现阳明学的近代价值。“阳明学运动”则是以阳明学的社会普及为目标，以 1896 年吉本襄创办的《阳明学》杂志、1906 年东敬治的《王

① 张崑将：《当代日本学者阳明学研究的回顾与展望》，《台湾东亚文明研究学刊》2005 年第 2 期。

② 邓红：《何谓“日本阳明学”》，《华东师范大学学报》（哲学社会科学版）2015 年第 4 期。

学杂志》（1908年更名为《阳明学》）、1907年石崎东国成立“洗心洞学会”（12月改名为“大阪阳明学会”，创办《阳明》杂志，1919年更名为《阳明主义》）为核心，扩大了阳明学在社会大众中的影响力。此外，内村鉴三、松村介石、植村正久、柏木义圆、新渡户稻造等基督教教徒将阳明学与基督教、武士道等勾连起来，阳明学借助宗教的力量在底层民众中进一步提升了认可度。值得一提的是，在三岛中洲的天皇侍讲中，在中江兆民、幸德秋水等人的社会主义运动中，在夏目漱石、北村透谷、国木田独步等文学家的文学作品中各种社会层面都屡屡浮现了阳明学的身影，笔者暂将其归为明治时期的“阳明学运动”。阳明学研究与阳明学运动二者不可分割、相互影响，前者为后者提供了丰富的思想资源，促进运动的深入开展；后者则刺激了研究的活力，进一步拓展了阳明学研究的广度。笔者将集矢于明治时期的阳明学研究，以三宅雪岭、高濑武次郎、井上哲次郎为中心，逐渐探索日本近代阳明学拔锚起航的过程。

对于日本阳明学研究情况，彭国翔、钱明、张崑将、邓红、王锟等学者在各自撰写的回顾性文章中均有涉及，① 山下龙二在《日本阳明学大系·第一卷》、吉田公平在《日本的阳明学》中也详细梳理了中日王阳明研究的综合性资料。② 下面笔者将围绕本论文的核心问题，对中日学界当前的研究状况做一个介绍。

关于日本近代阳明学史的研究。吉田公平在《日本的阳明学》③ 中指出日本自江户时代以来经历了五次阳明学运动：第一次在17世纪后半期，以中江藤树、熊泽蕃山、渊冈山等人为代表；第二次

---

① 可参考以下论文：Peng Guoxiang，“Contemporary Chinese Studies of Wang Yangming and His Followers in Mainland China”，*Dao*：*Journal of Comparative Philosophy*（U. S. A），Vol. 11，No. 2，June 2003，pp. 311-329；钱明：《阳明后学研究的回顾与瞻望》，《中共宁波市委党校学报》2004年第1期；张崑将：《当代日本学者阳明学研究的回顾与展望》，《台湾东亚文明研究学刊》2005年第2期；邓红：《何谓“日本阳明学”》，《华东师范大学学报》（哲学社会科学版）2015年第4期；王锟：《从思想到学术：20世纪阳明学研究的流变与走向》，《贵州师范大学学报》（社会科学版）2016年第2期。

② 山下竜二『日本の陽明学』，『日本陽明学大系』第一巻，東京：明德出版社1971年版。吉田公平「王陽明研究史」，『日本における陽明学』，東京：ぺりかん社1999年版，第201—257頁。

③ 吉田公平『日本における陽明学』，東京：ぺりかん社1999年版，第6—9頁。

在18世纪，以三轮执斋、川田雄琴等为代表，阳明学中作为心学原理的性善说成为思想界共同的资源；第三次阳明学运动以佐藤一斋、大盐中斋、吉村秋阳、东泽泻等为代表，活跃于幕末维新时期；第四次阳明学运动兴起于明治30年代前后，以吉本襄、东敬治、石崎东国等为核心，随着《大日本帝国宪法》《教育敕语》的颁布，反省过度西化，试图对于儒教等东洋思想重新评价，为富国强兵的目的，用儒教伦理强化国民的"臣民"意识；第五次是在第二次世界大战后，《日本国宪法》实施，否定了此前的臣民思想，主张国民的基本人权，阳明学作为个人教养性、常识性学问重新得到市民的支持。而该书的研究重点集中于前三个时期，即江户至幕末维新时期的阳明学运动，对于后两个时期偶有涉及。大桥健二在《良心与至诚的精神史——日本阳明学的近代》① 中指出日本儒教的特色是"诚本主义"，而王阳明不仅要求至诚，还强调对于普遍性事物的认知能力，即良心，大桥健二以"至诚""良心"为线索，由国家主义、基督教、自由民权运动等与阳明学的关系出发，试图回答"阳明学对于日本人的价值体系带来了怎样的结构性变化"这一核心问题。小岛毅在《近代日本的阳明学》② 中着重剖析了阳明学与国体、武士道、日本精神之间被建构的关联性，所谓追随天皇的正当性逻辑，源于在戊辰战争中确立的独善性理论以及藤田东湖编撰的《大日本史》，这也是赖山阳的《日本外史》；进而，在以动机正确的"大义"之战的根据下，还在称扬"圣战"、追问"为什么会失败"，这种停止反思的样态正是水户学的大义名分论与日本阳明学的纯粹动机主义相结合的产物。③ 荻生茂博在《近代·亚洲·阳明学》④ 中指出，阳明学所谓的心情的纯粹性、激烈的实践性特色乃是在近代民族主义思潮下创造出来的一种想象。"阳明学=幕末维新精神原动力"的图示经由三宅雪岭、高濑武次郎、井上哲次郎等人一步步强化而来。例如，从中国阳明学的脉络来看，被幕末志士奉为精神偶像的阳明学者大盐中斋的思想，毋宁说是折衷阳明学与朱子学而来。他认为应

① 大橋健二『良心と至誠の精神史——日本陽明学の近現代』，東京：勉誠出版社1999年版。

② 小島毅『近代日本の陽明学』，東京：講談社2006年版。

③ 小島毅『近代日本の陽明学』，東京：講談社2006年版，第10頁。

④ 荻生茂博『近代・アジア・陽明学』，東京：ぺりかん社2008年版。

打破近代以来各个国家自我的民族历史叙述，从东亚整体来考察知识的交流史，将各种学说观点透射到更广阔的思想空间。上述四本著作在日本阳明学研究中占有十分重要的位置，对于全景式考察日本阳明学的发展颇有帮助。

关于三宅雪岭的阳明学研究论著。1893 年三宅雪岭的《王阳明》问世，该书是日本明治时期第一本阳明学研究著作，可被视为日本近代阳明学研究的起点。可惜的是，三宅雪岭阳明学研究的特殊地位，被其“日本近代最具代表性的新闻记者之一”的光环所掩盖，因此，历来日本学界对三宅雪岭的研究多集中于国粹主义思想研究、近代公共性研究等层面，而忽视了其在近代阳明学研究史上的开创性、先导性地位。1986 年，冈田武彦在《日本人与阳明学》中提出了在“心的修养与实践性”之外，还有一条哲学性的研究路径，[①] 三宅雪岭无疑应被视为其开创者。近年来，日本学界开始重视三宅雪岭在日本近代哲学史中的特殊价值，其阳明学研究才开始受到重视。2001 年，上智大学的渡部清教授连续刊发两篇以三宅雪岭为主题的研究论文，[②] 突出了阳明学在三宅雪岭搭建的哲学体系中的宇宙本体论层面所占有的特殊位置。2009 年，吴光辉在《日本阳明学的“解读”——以明治时期的知识分子为中心》[③] 中延续了冈田武彦先生两条路径的划分，并进一步凸显了“三宅雪岭——作为哲学的阳明学”的层面。此外，在《近代日本的阳明学》中，小岛毅将三宅雪岭描绘的“阳明像”进行了普遍主义式国粹主义的解读；大桥健二则在《良心与至诚的精神史——日本阳明学的近代》中则从三宅雪岭民族自由主义者的侧面出发，突出了其阳明学研究中对于“激烈社会主义”的特殊关照。在本书中，笔者将延续冈田武彦先生提出的观点，将三宅雪岭视为日本近代阳明学哲学性路径的开拓者，试图发掘其在近代阳

① 冈田武彦：《日本人与阳明学》，载冈田武彦等《日本人与阳明学》，钱明编译，台海出版社 2017 年版，第 1—26 页。

② 渡部清「三宅雪嶺研究（一）：彼の「哲学」観の変遷を中心に」，上智大学哲学科編『哲学科紀要』2001 年第 27 号，第 87—117 頁。「三宅雪嶺研究（承前）儒教心学再生の試み」，上智大学哲学科編『哲学科紀要』2002 年第 28 号，第 49—82 頁。

③ 呉光輝「日本陽明学の「読み換え」——明治期の知識人を中心に」，『北東アジア研究』2009 年第 17 号，第 105—116 頁。

明学研究史上的特殊价值。

关于高濑武次郎的阳明学研究。在三宅雪岭点燃近代日本阳明学研究的火种之后，高濑武次郎自 1898 年开始相继出版了《日本之阳明学》（1898 年、铁华书院）、《阳明学阶梯 精神教育》（1899 年、铁华书院）、《王阳明详传》（1903 年、文明堂）、《阳明学新论》（1906 年、榊原文盛堂）等阳明学研究论著，不仅深入挖掘了阳明学的哲学性思想，还拓展了阳明学的伦理性层面，成为明治时期的阳明学研究的大家。2006 年吉田公平发表了《高濑武次郎年谱——东洋大学的汉学家们》① 一文，这对于全面了解高濑武次郎的生平事迹提供了极大的帮助。遗憾的是，除此之外并无专门研究高濑武次郎的论者。然而，在日本近代阳明学史论著中，日本学者基本都会为高濑武次郎单立一节，例如，小岛毅将高濑武次郎、井上哲次郎的阳明学视为“白色的阳明学”，是保守主义的、国体护持主义的，与之相对的是，中江兆民、幸德秋水等社会主义人士宣扬的激进、革命式的“红色阳明学”②；大桥健二则认为高濑武次郎的《日本之阳明学》诞生于三国干涉还辽的国家主义风潮强盛期，因此别具“一种凛然生气”，突出了高濑武次郎与井上哲次郎提倡的“国民道德”之间的关联。③ 由此可见，在近代阳明学界，高濑武次郎占据了重要的地位，其阳明学论著是不可被忽视的存在，与此同时，其相关研究论著却严重匮乏。因此，对于高濑武次郎阳明学论著的整理、研究仍是亟待开发的课题。在本书中，笔者将对明治时期高濑武次郎的阳明学研究做一系统梳理，试图稍稍填补这一空白。

关于井上哲次郎的研究。在明治中后期的思想界，井上哲次郎可谓是“官学首领”④ 式的人物，在日本近代儒教史上“位居其首”⑤。

① 吉田公平「高瀬武次郎年譜稿—東洋大学の漢学者たち（その一）」，『井上円了センター年報』2006 年第 15 号，第 161—324 頁。

② 小島毅『近代日本の陽明学』，東京：講談社 2006 年版，第 121—133 頁。

③ 大橋健二『良心と至誠の精神史——日本陽明学の近現代』，東京：勉誠出版社 1999 年版，第 89—95 頁。

④ 梅本克己「形而上学の批判と認識論」，『日本の哲学』，東京：岩波書店 1969 年版，第 111 頁。

⑤ 卞崇道：《论井上哲次郎儒学观》，《东疆学刊》2004 年第 3 期。

1900年井上哲次郎的《日本阳明学派之哲学》出版，轰动明治思想界，旋即成为日本“阳明学研究的主流”[①]。日本学界对于井上哲次郎的研究多集中在哲学字典的编纂、东洋哲学与日本近代哲学的建立、伦理学的构建、国民道德论、教育论等方面，而针对其阳明学研究的专题性文章并不多见，主要有：在井之口哲也的《关于井上哲次郎的江户儒学三部曲》[②]、瓜谷直树的《井上哲次郎的儒学研究再讨论：以阳明学为中心》[③]、町田三郎的《井上哲次郎笔记——以汉学三部曲为中心》[④] 中，井上哲次郎的阳明学研究被作为其儒学研究的核心部分纳入考察范围；大岛晃则在《井上哲次郎的“东洋哲学史”研究与〈日本阳明学派之哲学〉》[⑤] 中指出，井上哲次郎在留学德国时期便形成了“东洋哲学史”的构想，而《日本阳明学派之哲学》应被视为在这一构想下结出的果实；大岛晃则在《井上哲次郎与东泽泻》[⑥] 中详细勾画了井上哲次郎对于东泽泻的评论，特别是在“必死组”问题上与东敬治等人的分歧；野村英登的《阳明学近代化中身体的走向——以井上哲次郎对中江藤树的理解为中心》[⑦] 以井上哲次郎的中江藤树研究为中心，考察了作为“近代儒教”的阳明学在修养实践中，注重天人合一思想下孝之观念的扩张，而排除了中江藤树思想中关于静坐等身体技法中迷信的要素。中国学者对于井上哲次郎的关注多偏重于儒学研究、武士道的建立等内容，如卞崇道的《论井上哲次郎儒学观》[⑧]《关于明治思想中武士道的一个考察——以井上哲次郎的〈武士道的本质〉为重点》[⑨]，唐利

---

① 山下竜二『陽明学の研究・成立篇』，東京：現代情報社1971年版，第92頁。

② 井ノ口哲也「井上哲次郎の江戸儒学三部作について」，『東京学芸大学紀要』2009年第60号。

③ 瓜谷直樹「井上哲次郎の儒学研究の再検討：陽明学を中心に」，『教育文化』2011年第20号。

④ 町田三郎「井上哲次郎ノートー漢学三部作を中心にしてー」，中村璋八博士古稀記念論集経編委会編『中村璋八博士古稀記念東洋学論集』，東京：汲古書院1998年版。

⑤ 大島晃「井上哲次郎の「東洋哲学史」研究と『日本陽明学派之哲学』」，『陽明学』1997年第9号。

⑥ 大岛晃「井上哲次郎における東沢瀉」，『陽明学』2001年第13号。

⑦ 野村英登「陽明学の近代化における身体の行方ー井上哲次郎の中江藤樹理解を中心に」，『「エコ・フィロソフィ」研究』2016年第10号。

⑧ 卞崇道：《论井上哲次郎儒学观》，《东疆学刊》2004年第3期。

⑨ 卞崇道：《关于明治思想中武士道的一个考察——以井上哲次郎的〈武士道的本质〉为重点》，《延边大学学报》（社会科学版）2009年第3期。

国的《论井上哲次郎武士道论的成立——东西洋的对抗与日本的定位》①，戴宇的《井上哲次郎武士道论考》② 等。由此可见，中日学界对于井上哲次郎的日本阳明学研究的总体性考察并不充分，在本书中笔者将对井上哲次郎阳明学研究的理论背景、体系构架、思想影响等方面做一探索，力图全面把握日本近代阳明学这一主流观点的思想风貌。

此外，需要关照的还有阳明学与中国近代性的研究。岛田虔次先生出版了三本阳明学研究的论著：《中国近代思维的挫折》③《朱子学与阳明学》④《中国思想史研究》⑤。《中国近代思维的挫折》开启了中日学界对中国思想史中“近代性”的讨论，狭间直树评价说“可以说这部著作是导致日本战后中国研究重整旗鼓的一部纪念碑式的作品”⑥。岛田先生惊讶于阳明学在中日两国之间截然不同的境遇，于是由心学的核心，即人之概念形成与发展的过程去勾画王阳明、王龙溪、王心斋、李卓吾、谭嗣同等人的思想图景，并指出在中国晚明时期已有欧洲式近代的萌芽，但是遭遇了挫折。沟口雄三在其博士学位论文《中国前近代思想的屈折与展开》中批判了岛田虔次的观点，认为这是用欧洲范式来读取中国，没有挖掘中国的独特性，他以“内发式视角”审视了中国的近代性，认为宋明之间最大的变化是从二元论转向一元论，由理智主义转向抒情主义。⑦

在中国学界，最早开启日本阳明学研究的当属张君劢。1955 年，张君劢的《比较中日阳明学》问世，书中总结阳明学在日本流行的缘由有三：“第一，阳明学简易直截……因而合于日人快刀利刃之性格。

---

① 唐利国：《论井上哲次郎武士道论的成立——东西洋的对抗与日本的定位》，《历史教学》（高校版）2008 年第 16 期。

② 戴宇：《井上哲次郎武士道论考》，《深圳大学学报》（人文社会科学版）2013 年第 3 期。

③ 島田虔次『中国に於ける近代思惟の挫折』，東京：筑摩書房 1970 年版。中文版：岛田虔次：《中国近代思维的挫折》，甘万萍译，江苏人民出版社 2005 年版。

④ 島田虔次『朱子学と陽明学』，東京：筑摩書房 1967 年版。中文版：岛田虔次：《朱子学与阳明学》，蒋国保译，陕西师范大学出版社 1986 年版。

⑤ 島田虔次『中国思想史の研究』，京都：京都大学学術出版会 2002 年版。中文版：岛田虔次：《中国思想史研究》，邓红译，上海古籍出版社 2009 年版。

⑥ 島田虔次『中国に於ける近代思惟の挫折』，東京：筑摩書房 1970 年版，第 650 頁。

⑦ 溝口雄三『中国前近代思想の屈折と展開』，東京：東京大学出版会 1980 年版。中文版：沟口雄三：《中国前近代思想的屈折与展开》，龚颖译，生活·读书·新知三联书店 2011 年版。

第二，阳明学侧重于即知即行，合于日人勇往直前之习惯。第三，日本人注重事功，将阳明学应用于人间社会，发生大效果。”[①] 此后，朱谦之的《日本的朱子学》《日本的古学与阳明学》相继出版，[②] 以朱子学、古学、阳明学为框架来梳理日本哲学明显是受到了井上哲次郎的影响，这两部著作均以马克思主义为指导，阐述日本唯物主义哲学的发展，批判唯心主义哲学体系，带有明显的时代痕迹。1986 年魏常海在《王学对明治维新的先导作用》[③] 中阐述了幕末阳明学对日本近代化的积极作用。此外，朱维铮的《阳明学在近代》，王家骅的《文化与发展——儒学与近代的百年历程》，李甦平的《圣人与武士——日本传统文化与现代化之比较》，沈善洪、王凤贤合著的《王阳明的心学及其积极的影响》，李威周的《日本阳明学派的哲学》，张崑将的《德川日本儒学思想的特质：神道、徂徕学与阳明学》《德川日本“忠”“孝”概念的形成与发展：以兵学与阳明学为中心》《阳明学在东亚：诠释、交流与行动》，张海晏的《国际阳明学研究》，顾鸿安的《阳明学及其传播》，李亚的《梁启超与近代中日阳明学》也值得参考。[④]

第三节　研究方法

20 世纪 60 年代，丸山真男说思想史“能作为学界的公共财产而被

---

① 张君劢：《比较中日阳明学》，中华文化出版事业委员会 1955 年版，第 60 页。

② 朱谦之：《日本的朱子学》，生活・读书・新知三联书店 1958 年版；《日本的古学与阳明学》，上海人民出版社 1962 年版。

③ 魏常海：《王学对明治维新的先导作用》，《北京大学学报》（哲学社会科学版）1986 年第 1 期。

④ 朱维铮：《阳明学在近代》，载《儒学国际学术讨论会文集》（下），齐鲁书社 1987 年版；王家骅：《文化与发展——儒学与近代的百年历程》，载叶坦、赵光远主编《文明的运势》，人民出版社 1992 年版；李甦平：《圣人与武士——日本传统文化与现代化之比较》，中国人民大学出版社 1992 年版；沈善洪、王鳳賢「王陽明の心学とその積極的な影響について」，『中国：社会と文化』1993 年第 5 期；李威周：《日本阳明学派的哲学》，载《中国哲学论集》，齐鲁书社 1992 年版；张崑将：《德川日本儒学思想的特质：神道、徂徕学与阳明学》，台湾大学出版中心 2007 年版；张崑将：《德川日本“忠”“孝”概念的形成与发展：以兵学与阳明学为中心》，华东师范大学出版社 2008 年版；张崑将：《阳明学在东亚：诠释、交流与行动》，台湾大学出版中心 2011 年版；张海晏：《国际阳明学研究》，中国社会科学出版社 2011 年版；顾鸿安：《阳明学及其传播》，浙江大学出版社 2015 年版；李亚：《梁启超与近代中日阳明学》，博士学位论文，北京外国语大学日本学研究中心，2015 年。

认可的方法几乎还没有诞生”[①]。经过半个多世纪的发展，思想史研究成果汗牛充栋，研究方法愈趋成熟。张荣明在《中国思想史研究：方法与边界》中将中国思想史研究方法划分为四个历史阶段，“哲学的方法、历史理论的方法、历史文献的方法、新的探索”[②]。刘岳兵在《中国日本思想史研究的方法论问题》中结合朱谦之、王守华、卞崇道、李威周、王家骅、韩东育、王青、吴光辉等的研究，对中华人民共和国成立以来的日本思想史研究方法做了系统的梳理。笔者认为在考察明治阳明学问题时，有以下研究视角值得关注与借鉴：

第一，“多层次研究”“哲学与历史相结合的思想史研究”。[③] 王家骅在《儒家思想与日本的近代化》中提出这两点：“多层次研究”，就是说要冲破马克斯·韦伯从精神与经济现代化关系的设定，放宽研究视野，可以从政治、社会组织、教育等方面来综合考察儒学近代化的问题；“哲学与历史相结合的思想史研究”，是哲学方法与历史方法各有特点，需要将两者取长补短结合起来，方能处理好“个别”与“一般”的关系，更为全面地思考问题。具体而言，“哲学方法与边界哲学的方法着重共时性的结构分析，而历史的方法注重历时性的演变考察”[④]，二者并用时还应将“功能评价”纳入考察的范围，即通过正、负二重性功能的考量，才能判定“对传统的文化、思想体系如何解析解构；哪些因子可以被重组入现代文化、思想体系；在重组时，对这些因子经过怎样的曲折变形或现代诠释才可能融入现代文化、思想体系，并发挥有利于现代化进程的积极作用”，进而能在实现现代化的同时又养护优秀传统文化之根。[⑤] 可以看到的是，阳明学经过三宅雪岭、井上哲次郎、高濑武次郎等知识人体系化的构架，成为明治时期知识界一道独特的风景。与此同时，以《大日本帝国宪法》《教育敕语》的颁布为象征，天

① 丸山真男：《关于思想史的思考方法——类型、范围、对象》，区建英译，载区建英、刘岳兵译《日本的思想》，生活·读书·新知三联书店2007年版，第75页。

② 张荣明：《中国思想史研究：方法与边界》，《学术月刊》2007年第4期。2007年4月，《学术月刊》策划了关于思想史研究方法的专题讨论，邀请张荣月、李焯然（《多元学科研究与中国思想史》）、方光华（《中国思想史研究的三个向度》）、劳悦强（《同门曰朋：从〈论语〉注释刊思想的文化与历史维度》）四位学者共同撰文。

③ 王家骅：《儒家思想与日本的现代化》，浙江人民出版社1995年版，第309页。

④ 王家骅：《儒家思想与日本的现代化》，浙江人民出版社1995年版，第17—18页。

⑤ 王家骅：《儒家思想与日本的现代化》，浙江人民出版社1995年版，第306页。

皇制度下新一轮“正统化”思想开始启动，中、日阳明学者的论著作为其中不可或缺的思想资源，被层层包装、借用后，作为伦理、修身教科书的重要内容，渗透到学校、警察、军队等组织机构中。因而，在考察明治时期知识人的阳明学论著时，在提炼出其核心概念的同时还应该返回历史发生的现场，从明治中后期政治认同的变化、社会组织的回应等方面进行综合性考量，整理出“思想发明”→“民众运动”这一连锁发生的哲学与历史的纹理。

第二，走出本国中心主义，重新认识作为“方法”的“东亚”。“近代阳明学”是东亚近代化过程中共同的时代思潮。[①]“东亚视角”是近年来思想史研究的一个热点议题，卞崇道、黄俊杰、张崑将等人都在研究中强调了这一视角的重要性。[②] 2001 年，山室信一在《作为思想课题的亚洲》中创造性地提出了认识亚洲这一地域世界的三个视角：通过思想基轴被认识（conceived）的空间、通过思想连锁被联系（linked）的空间，通过思想投企（Entwurf）被投射、规划（projected）的空间。所谓“思想基轴”，指通过这一概念为中心而构筑的思想图像来理解和解释世界、把握情势的资用假说。[③] 具体到地域认识上，即以某一地域世界为对象，整理其一系列共通性、类似性的部分，将该地域的多样性通过一种特征统合起来，由此可以清晰地辨别与其他地域世界的差异。通过基轴而形成的对地域性世界的同一性认识，是在直接的交流中得以确认的，这也正是“思想连锁”得以发生的重要机制。在不同国家、社会之间存在着人、信息的流通，它们通过对思想、制度的接受与拒绝而形成了相似的国家制度、学知体系，从而使这一地域世界空间性联系的意识以及对于这一世界的共同归属感得以强化，面对异域世界的防洪堤也因此形成。[④] 可是，回看实际的地域世界

---

① 金吉洛「韓国儒学の近代的変貌——開化期の朴殷植の近代精神」，天理大学おやさと研究所『日韓宗教研究者交流シンポジウム論文集』，1996 年，第 121—125 頁。

② 参见卞崇道《融合与共生：东亚视域中的日本哲学》，人民出版社 2008 年版；张崑将：《德川日本儒学思想的特质：神道、徂徕学与阳明学》，台湾大学出版中心 2007 年版；黄俊杰：《东亚儒学史的新视野》，华东师范大学出版社 2008 年版。

③ 山室信一『思想課題としてのアジアー基軸・連鎖・投企』，東京：岩波書店 2001 年版，第 8 頁。

④ 山室信一『思想課題としてのアジアー基軸・連鎖・投企』，東京：岩波書店 2001 年版，第 13 頁。

秩序，总是交错着现实与理念的冲突、国利与威信的角逐，存在着思想基轴、思想连锁都无法消弭的实际问题，那么伴随着政治实践必然要加入“投企”的视角，由此可厘清现实中的对外行动、外交中产生的断绝、飞跃、矛盾等问题。[①] 笔者以为，在探索“阳明学”与日本近代化的问题时也可以借鉴这一独特的东亚视角。因为这一问题背后同时也牵涉明治中后期国粹主义、亚细亚主义兴起的系列问题。首先，三宅雪岭、井上哲次郎、高濑武次郎等最早提倡“阳明学”的知识人，都与日本的国粹派有着密切的联系，三宅雪岭本人便是日本国粹派机关杂志《日本人》的主编。有趣的是，他们在高唱“国粹”的同时也积极提倡“亚粹”，二者在表象上并不矛盾，因为日本通过近代化转型的成功已然取代中国成为东亚区域文化辐射结构的中心，在西洋镜中照出的寒酸相却在亚洲这面镜子中显得高贵、盎然。[②] 经由明治时期知识人重新发现，儒教尤其是阳明学中的一些普遍性价值被整理出来作为东亚近代性世界共同的思想基轴，重新输送回清末民初的知识界。例如，梁启超称其《新民说》是专述王阳明及其后学之言，[③] 章太炎更是甚赞“日本维新，亦由王学为其先导”[④]。对于阳明学的认同，也强化了东亚的整体性认识，这与后来的大亚细亚主义之间有着微妙的关联。因而在梳理阳明学与近代化的问题时，仅在中国或日本的内在文化理路中去寻找答案是略显局限的。破除本国中心主义，用“多极视野”进入中国、日本的历史语境去梳理阳明学近代性发生的连锁也是本书的重要课题。

第三，解构与重构。荻生茂博在《作为方法的东亚“实学”》[⑤] 中批判了“近代化”史观的叙述方式，指出中日学者在阳明学研究中仍无法摆脱“国民国家”的言说模式，大多思想史研究仍然陷在丸山真

---

① 山室信一『思想課題としてのアジア一基軸・連鎖・投企』，東京：岩波書店 2001 年版，第 23 頁。

② 山室信一『思想課題としてのアジア一基軸・連鎖・投企』，東京：岩波書店 2001 年版，第 625 頁。

③ 梁启超：《饮冰室文集》第一册，商务印书馆 1936 年版，第 113—115 页。

④ 章太炎：《答铁铮》，《章太炎全集》第四册，上海人民出版社 2014 年版，388 页。

⑤ 荻生茂博「方法としての東アジア「実学」」，『近代・アジア・陽明学』，東京：ぺりかん社 2008 年版，第 7—16 頁。

男的“近代性类型”中，并在《日本“近代阳明学”的成立——东亚的“近代阳明学”》① 中详细分析了“阳明学”的“近代性论述”是如何被建构起来的。荻生茂博批判了丸山真男的“近代意识论”和“古层论”② 的历史叙述方式，认为历史学家的专业性就在于“与过去的‘事实’（史=资料的森林）格斗，除此之外别无其他”③。斯金纳也批判过丸山式的思想史研究方式，他说历来有两种“正统性”的文本解读方式：一种主张决定某一文本的意义，并进而为了理解文本，从“宗教性、政治性、经济型等诸种要素”来提供“最终的框架”；另一种认为要解开文本的意义，必找到一个唯一的、钥匙性的关键文本，且它自身具有自律性，那么任何为重构“整体语境”的尝试都是无用、有害的。这种方式会陷入各种历史性不合逻辑的危险中，而应对这种冒险的方式也是多种多样，那么作为冒险结果的与其说是历史，不如说是神话。④ 那么，在思考阳明学与日本近代性问题时，可能有以下几个问题需要追问：三宅雪岭、井上哲次郎、高濑武次郎等人在撰写阳明学文本时，是在哪些特定的观念性语境下架构的？它们与其他借用的文本之间有何关联？明治知识人在书写阳明学文本时，设想了哪些实践性语境？与实际的政治行为有何关联？在对阳明学的某些观念的认同是如何被确定下来的？针对它们又有哪些批判、变化？阳明学观念的普及，与明治后期一些关键的政治性观念有何关系？给实际的政治行动有哪些影响？阳明学的一些观念又如何被普及和习惯化？笔者希望在与文献资料的“搏斗”中，能够为这些问题找到一些思索的路径。

---

① 荻生茂博「日本における“近代陽明学”の成立——東アジアの「近代陽明学」」，『近代・アジア・陽明学』，東京：ぺりかん社 2008 年版，第 414—444 頁。

② 参见徐水生《略论丸山真男的日本思想史研究》，《国外社会科学》2000 年第 4 期。

③ 荻生茂博『近代・アジア・陽明学』，東京：ぺりかん社 2008 年版，第 16 頁。

④ Quentin Skinner, "Meaning and Understanding in the history of ideas", in James Tully eds., *Meaning and Context: Quentin Skinner and his Critics*, Princeton: Princeton University Press, 1989.

第一章

中日阳明学研究概观

第一节　中国阳明学研究概况

王阳明（1472—1529年），名守仁，字伯安，祖籍浙江余姚，与朱熹同为中国儒学思想史上的两座高峰。王阳明一生思想发生了几次重大的变化，湛甘泉在《阳明先生墓志铭》中说："初溺于任侠之习，再溺于骑射之习，三溺于辞章之习，四溺于神仙之习，五溺于佛氏之习，正德丙寅始归于圣贤之学，会甘泉子于京师，语人曰'守仁从宦二十年未见此人'，甘泉子语人亦曰'若水泛观于四方，未见此人'，遂相与定交，讲学一宗程氏仁者浑然与物同体之指。"① 湛甘泉认为王阳明在丙寅（1506年）归本道学之前曾有着复杂的学习经历。钱德洪则指出，"先生之学凡三变，其为教也亦三变。少之时驰骋于辞章；已而出入于二氏；继乃居夷处困，豁然有得于圣人之旨"，经过"三变"后龙场大悟（1508年）而"至于道"②。不论是"五溺"还是"三变"，王阳明纵观一生的思想母题仍是如何"成圣"，他将其作为人生的"第一等事"③，宋学、佛学、道学等均是任他批判与吸纳的思想资源。正因为王阳明曲折的人生经历、复杂的思想变化，近百年来中国学者对其思想体系的阐发十分丰富，相关成果可谓汗牛充栋。值得注意的是，张崑将

---

① 湛若水：《阳明先生墓志铭》，载谢延杰辑刊《王阳明全书》（下），中央编译出版社2014年版，第1149页。

② 钱德洪：《刻文录序说》，载吴光、钱明、董平编校《王阳明全书》（下），上海古籍出版社2015年版，第1306页。

③ 吴光、钱明、董平编校：《年谱一》，载吴光、钱明、董平编校《王阳明全书》（下），上海古籍出版社2015年版。

的《近代中日阳明学的发展》《当代日本学者阳明学研究回顾与展望》[①]、钱明的《阳明后学的研究回顾与展望》[②]、文碧芳的《建国六十年来大陆的陆王心学研究》[③]、王锟的《从思想到学术：20世纪阳明学研究的流变与走向》[④] 等文均从不同的角度进行了综合性梳理介绍，对于整体性把握阳明学研究成果颇具参考价值。下面笔者将围绕与本书内容密切相关的两个方面来对中国近年来的阳明学成果进行概观：一是阳明学理路研究；二是阳明学的分派。

一　阳明学理路研究概况

最早注意到阳明学近代价值的当属以康有为、梁启超为代表的维新派人士。康有为在万木草堂讲学时“以孔学、佛学、宋明学（陆王心学）为体，以史学、西学为用”[⑤]，并且还将日本明治维新志士吉田松阴的《幽室文稿》传授给弟子，[⑥] 激发晚清士人重视阳明学。梁启超流亡日本后受到明治时期知识界的影响，特别是井上哲次郎，注重阳明学在构筑国民道德、武士道，培养爱国思想，启蒙国人自由平等思想等方面的作用，[⑦] 特别赞颂阳明学是日本明治维新的精神动力，例如“日本维新之治，是心学之为用也”[⑧]，“日本维新之初，其原动力皆在得力王学者三数子”[⑨]。孙中山、蒋介石等亦认识到阳明学的思想威力。孙中山说：“五十年前，维新诸豪杰沉醉于中国哲学大家王阳明知行合一的

---

① 张崑将：《当代日本学者阳明学研究的回顾与展望》，《台湾东亚文明研究学刊》2005年第2期。

② 钱明：《阳明后学研究的回顾与瞻望》，《中共宁波市委党校学报》2004年第1期。

③ 文碧方：《建国六十年来大陆的陆王心学研究》，《现代哲学》2010年第2期。

④ 王锟：《从思想到学术：20世纪阳明学研究的流变与走向》，《贵州师范大学学报》（社会科学版）2016年第2期。

⑤ 梁启勋：《“万木草堂”回忆》，载中国人民政治协商会议全国委员会文史资料研究委员会编《文史资料选辑》第25辑，中华书局1981年版，第62—69页。

⑥ 参见郭连友《吉田松阴与近代中国》，中国社会科学出版社2007年版。

⑦ 参见梁启超《新民说》《德育鉴》《节本明儒学案》《论宗教家与哲学家之长短得失》《松阴问钞》《中国之武士道》等文，详见《梁启超全集》，北京出版社1999年版。

⑧ 梁启超：《论宗教家与哲学家之长短得失》，载《梁启超全集》第一卷，北京出版社1999年版，第763页。

⑨ 梁启超主编：《中国近代期刊汇刊·第二辑新民丛报》，中华书局2008年版，第10150页。

学说，故皆具有独立尚武的精神，以成此拯救四千五百万人于水火之大功。”[①] 蒋介石则认为日本近代成功在于“以阳明学说为根基的‘大和魂’‘武士道’的立国精神”[②]，进而批判继承性地将阳明学视为立国之基石。章太炎虽然早期在《王学》《订孔》[③]《谴王氏》[④] 等文中对王学有所贬斥，但在《答铁铮》《答梦庵》《议王》中开始渐渐肯定王学之功绩，在辛亥革命之后更是融合儒释诸子之学对王学进行了新的阐释，试图以王学、佛学振发士气、挽救道德。[⑤]

现代新儒家学者们对于阳明学思想有着独到的见解：梁漱溟将阳明良知之学与柏格森的直觉主义生命哲学联系起来，良知即直觉，与叔本华的意欲略为相近，[⑥] 均高于理智；熊十力虽然受到柏格森生命哲学的影响，但认为“意志必须发自自觉的深渊”，“致良知”便成为“一个意志力量与理性制约相统一的过程”，[⑦] 进而将阳明学作为哲学话语创生的根基，展开对于中国哲学的思考。[⑧] 贺麟则将阳明学的知行合一视为“直觉的价值的知行合一”[⑨] 论，有着独到的新见解。牟宗三则将“良知”（“知体”）视为德性主体与形而上实体的统一，具有主观性、客观性、绝对性，良知全知全能全善，同时也需自我坎陷开显出“纯粹

---

① 孙中山：《救中国应改革旧制实行共和》，载《孙中山选集》（中），广东人民出版社 2006 年版，第 150—151 页。

② 黄克武：《蒋介石与阳明学：以清末调适传统为背景之分析》，载《近代中国的思潮与人物》，九州出版社 2013 年版，第 395 页。

③ 章太炎：《王学》、《订孔》，载《章太炎全集（訄书初刻本訄书重订本检论）》，上海人民出版社 2014 年版。

④ 章太炎：《谴王氏》，《民报》第九号“说林”，科学出版社 1957 年版。

⑤ 详见张昭军：《儒学近代之境——章太炎儒学思想研究》，北京师范大学出版社 2011 年版，第 165—173 页。

⑥ 参见郑大华《梁漱溟与阳明学》，《孔子研究》1990 年第 2 期；杨国荣：《王学通论——从王阳明到熊十力》，华东师范大学出版社 2003 年版，第 246—250 页。

⑦ 杨国荣：《王学通论——从王阳明到熊十力》，华东师范大学出版社 2003 年版，第 251—254 页。

⑧ 刘剑梁认为熊十力“将‘哲学’改造成体证我与万物为一之本体状态的本体之学，进而在‘用’的层面肯定哲学有必要在话语中展开仔细的论理，明体而达用，方有中国哲学之成立”，见刘剑梁《本体的开显和哲学话语的创生：熊十力阳明学的一个面向》，《贵阳学院学报》（社会科学版）2016 年第 5 期。

⑨ 贺麟：《知行合一新论》，《近代唯心论简释》，独立出版社 1944 年版；贺麟：《知行问题的讨论与发挥》，《当代中国哲学》，胜利出版社 1945 年版。

知性”，即科学、民主。[①] 此外，钱穆在《阳明学述要》中总结王学之大纲主要有良知、知行合一、致良知、诚意、慎独、立志、事上磨炼七点，认为阳明学具有一元论倾向与折衷融会精神，特别是重视“行”；其中，对王阳明晚年的思想益加注意，“‘拔本塞源’之论”、《大学问》、“四句教”是王阳明晚年思想的重要贡献，特别是“‘拔本塞源’之论”，“从人类的心性上出发，从教育上下手，依此逐步推进”，“实属良知学者一个理想的‘乌托邦’”。[②] 张君劢亦大力提倡“复兴王学”，其阳明学著作《比较中日阳明学》《王阳明：中国十六世纪的唯心主义哲学家》受到日本明治时期高濑武次郎、井上哲次郎等人的较大影响，这一点将在后文阐明；在中西哲学比较上，他将“良知”视为宇宙之实体，是“直觉主义”式的，将阳明学与康德、柏克莱的哲学思想进行了通约。

中华人民共和国成立后，阳明学研究几经波折，改革开放之后才逐渐步入正轨。沈善洪、王凤贤的《王阳明哲学研究》、张锡勤、霍方雷的《陆王心学初探》、方尔加的《王阳明心学研究》、邓艾民的《朱熹王守仁哲学研究》等多从唯心、唯物二元对立的方法去审视阳明哲学，带有明显的时代局限。在冯友兰的《中国哲学史新编》，侯外庐、邱汉生、张岂之主编的《宋明理学史》，蒙培元的《理学的演变》、张立文的《宋明理学研究》等哲学史著作中都对于阳明学的核心思想、学脉有所梳理。直到1990年以后，阳明学研究方才“步入了最为活跃与繁荣的全盛期”[③]。在阳明学理路研究方面，新时期的学者进行了多元而深入的探索，最具代表性的成果当属杨国荣的《王学通论——从王阳明到熊十力》与《心学之思：王阳明哲学的阐释》、陈来的《有无之境：王阳明哲学的精神》。

杨国荣的《王学通论——从王阳明到熊十力》与《心学之思：王阳明哲学的阐释》是两本重要的阳明学论著。前者是其博士学位论文的

---

① 牟宗三：《牟宗三全集》，详见《王阳明致良知教》《心体与性体》《从陆象山到刘蕺山》《现象与物自身》《圆善论》等篇中对于阳明哲学的论述，联合报系文化基金会2003年版。

② 钱穆：《阳明学述要》，九州出版社2010年版。

③ 文碧芳：《建国六十年来大陆的陆王心学研究》，《现代哲学》2010年第2期。

成果，主要考察了阳明学良知的二重性，即天理与吾心融合过程中“以思辨的形式触及了个体性与普遍性的关系”[1]，并肯定了本体（良知）与工夫（致良知）的统一；然而，良知是天赋一次完成的、终极的，同时致良知又须经历“未有止”的过程，“致”的过程性与良知的“天赋性”产生了内在张力，这也导致了王学分化；进而，王学本身固有的二重性经过严复、魏源、康有为、梁漱溟、熊十力等近代思想家进一步展开。后者则指出王阳明以心体的重建为逻辑前提，试图“在心学基础上化解形而上与形而下、个体性原则与普遍性原则、存在与本质、理性与非理性、主体与主体间、本体与工夫等内在紧张”[2]，从心体与性体、心物之辨、良知与德性、成己与无我、本体与工夫、知行合一、言说与存在、心学的内在张力、心学的分化演变九个层面全面阐发了阳明学的哲学意蕴。

陈来的《有无之境：王阳明哲学的精神》受到冯友兰、牟宗三等学者关于中国古典哲学中“有无”问题论述的影响，以“有之境界与无之智慧的对立与关联”为核心，从“心与理”“心与物”“心与性”“知与行”“诚意与格物”“良知与致良知”“有与无”“境界”“工夫”九个方面出发梳理出王阳明哲学体系。陈来认为“阳明哲学整体上是对朱学的反动，而不是调和”，全书从两条线索来把握阳明哲学：（1）明代理学基本问题是“本体”（心或性）与“工夫”（精神实践的具体方法），因而理解明代理学的内在线索之一是“戒慎”与“和乐”（或“敬畏”与“洒落”）之争；（2）从比较哲学的立场上，从理性主义到存在主义是把握阳明学作为对“理学”的反动的另一线索。[3]

此外，值得瞩目的成果还有：丁为祥的《实践与超越：王阳明哲学的诠释、解析与评价》，对阳明哲学从思想体系、概念范畴等层面进行了系统的逻辑分析；[4] 钱明的《阳明学的形成与发展》以扎实的考证为

① 杨国荣：《王学通论——从王阳明到熊十力》，华东师范大学出版社 2003 年版，第 2 页。

② 杨国荣：《心学之思：王阳明哲学的阐释》，中国人民大学出版社 2010 年版，第 10 页。

③ 陈来：《有无之境：王阳明哲学的精神》，北京大学出版社 2006 年版。

④ 丁为祥：《实践与超越：王阳明哲学的诠释、解析与评价》，陕西人民出版社 1994 年版。

基础，深入考察了阳明学思想脉络的形成、分化过程；[①] 任文利的《心学的形上学问题探本》集中探索了王阳明及其后学的心学问题；[②] 陈立胜的《王阳明“万物一体”论——从“身—体”的立场看》，则从“万物一体”这一王阳明思想的基本精神出发，由身体观的视域从仁、乐两个角度展开，深入剖析阳明学精神修养之境界；[③] 朱承的《治心与治世——王阳明哲学的政治向度》，从王阳明心体哲学中体现的政治关怀、政治理想、“化治世为治心”“良知与政治”等层面全面展现了阳明哲学的丰富意蕴；[④] 杨正显的《觉世之道：王阳明良知说的形成》以翔实的文献考证为基础梳理了阳明“良知说”形成、转折的过程，并且提示出一个由阳明后学删改文献扭曲出来的王阳明形象；[⑤] 陈清春的《七情之理：王阳明道德哲学的现象学诠释》运用现象学方法理论，从现象论、原理论、本体论、工夫论、境界论五个层面阐发了王阳明道德哲学。[⑥]

综上所述，晚清民国兴起的阳明学热潮很大程度上受到了日本阳明学研究、阳明学运动的影响，通过日本知识人建构的近代“阳明像”，近代中国知识人、革命家重新发现了阳明思想。与此同时，经过几辈学人的不懈努力渐渐形成了自己的研究特色，打开了“既学术又政治的双轨并行”[⑦] 的探索格局。新时期的阳明学者则在东西方哲学比较融合、阳明思想近代转化等方面诞生了丰富而有创见的研究成果。

二 阳明学的分派概况

在阳明学发展史上，一般将黄宗羲的《明儒学案》作为阳明学派研究的出发点，冯友兰评价该书称“虽也有断代之名，但实际上是明代心学的发展史”[⑧]。黄宗羲将阳明后学按照地域划分为：浙中（徐爱、钱

① 钱明：《阳明学的形成与发展》，江苏古籍出版社 2002 年版。

② 任文利：《心学的形上学问题探本》，中州古籍出版社 2005 年版。

③ 陈立胜：《王阳明“万物一体”论——从“身—体”的立场看》，华东师范大学出版社 2008 年版。

④ 朱承：《治心与治世——王阳明哲学的政治向度》，上海人民出版社 2008 年版。

⑤ 杨正显：《觉世之道：王阳明良知说的形成》，北京师范大学出版社 2015 年版。

⑥ 陈清春：《七情之理：王阳明道德哲学的现象学诠释》，人民出版社 2016 年版。

⑦ 张崑将：《近代中日阳明学的发展及其形象比较》，《台湾东亚文明研究学刊》2008 年第 2 期。

⑧ 冯友兰：《中国哲学史新编》（下），人民出版社 1999 年版，第 348 页。

德洪、王畿等18人)、江右(邹守益、欧阳德、聂豹、罗念庵等27人,附录6人)、南中(黄省曾以下11人)、楚中(蒋信、冀元亨2人)、北方(穆孔晖以下7人)、粤越(薛侃、周坦2人)、止修(李材)、泰州(王艮、罗汝芳、周汝登、焦竑登18人)八门,主体部分是前六门,最为推崇江右王学,“姚江之学,惟江右为得其传。东郭、念庵、两峰、双江、其选也”①。与此同时,黄宗羲受其师刘宗周的影响,对于泰州、龙溪之学颇有微词,“阳明先生之学,有泰州、龙溪而风行天下,亦因泰州、龙溪而浅失其传。泰州、龙溪时时不满其师说,益启瞿昙之秘而归之师。盖跻阳明而为禅矣”②,“把接近朱子学的阳明学修证派当作正统派予以表彰,但却视左派无善无恶说为沾染禅的邪说而加以批判”③。此后,黄宗羲对于阳明后学的评论渐成主流,影响蔓延至近代的阳明学研究。

例如,康有为认为“王门分江西、浙江二派”,称赞“讲修摄保任之学,其语录最好。传曾子戒惧恐惧之学,王门以念庵为最”,批判浙中学派“多放恣,王龙溪其魁也”,但是最为称道的还是泰州学派的王心斋、罗近溪,同时认为“李卓吾出乎规矩外,戒之”④。梁启超将阳明后学大体分为两派,一是现成派,以浙中学派王龙溪、泰州学派王心斋为代表,“趋重本体者”,“注重良字”;一是归寂派,以江右聂双江、罗念庵为代表,“趋重工夫者”,“注重致字”。梁氏更为“服膺双江念庵派”⑤,同时延续了黄宗羲对于李卓吾的批判,“酒色财气一切不碍菩提路”皆由李卓吾之异说而起⑥。钱穆在《阳明学述要》中延续了这一理路,尤为看重浙中王龙溪、泰州王心斋、江右罗念庵,至于晚明“信王学者日少,排王学者日多,下及清初,算只有浙东一派,还是远承阳明遗绪”⑦。

---

① 黄宗羲:《明儒学案》,沈芝盈点校,中华书局1985年版,第332页。

② 黄宗羲:《明儒学案》,沈芝盈点校,中华书局1985年版,第708页。

③ 佐藤炼太郎:《明末清初相反对立的阳明学派史——周汝登〈圣学宗传〉与黄宗羲〈明儒学案〉的比较》,《湖南大学学报》(社会科学版)2017年第1期。

④ 康有为:《南海师承记》,载《康有为全集》第二集,中国人民大学出版社2007年版,第257页。

⑤ 梁启超:《德育鉴》,载《梁启超全集》第五卷,北京出版社1999年版,第1510页。

⑥ 黄宗羲:《明儒学案》,沈芝盈点校,中华书局1985年版,第347页。

⑦ 钱穆:《阳明学述要》,九州出版社2010年版,第121—134页。

1934年嵇文甫的《左派王学》出版，对黄宗羲等人推崇王学右派为正统、贬斥王学左派为“狂禅”的观点提出了批判，指出王学“打破了道学的陈旧格套”，充满着“自由解放的精神”，“阳明以‘狂者’自命”掀起了一场“道学革新运动”，“右倾一派如聂双江、罗念庵等力挽‘狂’澜，返回李延平‘未发’一路”，其左倾一派王龙溪、王心斋、李卓吾等则将“狂”精神发展到极致，左派才应是王学之正宗。[①] 受到嵇氏影响，容肇祖在《何心隐及其思想》中视泰州学派乃“最切实、最有为、最激励”者，[②] 在《李卓吾评传》中，赞其具有自由、解放、批判精神[③]。

20世纪40—80年代，中国的阳明后学研究基本以马克思主义思想为指导，一段时期内阳明学被贬为“主观唯心主义”，地位低于“客观唯心主义”的朱子学，以阶级斗争为基础划分阳明后学的左派、右派。港台方面，唐君毅在《中国哲学原论——原教篇》《中国哲学原论——原性篇》中部分论述了阳明后学，指出阳明之后，良知学不出于二派，即“悟此良知或心性之本体及即工夫”（王龙溪、王心斋、罗汝芳等）、“由工夫以悟本体”（钱德洪、邹东廓、聂双江、罗念庵等），[④] 以“工夫论”为核心描绘出“阳明致良知→阳明后学→东林学派→刘蕺山诚意之学”[⑤]。牟宗三则在《从陆象山到刘蕺山》[⑥] 中将宋明儒学划分为三种义理类型系统，即伊川、朱子系，象山、阳明系，五峰、蕺山系，阳明后学则是从“象山、阳明系”到“五峰、蕺山系”的过渡[⑦]。

20世纪90年代以后，中国学者对于阳明后学的研究打开新风，相关成果愈来愈丰富，不仅对于阳明后学文献资料整理更为完善，对其研究所采用的方法、视角也越来越多元。在文献整理方面，2004年始，北京大学儒藏编纂与研究中心的“《儒藏》精华本”启动，其中“集

① 嵇文甫：《左派王学》，开明书店1934年版，第15—17页。

② 容肇祖：《何心隐及其思想》，载《容肇祖全集》，齐鲁书社2012年版。

③ 容肇祖：《李卓吾评传》，商务印书馆1937年版。

④ 唐君毅：《唐君毅全集》第18、22卷，九州出版社2016年版。

⑤ 林月惠：《唐君毅、牟宗三的阳明后学研究》，《杭州师范大学学报》（社会科学版）2010年第1期。

⑥ 牟宗三：《从陆象山到刘蕺山》，吉林出版集团2010年版。

⑦ 林月惠：《唐君毅、牟宗三的阳明后学研究》，《杭州师范大学学报》（社会科学版）2010年第1期。

部”中编辑了《心斋全集》《聂双江先生文集》《东廓邹先生文集》《王龙溪先生全集》《南野先生文集》《罗念庵先生文集》等阳明后学论著。2007年，江苏凤凰出版集团陆续发行了“阳明后学文献丛书”第一编：《徐爱·钱德洪·董沄集》《邹守益集》（上、下册）、《欧阳德集》《王畿集》《聂豹集》《罗洪先集》（上、下册）、《罗汝芳集》（上、下册）。2014年，上海古籍出版社推行了“阳明后学文献丛书”第二编：《薛侃集》《黄绾集》《刘元卿集》（上、下册）、《胡直集》（上、下册）四种六册，至今已出版了21册。在综合性研究方面，代表性著作有：屠承先的《本体工夫论》（杭州大学出版社，1997年）、冯达文的《宋明新儒学略论》（广东人民出版社，1997年）、吴震的《阳明后学研究》（上海人民出版社，2003年）、鲍世斌的《明代王学研究》（巴蜀书社，2004年）、龚鹏程的《晚明思潮》（商务印书馆，2005年）、钱明的《王阳明及其学派论考》（人民出版社，2009年）等。在学派及个案研究方面，林子秋、马伯良、胡维定的《王艮与泰州学派》（四川辞书出版社，2000年）、林月惠的《良知学的转折：聂双江与罗念庵思想之研究》（台湾大学出版中心，2005年）、吴震的《罗汝芳评传》（南京大学出版社，2005年）与《泰州学派研究》（中国人民大学出版社，2009年，系吴光主编“阳明学研究丛书”第四册）、彭国翔的《良知学的展开——王龙溪与中晚明的阳明学》（生活·读书·新知三联书店，2005年）、蔡仁厚的《王学流衍：江右王门思想研究》（人民出版社，2006年）、姚文放的《泰州学派美学思想史》（社会科学文献出版社，2008年）、张卫红的《罗念庵的生命历程与思想世界》（生活·读书·新知三联书店，2009年）、钱明的《浙中王学研究》（中国人民大学出版社，2009年）、徐儒宗的《江右王学通论》（中国人民大学出版社，2009年）、何俊、尹晓宁的《刘宗周与蕺山学派》（中国人民大学出版社，2009年）、吴光的《黄宗羲与清代浙东学派》（中国人民大学出版社，2009年）均具有很高的参考价值。

具体到阳明后学分派问题，出现了几种新观点：冯达文在《宋明新儒学略论》[①]中划分为主志论确立的成德论，以陆象山、王阳明为代

① 冯达文：《宋明新儒学略论》，广东人民出版社1997年版。

表；以主情论形成的境界论，以王心斋、泰州学派为代表。陈来认为阳明后学分化为左倾的保守正统派、右倾的向异端发展的自然派，以及介于二者之间的中间派，其中中间派最有活力，分化为主有、主无、主动、主静四派。[①] 杨国荣则指出王阳明心学自身所蕴含的二重性及内在紧张，正为阳明后学的分化提供了可能，因而“应当注意的首先是王门后学对心与理、心体与性体、本体与工夫的不同理解和发挥，以及由此产生的分化演变”[②]。钱明在《阳明学的形成与发展》中则对现成与工夫两大系统及虚无、日用、主敬、主静、主事五个流派进行了分类归总：虚无派以王龙溪开端，周海门、管东溟、陶石梁等人继其后，主张无善无恶之心体，推定意、知、物之“无善无恶”；日用派以王心斋为首，王东崖、颜山农、罗近溪、何心隐为代表，主旨在于“百姓日用即道”；主静派主要有聂双江、罗念庵、刘两峰等江右王门，由主静而创归寂，又称归寂派；主敬派有邹东廓、刘师泉、王塘南等江右弟子及浙中季彭山等人，刘念台、黄宗羲均受其影响；主事派有钱绪山、张阳和等浙中王门，有欧阳南野、陈明水等江右王门，主张“事上磨炼”。[③] 蔡仁厚在《王学流衍：江右王门思想研究》[④] 中批判“近世的随意分派”，提出了“三支四人”，指出浙中的王畿、泰州的罗近溪、江右的聂豹、罗洪先才是“王学中切中学脉，切关义理走向的流派”。值得注意的是，日本阳明学者冈田武彦根据王畿的论说提出了现成派、归寂派、修正派的三分法，[⑤] 它不仅成为日本阳明后学划分法之主流，而且还影响到中国学者，例如吴震在《阳明后学研究》便部分借鉴了这一分法[⑥]。与此同时，有学者开始反思对于阳明后学进行分派的做法是否合适，因为各派人物的具体论点因时因地而有差别，故而“不能概

① 陈来：《有无之境：王阳明哲学的精神》，北京大学出版社 2006 年版，第 305—310 页。

② 杨国荣：《心学之思：王阳明哲学的阐释》，中国人民大学出版社 2010 年版，第 182—222 页。

③ 钱明：《阳明学的形成与发展》，江苏古籍出版社 2002 年版，详见“中篇 阳明学的分化”及“下篇 阳明学的展开”。

④ 蔡仁厚：《王学流衍：江右王门思想研究》，人民出版社 2006 年版，第 115—157 页。

⑤ 冈田武彦：《王阳明与明末儒学》，吴光等译，上海古籍出版社 2000 年版。

⑥ 吴震：《阳明后学研究》，上海人民出版社 2003 年版。

括地说是某派如何如何，只能就个别人物来区分”[①]。

需要注意的是，不同学者对于阳明后学的分派是以自身的阳明学理解、阳明学关怀为基础的，反映了不同历史时期阳明学者对于历史问题、社会现实的回应及反思，因而他们建构的阳明及阳明后学的形象本身便具有了特殊的思想史意义。这一点在日本学者的阳明学研究中，特别是明治时期的阳明学研究中，体现得尤为明显，笔者将在后文详细阐述。

第二节　日本阳明学研究综述

一　江户时期阳明学的传播

1511 年日本东福寺禅僧了庵桂悟充任正使入明，1513 年王阳明专程前往其在宁波府安远驿的嘉宝堂寓所拜访。了庵归国之际，王阳明还赠以《送日东之僧了庵和尚归国序》，该文未收入《王文成公全书》，但在日本的师蛮《本朝高僧传》、伊藤东涯《嗑钗录》等典籍中有所记载。武内义雄认为“日本阳明学之传，始自了庵桂悟”[②]。被誉为江户儒学之鼻祖的藤原惺窝、林罗山在传授朱子学的同时也介绍了一些陆王心学的著作。日本第一位传播阳明学的当属被誉为“近江圣人”的中江藤树（1608—1648 年），他 32 岁之前一直修习朱子学，后来因为读了王龙溪语录，转而信奉阳明学，其阳明学体系主要建立在对于《大学》《中庸》《论语》的独特理解上，勾画了迥异于中国的日本阳明学底色，主要著作有《大学考》《学庸解》《孝经启蒙》《翁问答》《鉴草》等。此后，有藤门双璧之称的渊冈山（1617—1686 年）、熊泽蕃山（1619—1691 年）将日本阳明学发展为存养派、事功派。渊冈山主张内省之心学并建藤树教，传至京都、大阪、美作、肥后、会津等藩国，在庶民中具有较大的影响力，著有《冈山先生示教录》。熊泽蕃山则有经世之才，不仅曾仕于池田光政，而且于 1641 年创办了日本第一所藩校“花畠教场”，以致良知为宗旨，提出了“道德经济相即”之学说。[③] 此

① 龚鹏程：《晚明思潮》，商务印书馆 2005 年版，第 35—37 页。

② ［日］武内义雄：《儒教之精神》，高明译，太平书局 1942 年版。

③ 熊沢蕃山『蕃山全集』（六册）、正宗敦夫編，東京：蕃山全集刊行会 1941—1943 年版。

后，阳明学进入一个相对沉寂的时期，但仍有北岛雪山、三宅杉庵、三宅石庵等人研习阳明、藤树之学。直到三轮执斋（1669—1744 年）出现，才重振了阳明学。他标点、注释了王阳明著作，推动日本阳明学发展到新的理论高度，高濑武次郎编有《执斋全书》[①]。三轮执斋死后，门下有川田雄琴、中根东里等弟子继续传播阳明学。

18 世纪以后，石田梅岩（1685—1744 年）的心学在民间（尤其是在商人、农民中）传播广泛，具有很大的影响力。石门心学以心为本、以神佛为一体，主张“四民异业而同道”，针对商人还提出了“正直营利”“俭约齐家”等论说，柴田实编有《石田梅岩全集》[②]。其后，佐藤一斋（1772—1859 年）主张理气合一、心物二元说，门下人才辈出，有佐久间象山、池田草庵、奥宫慥斋、柳泽芝陵、山田方谷、吉村秋阳、横井小楠、东泽泻等。朱谦之认为，日本王学在三轮执斋之后变成藩学，到佐藤之后一跃而为幕府之学。[③] 另外，二宫尊德（1787—1856 年）创立了“报德教”，提倡“作为职分伦理的‘至诚、勤劳、分度、推让论’和作为经济伦理的‘道德经济一元论’”，对“农民道”多有建构。[④] 幕末时期，最具代表性的是大盐中斋（1794—1837 年），不仅最早整理了日本阳明学谱系、提倡“致良知以归太虚”之说，还领导了天保八年的大阪起义，以阳明学为思想武器对现实社会制度提出批判，其最重要的论著是《洗心洞札记》。此外，梁川星岩、西乡南洲、吉田松阴等幕末志士在“尊王攘夷”的旗号下，即知即行，吸取阳明学的思想资源，推动历史变革的到来。

二　明治时期阳明学的传播

明治 20 年代末期，日本知识界开始重视对阳明学资源的挖掘，这一部分也是笔者考察的重点。通过整理日本国立国会图书馆、东京大学图书馆、早稻田大学图书馆的相关资料，笔者将这一时期重要的阳明学资料制作成表，可参考附录 1“明治时期主要的阳明学论著表”。

---

① 三輪執斎『執斎全書』，高瀬武次郎編，京都：中田彦三郎 1924—1926 年版。

② 石田梅岩『石田梅岩全集』，柴田実編，大阪：清文堂出版 1994 年版。

③ 朱谦之：《日本的古学及阳明学》，人民出版社 2000 年版，第 287 页。

④ 刘金才：《阳明学在日本的传播和对民众道德培育的影响》，《贵州文史丛刊》2016 年第 1 期。

这一时期还出现了三本阳明学杂志：（1）1896年7月5日，吉本襄创办了《阳明学》，半月刊，1899年5月20日出版第七十九、八十号合订本后废刊；（2）1906年3月，以东敬治为主的“明善学社”创办了《王学杂志》，宣称继承了《阳明学》的精神；（3）1908年《王学杂志》更名《阳明学》，1912年“明善学社”更名为“阳明学会”。

总体来看，明治知识界对于阳明学的关注有以下特点：第一，1890年代日本知识人已经开始注重阳明学，最早同时影响最大的当属日本国粹派及其相关人士。明治时期第一本阳明学专著的作者三宅雪岭，是日本国粹派团体政教社的旗手之一。井上哲次郎与政教社同人交谊深厚，1881年他曾与政教社发起人之一杉浦重刚共同创办《东洋学艺杂志》。高濑武次郎则在东京帝国大学学习，也曾受教于井上哲次郎。经由这三人的努力，明治日本阳明学研究的范式被建构起来，他们的论著及活动将是本书重点考察的对象。第二，对于阳明学关注的高峰期是在1898年以后，几乎每年都有多种阳明学论著问世。第三，明治知识人多视其为提倡躬行实践、砥砺士气之“实学”，因而从教育学、哲学、伦理学、文学、宗教等方面对阳明学进行了多元化的思想挖掘，但以国民道德教育、伦理哲学方面的内容探讨最多。

另外，从明治时期出版的大众读物来看，以王阳明为素材的图书种类繁多，主要有以下几种：

1. 频繁出现在课本或学生读物中。最早的应是北村三郎的《世界百杰传》①，以王阳明事迹激励青少年学生成材。在高千穗中学校编《世界训话》、若松雅太郎编《小学修身口授要录 中等科》、村山自强编《汉文学教科书：中等教育》、吉田贞轩著《学生与成功》、光风馆编辑所编《师范学校国文教科书参考》以及教育类杂志《日本之少年》《教育报知》《日本教育》《女学杂志》等也多次刊出相关内容。②

---

① 北村三郎『世界百傑伝』(卷12)，東京：博文館1891年版。

② 高千穗中学校编『世界訓話』，東京：大倉書店1911年版；若松雅太郎编『小学修身口授要録 中等科』(卷4)、京都：福井正宝堂、1885年版；村山自彊编『漢文学教科書：中等教育』，東京：大倉書店1893年版；吉田貞軒『学生と成功』，大阪：井上一書堂1903年版；光風館編輯所编『師範学校国文教科書参考』，東京：光風館1904年版；杂志有：『日本之少年』(東京：博文館)、『教育報知』(東京：東京教育社)、『日本教育』(東京：日本教育社)、『女学雑誌』(萬春堂，東京：女学雑誌社)。

2. 培养国民道德。日本弘道会的会刊《日本弘道丛记》刊载了多篇以王阳明为素材的劝善文章，如“王阳明诫美妇”① 等，该会的前身是1876年由西村茂树创设的东京修身学社，该社以“振兴国民道德、建设道义国家”为宗旨，现在依然存在，会员有1400多人。杂志《修养界》也刊载了盐见平之助的《阳明的修养》、加藤咄堂的《应该如何进行精神修养》、高濑武次郎的《养气论》等多篇文章，② 阐发阳明学中修养论、立志论。在各类伟人传、名人传中王阳明也是必不可少的内容，如盐见平之助的《伟人之风化：修养逸话》、高桥立吉的《伟人与言行》、仙洞隐士（佐藤庄太）的《阳明学与伟人：心胆修养》、亘理章三郎的《青年鉴》，等等。③ 而在山方香峰编的《世界豪杰剪影》中王阳明的位序仅次于圣德太子、意大利统一运动领袖卡米洛·奔索、新井白石、彼得大帝，排名第五。④

3. 提高国民素质。修养道人在《胆力磨炼术》⑤ 第一章“胆力磨炼法”中列出了孔子、孟子、王阳明、禅门、武道五类胆力磨炼的方法。小畠几次郎在《脑力增进论》中在介绍了神经衰弱、脑力障害的发生机制后，倡导用王阳明学说来增进脑力的方法。⑥ 日本著名小说家幸田露伴在《努力论》⑦ 附录中特别列出了“王阳明关于立志的教训”一节。值得注意的是，新潟县警察部编写的《修养读本》中也大量出现了阳明学的内容。⑧

三　明治以后的阳明学研究

大正时期出现的阳明学专著、译著等有：桑原天泉的《王阳明研

① 日本弘道会事務所編『日本弘道叢記』，日本弘道会1897年版，第13頁。

② 『修養界』，東京：参天閣1907年10月刊。

③ 塩見平之助『偉人之風化：修養逸話』，東京：東亜堂1909年版；高橋立吉『偉人と言行』，東京：楽山堂1910年版；仙洞隠士（佐藤庄太）『陽明学と偉人：心胆修養』，東京：武田文永堂、中島辰文館共同刊行1911年版；亘理章三郎『青年鑑』，東京：元元堂1909—1911年版。

④ 山方香峰編『世界人豪の片影』，東京：実業之日本社1906年版。

⑤ 修養道人『胆力錬磨術』，東京：大學館1903年版。

⑥ 小畠幾次郎『脳力増進論』，東京：国光社1904年版。

⑦ 幸田露伴『努力論』，東京：東亜堂書房1912年版。

⑧ 『修養読本』，新潟県警察部1910年版。

究：学说、修养、教化》、高濑武次郎的《阳明主义的修养》《陆象山》《阳明学丛话》、杉原夷山著的《王阳明传习录》、小柳司气太的《传习录》、大泽龙二郎的《王阳明学传》、汉学研究会的《王阳明传习录提纲》、安冈正笃的《王阳明研究》、小野机太郎的《现代语译传习录》、金鸡学院学生译及安冈正笃注的《王阳明诗抄》、高森良人的《王阳明的哲学》、见尾胜马的《王阳明的哲学》、山田准的《王阳明传习录讲本》《王阳明》《陆象山　王阳明》、杉原夷山的《王阳明》《修养传习录讲话》、三岛复的《王阳明的哲学》、山田准、铃木直治译注的《传习录》、秋月胤继的《陆王研究》、木村秀吉的《阳明学研究》、本多元俊的《王阳明先生》、保田清的《王阳明》、安藤州一的《王阳明的解脱观》、斯文会编的《王阳明先生年谱》。[①] 其中，以安冈正笃、山田准、武内义雄的论著最具影响力。这一时期出现了两本阳明学杂志：（1）1914 年，石崎东国创办的“大阪阳明学会”发行了名为《阳明》的学会小册子，1917 年《阳明》自六十号开始，将版面扩大为杂志；（2）1919 年 1 月《阳明》更名为《阳明主义》，1928 年废刊。

一些哲学史、伦理史、思想史的论著中也提及阳明学，主要有：宇

① 桑原天泉『王陽明研究：学説、修養、教化』，東京：帝国堂 1917 年版；高瀬武次郎『陽明主義の修養』，東京：東亜堂書房 1918 年版；高瀬武次郎『陸象山』，京都：内外出版 1924 年版；高瀬武次郎『陽明学叢話』，東京：博多成象堂 1932 年版；杉原夷山『王陽明伝習録』，雲井竜雄手抄，東京：大鐙閣 1919 年版；小柳司気太『传习录』，東京：友朋重刊行 1919 年版；大澤龍二郎『王陽明學傳』，大連：振東學社 1920 年版；漢学研究会『王陽明伝習録提綱』，東京：中興館 1922 年版；安岡正笃『王陽明研究』，東京：玄黄社 1922 年版；该书另有 1925、1930、1932、1940、1942、1960、1967、1984、1986 年版；小野機太郎『現代語訳 伝習録』，東京：新光社 1923 年版；该书另有 1930 年东京：坂东书院版；金雞学院学生訳、安岡正笃注『王陽明詩鈔』，東京：金雞学院 1927 年版；高森良人『王陽明の哲学』，東京：聖山閣、世界哲学大系系列 1927 年版；見尾胜马『王陽明の哲学』，東京：甲子社書房 1927 年版；山田准『王陽明伝習録講本』，東京：二松学舎出版 1927 年版；山田准『王陽明』，東京：章華社 1937 年版；山田准『陸象山　王陽明』，東京：岩波書店 1943 年版；杉原夷山『王陽明』，大阪：近代文芸社 1933 年版；『修養伝習録講話』，東京：修養図書普及会 1934 年版；三島復『王陽明の哲学』，東京：大岡山書店 1934 年版；山田准、铃木直治訳注『伝習録』，東京：岩波文庫刊行 1936 年版；秋月胤継『陸王研究』，東京：章華社 1935 年版；木村秀吉『陽明学研究』，東京：東亜学芸協会 1938 年版；本多元俊『王陽明先生』，千葉県：小見川町 1942 年版；保田清『王陽明』，東京：弘文堂 1942 年版；安藤州一『王陽明の解脱観』，大阪：敞文館 1942 年版；斯文会編『王陽明先生年譜』，東京：斯文会 1936 年版。

野哲人的《中国哲学史讲话》、手塚宏寿的《东洋思潮讲话》、木村鹰太郎的《哲学与人生》、下泽瑞世的《东洋哲学思潮大观》、加藤美伦的《东洋哲学从老子到王阳明》、忽滑谷快天的《禅学思想史》、秋月胤继的《元明时代的儒教》、小林正和的《东西思想讲话》、秦俊七郎的《思想善导之根本义》、高木八太郎的《中国哲学讲话》、斯文会编的《王阳明先生年谱》、斋藤要的《儒教伦理学》、富田义雄的《日本精神东洋原典研究》、宫濑睦夫的《东洋哲学的根本思想》、常盘大定的《中国文化史迹》《中国的佛教与儒教、道教》、武内义雄的《中国伦理学史》《中国思想与日本》《儒教的精神》、斋伯守的《中国哲学史》、高须芳次郎的《谈东洋思想》、手塚良道的《中国思想史略》、裴化行（Bernard Henri）著、松山厚三译的《东西思想交流史》、吉田贤抗的《中国思想概说》、本田成之的《中国近世哲学史考》，等等。[①] 另外，在阳明学与道德教育方面，居田泰輔的《我所相信的教育改良之根本问题》、大杉谨一的《教育敕语与道德教育》、朝比奈宗源的《皇民道德宝典》、田内高次的《中国教育学史》等论著也值得关注。[②]

1945年日本战败，这一年几乎没有出现任何阳明学论著。因为近

① 宇野哲人『中国哲学史講話』，東京：大同館1914年版；手塚宏寿『東洋思潮講話』，東京：赤城書店1915年版；木村鷹太郎『哲学と人生』，東京：日進堂1915年版；下沢瑞世『東洋哲学思潮大観』，東京：東京刊行社1920年版；加藤美倫『東洋哲学老子から王陽明まで』，東京：朝香屋1923年版；忽滑谷快天『禅学思想史』，東京：玄黄社1925年版；秋月胤継『元明時代の儒教』，東京：甲子社書房1928年版；小林正和『東西思想講話』，東京：成昭堂書店1928年版；秦俊七郎『思想善導の根本義』，東京：民友社1928年版；高木八太郎『中国哲学講話』，東京：荻原星文館1935年版；斯文会編『王陽明先生年譜』，東京：斯文会1936年版；斎藤要『儒教倫理学』，東京：第一書房1936年版；富田義雄『日本精神東洋思想原典の研究』，東京：モナス1940年版；宮瀬睦夫『東洋哲学の根本思想』，東京：目黒書店1941年版；常盤大定『中国文化史蹟』，東京：法蔵館1941年版；『中国に於ける仏教と儒教道教』，東京：東洋文庫1966年版；武内義雄『中国倫理学史』，東京：岩波書店1941年版；『中国思想と日本』，東京：教学局1941年版；『儒教の精神』，東京：岩波書店1941年版；斎伯守『中国哲学史』，東京：同文社1942年版；高須芳次郎『東洋思想を語る』，東京：井田書店1943年版；手塚良道『中国思想史略』，東京：中文館1943年版；Bernard Henri著、松山厚三訳『東西思想交流史』，東京：慶応書房1943年版；吉田賢抗『中国思想概説』，東京：明治書院1943年版；本田成之『中国近世哲学史考』，京都：晃文社1944年版。

② 居田泰輔『予が信ずる教育改良の根本問題』，防府町（山口県）：藤田印刷所1922年版；大杉謹一『教育勅語と道徳教育』，東京：藤井書店1939年版；朝比奈宗源『皇民道徳宝典』，東京：巌松堂書店1940年版；田内高次『中国教育学史』，東京：富山房1942年版。

代以来阳明学与天皇体制的国民道德教育、战争动员的复杂纠葛，战后知识界一度将其视为禁忌。日本著名小说家、剧作家三岛由纪夫在《作为革命的阳明学》一文中说："在大正知识人成为指导者的时代，即昭和初年，被否定、忌避、压抑的阳明学的潮流在地下潜流，因为曾是过激的右翼思潮的温床，所以渐渐成为大正知识人嫌弃的对象。"① "阳明学"一时被认为是有害的"黑色秘教"。即便如此，日本阳明学研究仍未止步，岛田虔次、冈田武彦、荒木见悟、山下龙二、野村惠二等学者开始了新的探索。这一时期主要的论著有：山本正一的《王阳明》、岛田虔次的《中国近代思维的挫折》《朱子学与阳明学》及《王阳明集》、河住玄的《王阳明杂考》、久须本文雄的《王阳明的禅学思想研究》、大西晴隆的《王阳明》、荒木见悟的《佛教与儒教》《阳明学的展开与佛教》《阳明学的位相》、荒木见悟、沟口雄三的《朱子・王阳明》、谷光隆的《王阳明》、山下龙二的《阳明学的研究：成立篇・展开篇》和《王阳明》、冈田武彦的《王阳明与明末儒学》及其所编《王阳明文集》、菅原兵治的《王阳明诗》、近藤康信的《传习录》、野村惠二的《阳明学研究》、间野潜龙的《朱子与王阳明：新儒学与大学理念》。② 1971—1974年，明德出版社与安冈正彦、宇野哲人、荒木见悟、山下龙二、冈田武彦、山井涌等学者合作刊行了《阳明学大系》十二卷，外加别卷《传习

① 三岛由纪夫「革命としての陽明学」,『行動学入門』，東京：文芸春秋 1970 年版，第 210 頁。

② 山本正一『王陽明』，東京：中文館 1946 年版；島田虔次『中国に於ける近代思惟の挫折』，東京：筑摩書房 1949 年版；島田虔次『朱子学と陽明学』，東京：岩波書店 1967 年版；島田虔次『王陽明集』，東京：朝日新聞社 1975 年版；河住玄『王陽明雑考』，河住玄出版 1955 年版；久須本文雄『王陽明の禅的思想研究』，名古屋：日進堂書店 1958 年版；大西晴隆『王陽明』，東京：講談社 1979 年版；荒木見悟『仏教と儒教：中国思想を形成するもの』，京都：平楽寺書店 1963 年版；荒木見悟『陽明学の展開と仏教』，東京：研文出版 1984 年版；荒木見悟『陽明学の位相』，東京：研文出版 1992 年版；荒木见悟、溝口雄三『朱子・王陽明』，東京：中央公論社 1974 年版；谷光隆『王陽明』，東京：人物往来社 1967 年版；山下竜二『陽明学の研究：成立篇・展開篇』，東京：現代情報社 1971 年版；山下竜二『王陽明』，東京：集英社 1984 年版；岡田武彦『王陽明と明末の儒学』，東京：明徳出版社 1970 年版；岡田武彦编『王陽明文集』，東京：明徳出版社 1970 年版；菅原兵治『王陽明の詩』，名古屋：黎明書房 1972 年版；近藤康信『伝習録』，東京：明治書院 1971 年版；野村惠二『陽明学研究』，京都：世界思想社 1974 年版；間野潜竜『朱子と王陽明：新儒学と大学の理念』，東京：清水書院 1974 年版。

录诸注集成》。[①] 在王阳明诞生500周年之际，将阳明学研究推向一个新的理论高度。该社自1954年在安冈正笃的主导下创设后，主要发行以儒学为核心的东洋思想学问相关书籍，随后还刊行了《朱子学大系》（共十五卷）（1974—1983年）。

1972年中日邦交正常化，然而两国之间的文化学术交流真正升温却是在改革开放后。伴随着对于新时期中国的想象，日本“中国学”研究一时成为热门。阳明学研究自20世纪80年代开始进入一个新的历史高峰。1978年，二松学舍大学专门设立了阳明学研究所。该校前身为1877年日本阳明学者三岛中洲创立的汉学塾，在明治时期与福泽谕吉的庆应义塾、中村敬宇的同人社齐名，一直以来是日本阳明学研究的重镇。1989年，该校还创办了《阳明学》杂志，[②] 每年设立一个主题发行一期刊物，到2021年已经刊行到第31号，该杂志与《二松学舍大学东洋学研究所集刊》《二松学舍大学人文论丛》均登载了大量颇具价值的阳明学研究论文。此外，前文提到的明德出版社不仅刊行了《王阳明全集》（1983—1987年），并于1989年开始便与冈田武彦、荒木见悟、古川治、中田胜等学者开展了新的合作，共同策划了“阳明学书系”，出版了共35本中日阳明学论著。[③]

在新的历史时期，中日之间学术交流的氛围更加自由、多元。1989年3—4月，以冈田武彦为团长的“王阳明遗迹探访团”在中国江南、西南地区进行了实地考察，并且还参加了在浙江余姚举办的国际阳明学

① 全书十二卷是：第一卷《阳明学入门》，宇野哲人等著，1971年版；第二卷《王阳明 上》，安冈正笃等著，1972年版；第三卷《王阳明 下》，近藤康信、滨隆一郎等著，1972年版；第四卷《陆象山》，友枝龙太郎等著，1973年版；第五卷《阳明门下》（上），荒木见悟等著，1973年版；第六卷《阳明门下》（下），后藤基巳等著，1974年版；第八卷《日本阳明学》（上），柳町达也等著，1973年版；第九卷《日本阳明学》（中），田中佩刀等著，1972年版；第十卷《日本阳明学》（下），冈田武彦等著，1972年版；第十一卷《幕末维新阳明学者书简集》，冈田武彦等著，1971年版；第十二卷《阳明学便览》，川久保广卫等，1974年版；别卷《传习录诸注集成》，中田胜著，1972年版。

② 『陽明学』，二松学舎大学東アジア学術総合研究所陽明学研究センター，東京：明德出版社1989年版。

③ 冈田武彦《王阳明》（上、下）、佐野公治《王心斋》、荒木见悟《李二曲》、石田和夫《李穆堂》、古川治《中江藤树》《渊冈山》、山崎道夫《佐藤一斋》、竹内角田《大盐中斋》、松崎赐《林良斋》、山田琢《山田方谷》、望月高明《池田草庵》、山口宗之《西乡隆盛》、仓田信靖《吉田松阴》、中田胜《三岛中洲》、野口善敬《东泽泻》等。

会，相关情况见《王阳明纪行：探访王阳明的遗迹》[①]。值得关注的研究成果有：冈田武彦的《阳明学的世界》《王阳明与现代》《王阳明小传》《王阳明大传：生涯与思想》《王阳明与明末儒学》《王阳明全集抄评释》、志贺一朗编的《王阳明与湛甘泉遗迹调查》、安冈正笃的《阳明学十讲》《王阳明：拒绝以知识为重的人生与学问》《禅与阳明学》《王阳明与朱子》、吉田公平的《陆象山与王阳明》《日本近世心学思想》《读王阳明〈传习录〉》《传习录》、高桥进的《朱熹与王阳明》、甲村谦二的《阳明学十话》、田中忠治的《敬天圣者王阳明》、中田胜的《儒教道德之美：王阳明的〈论语〉解释》《王阳明徐爱〈传习录集评〉》、井上新甫的《王阳明与儒教》、永富青地《王守仁著作文献学研究》、福田殖的《宋元明朱子学与阳明学》、大场一央的《心即理：王阳明前期思想研究》，等等。[②] 另外，这一时期还诞生了以下几篇优秀的博士学位论文：吉田公平的《陆象山与王阳明》、吴震的《阳明学研究》、甘万萍的《东泽泻思想研究：以其朱陆论为中心》、伊香贺隆的《关于陆王心学中“自然”与“工夫”的研究：陆象山・王阳明・

① 岡田武彦『王陽明紀行：王陽明の遺跡を訪ねて』，大阪：登龍館 1997 年版。

② 岡田武彦『陽明学の世界』，東京：明徳出版社 1986 年版；『王陽明と現代』，大阪：関西師友協会 1987 年版；『王陽明小伝』，東京：明徳出版社 1995 年版；『王陽明大伝：生涯と思想』（全五册），東京：明徳出版社 2002 年版；『王陽明と明末の儒学』，東京：明徳出版社 2004 年版；『王陽明全集抄評釈』，東京：明徳出版社 2006 年版；志贺一朗編『王陽明と湛甘泉の旧跡調査』，東京：東洋書院 1992 年版；安岡正笃『陽明学十講』，二松学舎大学出版部 1985 年版；『王陽明：知識偏重を拒絶した人生と学問』，東京：黙出版、安岡正篤先生生誕百年記念事業委員会 1997 年版；『禅と陽明学：人間学講話』，東京：プレジデント社 1997 年、1999 年版；『王陽明と朱子』，東京：明徳出版社 2014 年版；吉田公平『陸象山と王陽明』（博士論文），東京：研文出版 1990 年版；『日本近世の心学思想』，東京：研文出版 2013 年版；『王陽明「伝習録」を読む』，東京：講談社 2013 年版；『伝習録』（観賞　中国の古典）、タチバナ教養文庫、たちばな出版 1995 年版高橋進『朱熹と王陽明：物と心と理の比較思想論』，東京：国書刊行会 1979 年版；甲村谦二『陽明学十話：ジャーナリストが書いた』，東京：愛知通信 1990 年版；田中忠治『敬天の聖者王陽明』，東京：致知出版社 1994 年版；中田勝『儒教道徳の美：王陽明の『論語』解釈』，東京：中央法規出版 1998 年版；『王陽明徐愛「伝習録集評」』，東京：明徳出版社 2016 年版；井上新甫『王陽明と儒教』，東京：致知出版社 2004 年版；永冨青地『王守仁著作の文献学的研究』，東京：汲古書院 2007 年版；福田殖『宋元明の朱子学と陽明学』，東京：研文出版 2016 年版；大場一央『心即理：王陽明前期思想の研究』，東京：汲古書院 2017 年版。

王龙溪》等。① 在一些思想史、哲学史著作中也考察了阳明学的情况，如：安田二郎的《中国近世思想研究》、诸桥彻次的《儒教诸问题》、柳田谦十郎的《辩证法的世界伦理》、东京大学中国哲学研究室编的《中国思想史》、丸山真男的《日本政治思想史研究》、藤田美实的《伦理学》、铃木由次郎的《东洋哲学思想史》、宇野哲人的《中国哲学史：近世儒学》、松村一人的《新爱国主义》、楠本正继的《宋明时代儒学思想研究》、山井涌的《明清思想史研究》、松本三之介的《明治精神结构》、岛田虔次的《中国思想史研究》、桥本敬司的《何谓人性：中国思想的活力》、井上厚史的《爱民的朝鲜儒教》，等等。②

附录 1　明治时期主要的阳明学论著表

序号	书名	作者	出版年、出版社	备注
1	《本乡会堂学术讲演》(『本郷会堂学術講演』)	横井时雄编	1892 年、东京：警醒社	其中出现了井上哲次郎的《论王阳明之学》(「王陽明の学を論ず」)
2	《吉田松阴》(『吉田松陰』)	德富苏峰	1893 年、民友社 1908 年、民友社	(1) 田中彰："改订版中，初版中的'革命'这一字眼全部消失，'革命'换成了'改革'"。(2) 初版中未提武士道，改订版中新设《松阴与武士道》一章③

① 吉田公平『陸象山と王陽明』(東北大学博士論文)，東京：研文出版 1990 年版；吴震『陽明学の研究』，京都大学博士論文 1996 年；甘萬萍『東澤瀉思想研究：その朱陸論を中心として』，広島大学博士論文 1998 年；伊香賀隆『陸王心学における「自然」と「工夫」についての研究：陸象山・王陽明・王龍渓』，東洋大学博士論文 2012 年。

② 安田二郎『中国近世思想研究』，東京：弘文堂 1948 年版；諸橋徹次『儒教の諸問題』，東京：清水書店 1948 年版；柳田謙十郎『弁証法的世界の倫理』，東京：萬里閣 1948 年版；東京大学中国哲学研究室编『中国思想史』，東京：東京大学出版会 1952 年版；丸山真男『日本政治思想史研究』，東京：東京大学出版会 1952 年版；藤田美実『倫理学』，京都：三和書房 1952 年版；鈴木由次郎『東洋哲学思想史』，東京：小峰書店 1955 年版；宇野哲人『中国哲学史：近世儒学』，宇野先生八十寿賀記念会编，東京：宝文館，1954 年版；松村一人『新しい愛国主義』，東京：青木書店 1952 年版；楠本正継『宋明時代儒学思想の研究』，広池学園出版部 1964 年版；山井湧『明清思想史の研究』，東京：東京大学出版会 1980 年版；松本三之介『明治精神の構造』，東京：岩波書店 1981 年版；島田虔次『中国思想史の研究』，京都：京都大学学術出版会 2002 年版；橋本敬司『人間性とは何か：中國思想のダイナミズム』，東京：汲古書院 2020 年版；井上厚史『愛民の朝鮮儒教』，東京：ぺりかん社 2021 年版。

③ 详见唐利国《论日本近代时期吉田松阴像的编成——以井上哲次郎和关根悦郎为中心》，《湖北民族学院学报》(哲学社会科学版) 2008 年第 6 期。

续表

序号	书名	作者	出版年、出版社	备注
3	《王阳明》(『王陽明』)	三宅雪岭	1893年、政教社 1903年、哲学书院	总结出“心即理”“知行合一”“良知”
4	《赫尔巴特主义的教育观》(『ヘルバルト主義の教育説』)	能势荣述，石悬弁司编	1893年、福岛町（福岛县）：鹿岛新太郎出版	用王阳明的“良知说”介绍赫尔巴特（Johann Friedrich Herbart）的教育观（第八章“王阳明的良知说　良知与意念的一致”）
5	《日本阳明学》(『日本之陽明学』)	高濑武次郎	1898年12月，东京：铁华书院	1899年再版，从中江藤树到海江田信义，共梳理了35位日本阳明学者的思想。1907年由东京榊原文盛堂出了改订版，删除1898年版中的“第十九尾崎愚明”“第二十中尾水哉”“第二十一中江兆民”的内容
6	《阳明学阶梯：精神教育》(『陽明学楷梯：精神教育』)	高濑武次郎	1899年10月、东京：铁华书院	以观念为核心，着重探讨了主一无适、良知等54个阳明学术语
7	《日本阳明学派之哲学》(『日本陽明学派之哲学』)	井上哲次郎	1900年10月、东京：富山房	全书分四篇（中江藤树及藤树学派、藤树蕃山以后的阳明学派、大盐中斋及中斋学派、中斋以后的阳明学派)，梳理了近三十位阳明学者。随后井上哲次郎出版了《日本古学派之哲学》(1902年，富山房）和《日本朱子学派之哲学》(1905年，富山房)，与前书合称为江户儒学三部曲，或汉学三部曲
8	《东洋伦理学史书解题》(『東洋倫理學史書解題』)	宫田修述	1900年、东京：早稻田大学出版部	该书属于“东京专门学校文学科六回二年讲义录”系列，全书分两部分：“中国伦理学史书解题”（“王阳明”部分参照了三宅雄次郎）和“日本伦理学史书解题”（“日本阳明学派哲学”部分参照了井上哲次郎)
9	《王阳明》(『王陽明』)	白河次郎（鲤洋）著、宫川春汀画	1900年9月、东京：博文馆	传记事功类
10	《王学指掌》(『王学指掌』)	宫内默藏（鹿川）著	1901年、东京：国光社	
11	《精神修养与阳明学》(『精神修養と陽明学』)	乌有生	1902年11月、东京：东海堂	传记事功类

续表

序号	书名	作者	出版年、出版社	备注
12	《王阳明人物养成谈》(『王陽明人物養成譚』)	木村鹰太郎	1902年、东京：大学馆	
13	《日本伦理汇编》(『日本倫理彙編』)	井上哲次郎、蟹江义丸合编	1901—1903年、东京：育成会	共有十卷，卷一至卷三是阳明学部分，卷四至卷六古学，卷七、八朱子学，卷九折衷学派、卷十独立学派
14	《近世立志传》(『近世立志伝』)	足立栗园	1902—1903年、大阪：积善馆	传记事功类，第四卷为熊泽蕃山、第六卷为中江藤树
15	《东洋伦理大纲》(『東洋倫理大綱』)	足立栗园	1903年12月、大阪：积善馆	分前编（中国）、后编（日本）、续编。后编中单列"日本阳明学"一章
16	《近古伦理要领》(『近古倫理要領』)	高贺诜三郎编	1903年、东京：目黑书店	第二篇"阳明学"，从良知、万物一体、致良知、知行合一等五章展开
17	《日本伦理学史》(『日本倫理学史』)	有马祐政 述	1904年、早稻田大学出版部	属于"早稻田大学三十七年度文学教育科第二学年讲义录"系列，第八章为"阳明学派"
18	《近世儒学史：本国》(『近世儒学史：本邦』)	久保得二 述	1904年、早稻田大学出版部	属于"早稻田大学三十七年度文学教育科第二学年讲义录"系列，第五章为"中江藤树及熊泽蕃山"、第二十四章为"最近的阳明学派"
19	《王阳明详传》(『王陽明詳伝』)	高濑武次郎	1904年5月、东京：文明堂，1915年东京：广文堂	传记事功类
20	《阳明与禅》(『陽明と禅』)	里见常次郎	1904年12月、东京：宝文馆	着重从心论、修养论、死生观三个方面分析阳明学与禅学之关联
21	《日本汉学史》(『日本漢学史』)	久保天随 述	1905年、早稻田大学出版部	属于"早稻田大学三十八年度文学教育科第一学年讲义录"，第十七章为"桂悟与阳明学"
22	《日本伦理学史》(『日本倫理学史』)	大江文城	1906年4月、东京：开发社	分总论、第二编"阳明学派"、第三编"古学派"、第四编"独立学派"、第五编"折衷考证学派"、第六编"水户学派"
23	《阳明学新论》(『陽明学新論』)	高濑武次郎	1906年8月、东京：榊原文盛堂	全书从生平、哲学、伦理说、评论、事功及词章、事功派与学问派、遗著及参考书类等方面进行了评述

续表

序号	书名	作者	出版年、出版社	备注
24	《阳明学讲话》（『陽明学講話』）	宫内鹿川	1907 年 11 月、东京：文华堂	此外还有高濑武次郎著（1928 年，东京：弘道馆）、安藤州一述（1939 年，大津：东洋思潮研究会，1941 年续编）、山田准著（1934 年，东京：章华社）的《阳明学讲话》
25	《近世儒学史》（『近世儒学史』）	久保天随	1907 年 11 月、东京：博文馆	第七章“中江藤树与熊泽蕃山”、第二十三章“最近的阳明学派”
26	《伟人参禅录》（『偉人参禅録』）	足立栗园	1908 年、东京：光融馆	第三编第十九列“良知是道（王阳明）”
27	《王阳明言行录》（『王陽明言行録』）	渡边芳雄	1909 年 3 月、东京：内外出版协会	
28	《王阳明的修养》（『王陽明の修養』）	盐见平之助	1909 年 9 月、东京：东海堂	
29	《王阳明先生传》（『王陽明先生伝』）	宫内默藏（鹿川）	1909 年、东京：文华堂	
30	《阳明学神髓》（『陽明学神髄』）	杉原夷山	1909 年 5 月、东京：大学馆	从“心即理、致良知、知行合一、四句诀”等方面进行了阐发，收“幕末阳明学与伟人杰士”“西乡南洲与阳明学”“阳明学与五伦”
31	《阳明学座右铭》（『陽明学座右銘』）	杉原夷山	1909 年 6 月、东京：大学馆	梳理了 32 位日本阳明学者的生平事迹
32	《阳明学实践躬行录》（『陽明学実践躬行録』）	杉原夷山	1909 年 9 月、东京：大学馆	梳理了日、中 24 位阳明学者的事功
33	《西乡南洲精神修养谈》（『西郷南州精神修養談』）	杉原夷山	1909 年 10 月、东京：大学馆	
34	《吉田松阴精神修养谈》（『吉田松陰精神修養談』）	杉原夷山	1909 年 12 月、东京：大学馆	
35	《东洋伦理学》（『東洋倫理学』）	远藤隆吉	1909 年 11 月、东京：弘道馆 1911 年 3 月改订版	第二编“东洋伦理的体系”中分“道德、道德的极致、容貌态度论、修养法、伦理及良心的性质”五章，并收“读高濑博士的阳明学新论”等文

续表

序号	书名	作者	出版年、出版社	备注
36	《阳明学活眼：精神修养》（『陽明学活眼：精神修養』）	阳明学研究会编	1910年2月、东京：文学书院	侧重于学理阐发，一、二章划分出“阳明学的体系”
37	《哲人山田方谷：附·阳明学讲话》（『哲人山田方谷：附·陽明学講話』）	三岛复	1910年8月、东京：文华堂	
38	《宇宙美观》（『宇宙美観』）	忽滑谷快天	1910年8月、东京：文泉堂、服部书店共同刊行	分上编“文艺与宗教”、中编“教育与信仰”、下编“阳明学与禅”
39	《阳明学要义》（『陽明学要義』）	东正堂	1911年2月、东京：昭文堂	分上卷“教规”、中卷“躬范”、下卷“遗文”
40	《王阳明》（『王陽明』）	亘理章三郎	1911年6月、东京：丙午出版社	传记事功类
41	《精神讲话》（『精神講話』）	龟谷圣馨	1911年3月、东京：前川文荣阁	有“阳明学与天台华严二教理”等章节
42	《阳明学真髓》（『陽明学真髄』）	春日潜庵（仲襄）	1911年2月、东京：春日升一郎	
43	《大盐平八郎》（『大塩平八郎』）	六华园主人	1912年1月、大阪：堀德次郎、冈田菊二郎共同刊行	
44	《阳明学说管见》（『陽明学説管見』）	大木九造	1912年5月、下馆町（茨城县）：怀德书院	
45	《坐禅与静坐》（『坐禅と静坐』）	服部静夫	1912年5月、东京：弘学馆	收“何为二王禅”“陽明学与静坐”

第二章

近代日本阳明学研究的起点
——以三宅雪岭的《王阳明》为核心

1893年，日本知识界诞生了两本重要著作，一本是政教社于11月份出版的三宅雪岭的《王阳明》，另一本是民友社于12月份出版的德富苏峰的《吉田松阴》，这两本著作被日本学界视为日本近代阳明学的起点。[①] 严格说来，后者并非研究阳明学的专著，书中详述了吉田松阴的革命功绩，并将吉田松阴的学术渊源归于阳明学。此间暗含的语义是，讲究“自信”“自尊”的阳明学对于日本近代转型有积极的推动作用。明治中后期，这一观点与国民道德说结合起来并发展壮大。如此看来，德富苏峰只能算作推动阳明学复兴之人，而真正开创明治时期日本阳明学研究的当属三宅雪岭的《王阳明》。不仅如此，三宅雪岭的阳明学研究还深刻影响了近代中日学界，如开创性地以“心即理”“致良知”“知行合一”三要点的形式来把握阳明学，又如以黑格尔的“绝对精神”解读王阳明的“良知”之学，等等。

可惜的是，长时间以来三宅雪岭的阳明学研究并未受到学界足够的重视。历史上多将三宅雪岭与德富苏峰并称，视其为国粹主义的时事评论家、日本近代最具代表性的新闻记者之一，这主要是因为他参与创办了政教社，并在其机关杂志《日本人》上撰写了大量的评论文章，获得了很高的社会关注度，学界也往往将其视为是具有开明保守主义立场的知识分子。因而，三宅雪岭研究的焦点也多集中在以下两个层面：第

---

① 荻生茂博「日本における〈近代陽明学〉の成立——東アジアの「近代陽明学」」，『近代・アジア・陽明学』，東京：ペリカン社2008年版，第427—435頁。

一，国粹主义思想研究，例如长妻三佐雄的《民族主义与多样性思想》[①]、荻原隆的《三宅雪岭的国粹主义——与志贺重昂的对比》[②]、中野目徹的《政教社研究》和《明治青年与民族主义》[③]、中川未来的《明治日本的国粹主义思想与亚洲》[④]、我国学者王俊英的《简论三宅雪岭国粹主义思想的特质》[⑤] 等，多从政治思想、政教社人员关系、亚洲认识等层面深入挖掘了三宅雪岭与明治中后期兴起的国粹主义思潮之关联；第二，近代公共性研究，如长妻三佐雄的《公共性的传统精神》[⑥]、藏角利幸的《三宅雪岭与长谷川如是闲》[⑦] 等侧重于考察作为在野知识人的三宅雪岭在公共媒体中对于社会改良的推动作用。近年来，日本学界开始注意到三宅雪岭在东亚近代哲学史上的独特建树。进而，他在近代阳明学研究史上的先驱地位才重新得以确立。从日本近代阳明学研究发展史来看，三宅雪岭的阳明学贡献长期以来并未受到足够的重视。例如，山下龙二在《明代思想研究发展史》[⑧] 中总结“明治时期的阳明学”主要有两种，一是内村鉴三所做的“个人主义伦理观”“宗教解释”“世界主义”的阳明学诠释，二是井上哲次郎所做的“国家主义伦理观”“伦理解释”“日本主义”的阳明学诠释，其中就略过了三宅雪岭开创性的哲学探索。1986 年，冈田武彦在《日本人与阳明学》[⑨] 中提出，在“心的修养与实践性”的阳明学之外，还有一条哲学性的研究路径，即将阳明学与西洋哲学进行对比考察，从而对阳明学进行近代转

---

① 長妻三佐雄的「ナショナリズムと多様性の思想：三宅雪嶺における有機体的国家論の展開（変革期の政治思想）」，『政治思想研究』2012 年第 12 号，第 114—134 頁。

② 荻原隆「三宅雪嶺の国粋主義—志賀重昂と対比して」，『研究年報』2004 年第 17 号，第 172—154 頁。

③ 中野目徹『政教社の研究』，京都：思文閣出版社 1993 年版；野目徹『明治の青年とナショナリズム：政教社・日本新聞社の群像』，東京：吉川弘文館 2014 年版。

④ 中川未来『明治日本の国粋主義思想とアジア』，東京：吉川弘文館 2016 年版。

⑤ 王俊英：《简论三宅雪岭国粹主义思想的特质》，《日本学刊》2011 年第 5 期。

⑥ 長妻三佐雄『公共性のエートス：三宅雪嶺と在野精神の近代』，京都：世界思想社 2002 年版。

⑦ 藏角利幸「三宅雪嶺と長谷川如是閑：大正八年『我等』創刊を中心として」，『金沢学院短期大学紀要：学葉』2014 年第 12 号，第 66—52 頁。

⑧ 山下竜二「明代思想研究はどう進められてきたか」，『名古屋大学文学部研究集（哲学）』1964 年第 12 号，第 59—60 頁。

⑨ 岡田武彦「日本人と陽明学」，『陽明学の世界』，東京：明德出版社 1986 年版，第 436 頁。

换。但是，冈田武彦并未对三宅雪岭的研究做深入考察。2001 年，上智大学渡部清教授开始注意到三宅雪岭独特的哲学思想体系，连续刊发了《三宅雪岭研究（一）：以其“哲学”观的变迁为中心》《三宅雪岭研究：试论儒教心学的再生》[①] 两文，其中强调了阳明学在三宅雪岭的哲学思想中举足轻重的地位。2009 年，吴光辉在《日本阳明学的解读——以明治时期的知识人为中心》[②] 中延续了冈田武彦两条路径的划分，并进而从“三宅雪岭：从作为哲学的阳明学”和“井上哲次郎：作为道德的阳明学”两方面进行了探索。此外，森田康夫还撰写了专著——《大盐的阳明思想继承者·三宅雪岭》[③]。综上所述，近年来中日学界已逐渐认识到三宅雪岭阳明学研究的重要性，然而在一些问题的研究上仍有待于进一步深入挖掘：三宅雪岭阳明学搭建了怎样的近代哲学框架？这对后来的阳明学研究产生了哪些影响？本书试图从这些问题出发，做一探讨。

第一节　从汉学到哲学——三宅雪岭的学术历程

一　三宅雪岭其人其学

三宅雪岭（1860—1945 年）原名三宅雄二郎，故乡有秀峰白山，因借作笔名“雪岭”[④]，乃日本近代著名的哲学家、评论家。1860 年 7 月 7 日，三宅雪岭在加贺国金泽（今石川县金泽市新坚町）出生。1877 年成为东京大学哲学科最初的学生之一。1883 年毕业后，在外山正一教授的劝说下作为准助教授留校，进入编辑所工作。1887 年担任东京专门学校（后来的早稻田大学）讲师。这一段就职经历让三宅雪岭痛

---

① 渡部清「三宅雪嶺研究（一）：彼の「哲学」観の変遷を中心に」，『哲学科紀要』2001 年第 27 号，第 87—117 頁；「三宅雪嶺研究（承前）儒教心学再生の試み」，『哲学科紀要』2002 年第 28 号，第 49—82 頁。

② 呉光輝「日本陽明学の「読み換え」——明治期の知識人を中心に」，『北東アジア研究』2009 年第 17 号，第 105—116 頁。

③ 森田康夫「大塩的陽明思想の継承者・三宅雪嶺」，『大塩研究』2006 年第 3 号，第 64—82 頁。

④ 最早使用是在 1890 年 12 月 16 日《日本人》第六十二号登载的《送伊藤春亩》（《伊藤春畝を送る》）中。

苦不堪，最终他辞去工作，并下定决心至死不做体制内的学者，而宁愿在民间做一名自由评论人。1888 年秩父暴动发生后，他以新闻记者的身份投身于第一线，积极调查取材、撰写报道，力求客观公正地展现事件的真相，因此在社会上博得声名。1888 年 4 月，三宅雪岭与志贺重昂、杉浦重刚等人创办了政教社，设立机关杂志《日本人》，并刊发了大量时评类文章。因为言辞激烈，该刊屡遭禁发停刊的危机。1891 年，三宅雪岭乘坐海军练习舰“比叡号”到南太平洋巡航。1892 年，三宅雪岭与前元老院议官田边太一的长女龙子（花圃）结婚。1901 年获得文学博士，1902 年开始世界漫游。1907 年，三宅雪岭秉持一贯的、自由知识人的立场，婉拒了京都帝国大学校长职位的邀请。1920 年，创办《日本人》的姐妹刊物——《女性日本人》。1923 年，三宅雪岭与女婿中野正刚（同是阳明学信奉者）退出政教社，合力创办“我观社”，《我观》杂志创刊。1937 年成为帝国艺术院会员。1943 年被授予文化勋章。同年，三宅雪岭连续遭遇了妻子去世、女婿中野正刚自杀的双重打击，精神一度萎靡不振，最终于 1945 年 11 月 26 日去世。渡边清评价三宅雪岭的一生时说：“他至死都作为言论人活动、作为哲学者生活，实践着‘知行合一’的信条。”① 可见，阳明学对于三宅雪岭的影响之深。

从三宅雪岭的教育经历来看，汉学、洋学一直是其学术的根基。三宅雪岭在自传②中说，父亲三宅恒是加贺藩家老本多家的儒医，曾跟随佐藤一斋门下的阳明学者古贺侗庵学习儒学，相较于朱子学更加倾心于阳明学，此外，还广泛涉猎西洋学问。祖父尊崇赖山阳之学。众所周知，赖山阳不仅视日本阳明学者大盐中斋为知己，并曾向其借阳明学全书研读。三宅雪岭的舅父黑川良安是学习荷兰医学的医生，熟悉日本海内外之形势，曾给佐久间象山③讲授兰学，而佐久间象山则教其儒学。如此看来，三宅雪岭家学深厚，汉学、兰学并重，在儒学上整体以阳明

① 渡部清「三宅雪嶺研究（一）：彼の「哲学」観の変遷を中心に」，『哲学科紀要』2001 年第 27 号，第 92 頁。

② 三宅雪岭『三宅雪嶺——自伝/自分を語る』，東京：日本図書センター 1997 年版。

③ 井上哲次郎在《日本阳明学派之哲学》中将佐久间象山列为阳明学者。

学为尊，而在兰学上则探究西洋之实理实学以资圣学。①

三宅雪岭在 6 岁时入私塾，跟随儒学者河波有道②（1822—1890 年）学习四书五经。三宅雪岭曾在《伪丑恶日本人》中追忆河波有道先生的教诲："加州（加贺藩）有位河波有道先生，曾为先人作《水哉亭记》，其中有言'大凡世间之物，若从无用的角度观之，则天下没有有用之物。若从有用的角度观之，则天下没有无用之物。今秽污之物乃人之所恶，然田圃不待此物，则不会有繁殖。金玉之珍为人所爱，然从古至今因之招来灾祸者也并不鲜见'。"③ 可见，河波有道注重实学实用的精神深刻的影响了三宅雪岭的治学取向。与此同时，受到老师和家人的影响开始对地理、自然科学等产生了浓厚兴趣。11 岁时，三宅雪岭在金泽的法语学校入学，后转入英语学校。15 岁到名古屋爱知英语学校学习，16 岁成为东京开成学校的学生。第二年（即 1877 年）4 月 12 日，东京开成学校与东京医学校合并，成立了日本当时唯一的大学——东京大学，设立了法、医、文、理四学部。三宅雪岭顺势进入文学部。当时的文学部设置了两科，即"第一：史学、哲学及政治学科"与"第二：和汉文学科"，到 1881 年 9 月进一步分化为三科："第一：哲学科""第二：政治学及理财学科""第三：和汉文学科"。三宅雪岭与井上哲次郎、冈仓天心、井上圆了、清泽满之等是同学，都是哲学科最早的一批学生。同年，西乡隆盛主导的西南战争爆发，三宅雪岭被战事所牵动，无心学习，甚至一度想要弃学从军，追随偶像西乡隆盛的步伐。值得一提的是，三宅雪岭一直将西乡隆盛与大阪起义失败的大盐平八郎等而视之，认为他们是践行阳明学之真谛的大英雄。终于在明治十一年（1878 年），三宅雪岭面临退学的困境。直到第二年（1879 年），三宅雪岭才得以复学，明治十六（1883 年）顺利毕业。

---

① 佐久间象山在赠小林虎三郎的书信中说："近来西洋人の発明する所の許多の学術は、要するに皆実理にして、まさに以って我が聖学を資くる足る。"（笔者译：近年来西洋人发明的许多学术，要言之皆实理，以其资我圣学足矣。）

② 河波有道，加贺藩士，本多政通的近侍、侍读。根据实藤惠秀的《近代日中交涉史话》，河波有道与清末赴日文人也有交往，例如他曾与王治本有笔谈，其中还论及了黄遵宪的《日本国志》及《日本杂事诗》。実藤恵秀『近代日中交渉史話』，東京：春秋社 1973 年版，第 159—160 頁。

③ 三宅雪嶺『偽醜悪日本人』，鹿野政直編『日本の名著』（37），東京：中央公論社 1976 年版，第 327 頁。

对照三宅雪岭、井上哲次郎[①]和山路爱山[②]等人的笔记来看，作为东京大学第一批哲学科学子，他们受到了严格的西方哲学训练，当时的教授多是外国人，只有极少数从国外留学归来的日本人，授课也往往以英语为主。这一时期，对此辈青年学子思想震动最大的有四位学者：

1. 美国动物学者莫斯（Edward. S. Morse，1838—1925 年），1877 年在日本采集标本期间，受文部省之邀请到东京大学理学部担任动物、生物学教授，他最早将达尔文的生物进化论介绍到日本，给明治时期知识人以强烈的冲击，一时成为知识界之主流思想。

2. 加藤弘之（1836—1916 年），在东京大学创校之初任法理文三学部综理，1870—1875 年他撰写《真政大意》《立宪政体略》《国体新论》等书大力宣扬天赋人权思想。1881 年东京大学改制后，加藤弘之出任校长，兼任明治天皇侍讲、日本学士院院长，俨然成为官学之泰斗。明治十四年（1881 年）政变后，加藤弘之的思想发生了急剧转变[③]，在 1882 年出版的《人权新论》中转而批判天赋人权说，宣扬唯物主义式的社会进化论思想。

3. 美国留学归来任教于东京大学文学部的外山正一教授，为东京大学学子授课主要以斯宾塞的《第一原理》为主，宣扬进化论的观点。相较于加藤弘之的观点，他主张不应仅仅满足于物质方面的、自然科学的进化，还应该重视精神方面的、哲学性的进化，三宅雪岭、井上哲次郎受到外山正一的影响，在关于进化主义的论战中也基本上秉持这一立场。如前文所述，外山正一不仅是三宅雪岭学生时代的恩师，在三宅雪岭毕业后留校担任准助教授期间，也是他的领导。

4. 1878 年 8 月，哈佛大学毕业的费诺洛萨（Fenollosa）经由莫斯引荐，作为特聘外国专家到东京大学文学部任教，他本人在大学本科期间倾心于斯宾塞哲学，积极奔走设立了“哈佛斯宾塞俱乐部”，研究生阶段知识趣向转为黑格尔。费诺洛萨多为人称道的是与冈仓天心等人共同

---

① 井上哲次郎『明治哲学界の回顧』，岩波講座『哲学』第 10 卷，東京：岩波書店 1932 年版。

② 山路爱山「現代日本教会史論」，『基督教評論・日本人民史』，東京：岩波書庫 1966 年版，第 75 頁。

③ 中野目徹『政教社の研究』，京都：思文閣出版社 1993 年版，第 68 頁。

发起了日本近代美术运动（“新日本画”等），扩大了日本美术的国际影响力，因而被誉为日本“近代美术的恩人”。其实，在此之前他已深刻地影响了明治哲学界。进入东京大学后，他主要教授的是以康德、黑格尔为代表的德国观念哲学，当时有一百多位学生参与了他的课堂，三宅雪岭、井上哲次郎、棚桥一郎等人都位列其中。三宅雪岭回忆称，时人提到哲学便是冯特的心理学、斯宾塞的第一原理，而费诺洛萨讲授的内容却是从笛卡尔到黑格尔的哲学变迁，这在当时的日本十分鲜见，“暂不论其实力如何，影响确实显著”[①]，“虽不出施维格雷尔（Albert Schwegler）哲学史、布登·鲍恩的近世哲学之外，但他颇有辩才，往往使人信服。他不通德语，不得不用英译本来解释康德、黑格尔，并往往将黑格尔置于最重要的地位。他紧闭双目，以极有趣的姿态，由有无未发之境讲解宇宙之展开，给我留下了极其深刻的印象”[②]。井上哲次郎也称“当时他（费诺洛萨）年轻气盛，给学生很强烈的刺激。他虽然也是进化论者，但他并不像普通的进化论者那样只讲授进化论思想，同时一并还讲授德国哲学”[③]。如此看来，费诺洛萨在当时的明治思想界可谓是一道奇异的风景，因为当时的主流仍是是英、美、法的启蒙思想，德国哲学几乎还未得到引介。三宅雪岭、井上哲次郎等第一批哲学科学子受到费氏的影响，大力提倡以黑格尔为代表的德国观念论哲学，直接推动了明治哲学新思潮的到来。

总体来看，初创期东京大学哲学科的知识氛围基本是以斯宾塞的进化论为主导，同时经由费诺洛萨的引介，德国观念哲学开始在明治知识青年中生根发芽。与此同时，国学、汉学的势力并未因此而削弱，反在西洋哲学的助力下逐步构建起自己的哲学体系。学生时代的三宅雪岭，不仅大量吸收了西洋的哲学思想，同时常常参加和汉文学科的课程。在《大学今昔谭》中，他说道：“当时作为学生参加课程的只有我一人，

① 三宅雪嶺『三宅雪嶺——自伝/自分を語る』，東京：日本図書センター 1997 年版，第 93 頁。

② 三宅雪嶺『三宅雪嶺——自伝/自分を語る』，東京：日本図書センター 1997 年版，第 98 頁。

③ 井上哲次郎『明治哲学界の回顧』，岩波講座『哲学』第 10 巻，東京：岩波書店 1932 年版，第 70 頁。

相较于普通的授课，我与先生面对面聊了很多其他的内容。”① 三宅雪岭延续了汉学与洋学并重的家学传统，以一种兼容并包的态度吸纳东西洋学问之优长，正如柳田泉说：“先生读罢东洋的书籍转而学习西洋，读完西洋的书籍又转过来重新审视东洋，经过对东西洋学问仔细的比较、咀嚼，领悟到了东洋自有东洋的长处，西洋也有西洋的长处。东洋文明具有综合性、注重精神，而西洋文明则具有分析性、科学性的特点。”② 三宅雪岭在原有的扎实的汉学基础上，受到斯宾塞社会进化论、以黑格尔为代表的德国观念论等的影响，逐渐形成了自己独特的学说体系，撰写了《基督教小史》《哲学涓滴》《逻辑学》《伪丑恶日本人》《真善美日本人》《我观小景》《王阳明》《宇宙》《明治思想小史》《同时代史》等三十多部有影响力的著作。③ 综合看来，三宅雪岭作为东京大学培养的最早的哲学学者之一，融合东西，博采众长，形成了自己的哲学研究特色。那么，三宅雪岭对于哲学有着怎样的基本认识？他是如何看待以儒教为核心的东洋哲学的呢？

二 何谓哲学

众所周知，“philosophy”一词最早由西周在《百一新论》（1874年）中定译为“哲学”，“把论明天道人道，兼之教法的 philosophy 译名哲学”④。在《生性发蕴》中，西周解释了自己如此翻译的缘由：从词源上来看，“philosophy”正是从希腊语的“philo”的爱智者、爱贤者中派生出来的，这与周敦颐的“士希贤”（《通书・志学》）有异曲同工之妙，因而后人多用该词指称讲理之学，也有人将其直译为“理学理论”，东洋的儒学与西洋的哲学根本上都是“从天道自然入手来阐述自身的见解”，二者最终均归于“性理之学”，但用“理学”一词无以区

① 三宅雪嶺『大学今昔譚』，東京：我観社 1946 年版，第 129 頁。

② 柳田泉『哲人三宅雪嶺先生』，東京：実業之世界社 1955 年版，第 19 頁。

③ 三宅雪嶺『基督教小史 第 1 冊』，東京：集成社 1886 年版；『哲学涓滴』，東京：文海堂 1889 年版；『論理学』，東京：文学社 1890 年版；『偽悪醜日本人』『真善美日本人』，東京：政教社 1891 年版；『我観小景』，東京：政教社 1892 年版；『王陽明』，東京：政教社 1893 年版；『宇宙』，東京：政教社 1909 年版；『明治思想小史』，東京：丙午出版社 1913 年版；『同時代史』（全 6 巻），東京：岩波書店 1949—1954 年版。

④ 铃木正、卞崇道：《日本近代十大哲学家》，上海人民出版社 1989 年版，第 50—51 页。

分“东洲之儒学”，因而译作“哲学”。[①] 三宅雪岭对于西周的翻译提出了批判，他与中村正直（《明六杂志》第十六号）一样认为相较于“哲学”的翻译，儒学传统上的“理学”更为恰当，因为“哲学”一词在社会广泛传播，且被作为大学学科之名而确立，因而得到了社会的公认。但与此同时，“哲学”这一词汇的流行也导致了社会的滥用，各种各样的事物均被冠以“哲学”之名故作高深，甚至出现了“洒落哲学、色情哲学、处世哲学、变哲学”等奇怪的用法，究其原因就在于“哲学”一词的语义不明，相反“理学”更能清晰地指向日本的学问。在翻译问题上，西周虽然承认东西洋思想的共同之处，但仍用“哲学”来区分二者，以突出西洋哲学自身的特点。三宅雪岭则倾向于从东、西洋思想的比较、筛选、融合中去把握“philosophy”，因而更青睐用“理学”以清晰地指明语义，避免“哲学”的庸俗化滥用。

纵观三宅雪岭的论著，关于“哲学是什么”这一基本问题，一般有两种表述：第一种则是用汉文式的语言进行通俗化的描述。例如，在《哲学涓滴》中说，“寓于寻常之中、充塞于天地之间之物便是哲学”，或将哲学譬喻为如来之掌，浮薄之徒宛如乱天宫的孙悟空，无论他们如何恃才傲物，对哲学表达种种不屑，一遇到实际问题仍难逃“神掌”[②]。在《我观小景》中，还有一段古雅而诗性的阐释：“所有万象，知其有生、有心灵，仰天之苍苍，观日月星辰之丽，操持运转木石非情之物，即便冷然未曾有情之相感，其之实并非徒然如此而已，偶然畅发非常至灵之活气，经营大生理，见大动物之作用，于是明晓日日与其灵活之动作相接，名之谓哲学。”[③] 这些可以说是三宅雪岭对于“哲学”的东方化解读。第二种则是纯粹的西方式解读。例如在《论哲学的范畴》中

① 参见孙彬《论西周从“philosophy”到“哲学”一词的翻译过程》，《清华大学学报》（哲学社会科学版）2010 年第 5 期。

② 三宅雪嶺『哲学涓滴』，東京：文海堂 1889 年版，第 16—18 頁。

③ 三宅雪嶺『我観小景』，東京：政教社 1892 年版，第 119 頁。原文是“所有萬象、其の皆生あり、心霊ありを知るや、仰で天の蒼々たる、日月星辰の此に麗くを観、木石非情の物を操持転動す、冷然として曾て情之と相感ずることあらずとするも、其の實は徒らに此の如き而已にあらずして、適さに非常至霊の活気を暢発し、大生理を経営する、大動物の作用を見、而して日々に其の霊活の動作と相接するとする所以を明覈する、之を名けて哲学と謂ふ。”

认为，所谓哲学就是概括全体、不偏颇于一方的考究原理之学。[①] 这显然是受到了斯宾塞的影响，即哲学是“总的科学”，是提示各种学问第一原理的综合性学问。与当时日本知识界流行的观点一样，三宅雪岭对于西方哲学形而上学的传统十分认可，认为纯正的哲学就应探求全体存在普遍性第一原理，“思想乃六合之基础，无所不在，无所不达”。

在第二种论述中多牵涉一个关键问题，即科学与哲学的关系问题。三宅雪岭认为，科学虽然在哲学中占有重要地位，但“哲学”并不等同“科学”，且对于科学提出的判断，哲学应有取舍选择的必要；相反的，对于科学中无法解释的，相对于科学领域无法独立的领域，应该置于哲学的领域中，比如逻辑学、心理学、社会学，扩大了哲学的范畴。进而，联系到此前加藤弘之与外山正一、三宅雪岭、井上哲次郎等人关于进化论的论战，可以进一步探明三宅雪岭在这一问题的基本立场。1882 年，加藤弘之在《人权新论》中批判英国开化史大家亨利巴克尔的著作，认为其形而上学的论说实在是荒唐无稽之谈，运用自然科学，万事皆可探究，相较于物理性的学问，心理性的学问易于陷入妄想主义中，达尔文的进化主义提出后，“心理”学问的研究得以焕发新活力，所谓的天赋人权不过是一种妄想主义，妨碍实理的发现、阻碍社会的进步。[②] 1884 年，加藤弘之在《社会中人为淘汰的一大疑问》[③] 中对古代斯巴达人与印第安人的人为淘汰进行了评判，同时肯定了医学进步人类寿命得以延长带来的社会影响，进一步强化了自己的“唯物主义、功利主义、机械主义”的立场，大力宣扬科学进化的重要性。与此相对，外山正一、三宅雪岭、井上哲次郎则站在人文主义、“理想主义”的立场上提出了批判：许多进化论者仅仅满足于物质自然科学层面的进化论，而对于哲学层面的精神性的进化主义视而不见，这显然是不全面的；扩展到国家社会层面，进化是复杂而多元的，不仅要重视殖产兴业、扩张兵力，还应该尊重文化，发达国民之精神。[④]

① 三宅雪嶺「哲学ノ範囲ヲ弁ス」，『哲学会雜誌』，1888 年創刊号。

② 加藤弘之『人権新説』，東京：谷山楼藏版 1882 年版。

③ 加藤弘之「社会ニ起レル人為淘汰ノ一大疑問」，『東洋学芸雜誌』，1884 年第 29 号。

④ 详见以下两篇文章：井上哲次郎『明治哲学界の回顧』，岩波講座『哲学』第 10 卷，東京：岩波書店 1932 年版；三宅雪嶺「加藤弘之先生ニ質ス」，『東洋学芸雜誌』，1884 年第 29 号。

正出于对思想进化、心力竞争的重视，三宅雪岭认为有必要对于东西洋哲学进行全面而深入的剖析。他首先对哲学按地域进行了二分，即西洋有西洋哲学，东洋则有东洋哲学，而前者“以知识为主，所论明晰精微”，后者“交杂感情，陷于暧昧滑凝”。东洋哲学中又有中国哲学与印度哲学，因为国与国之间语言不通，因而相互联络碰撞的机会甚少，反观西洋哲学从希腊诞生后能够打破国界与语言的限制，形成一体的哲学，从而成为宇内真正的学问。在这里，三宅雪岭将东、西洋哲学进行了对比分析，对东洋哲学进行了批判，然而这是否意味着三宅雪岭否定东洋哲学呢？联系其后的论著来看，这里毋宁说是三宅雪岭试图对东洋哲学进行“理性”的扬弃，他并没有完全否定东洋哲学的价值。

在1889年出版的《哲学涓滴》中，三宅雪岭对于东、西洋哲学进行了更为深入的对比，要点如下：第一，从明治的社会现实来看，一提到东洋、西洋，似乎优劣高下判然以分，然而在历史的长河中，东洋也有很长一段历史时期是优于西洋的，不可一概地抑东扬西；第二，对于东西洋哲学进行了详细的划分，东洋哲学包含了中国、印度、波斯、犹太、埃及等地区的思想，西洋哲学则包含了希腊、罗马、英伦、德国、法国、意大利等，前者以儒释道三教为核心，后者各派与之相对抗的学说也并非不足，比如明代王阳明的学说就应与黑格尔的对比来看，“领悟理法与达至纯全精神之极处并无二致”；第三，基于前两点，进一步批判了东洋历来的学术传统，“一涉及判别某一学问原本的旨意时，便从字词性的辩说展开，反复解说两三个语句的意思，愈问愈加错杂，于是乎茫茫然无法理会真实的意思”①，应用西洋哲学来照见东洋哲学之体貌；第四，最后对于日本哲学思想的进化，三宅雪岭提出了自己独特的构想，“哲学界国土三分，中国哲学主情，印度哲学主意，欧洲哲学主智。儒教倡仁义，愿鳏寡孤独废疾得养，近于感情；佛教修苦业、守戒律，勇猛精进、观得真如，激勉意志；欧洲则试验事物、分析现象，不寻绎究察则无法磨砺智慧”②。那么，如果以哲学来开发进化思想的话，便应该“研于智慧，基于情，贯以意”，换言之，在三宅雪岭看

① 三宅雪嶺『哲学涓滴』，東京：文海堂1889年版，第32頁。

② 三宅雪嶺『哲学涓滴』，東京：文海堂1889年版，第34頁。

来，如果能够将三种哲学融会贯通，统合各种哲理的话，那么日本便能独占鳌头，进化出一种全新的日本哲学，培养国民独立之心力："我国佛教就能逾越印度，儒教足以对抗中国，探究欧洲之哲学，并完善修行之法则，（日本）就会成为哲学世界的中心。王阳明、苏格拉底之人辈出，风靡一世。"

在此基础上，三宅雪岭提出了哲学研究的基本方法，要把握"纯正哲学"，必须首先通晓近世的西洋哲学，"东洋哲学虽富有高尚的道理，与西洋哲学具有同样的研究价值，但因为缺乏恰当的解说方法，因而在探究的时候会恍惚不清、彷徨无所归依。有志于此之士，当先寻绎西洋哲学体系化的方法，进而将西洋哲学中合理性的规则应用于东洋哲学，开发至理，裨益于世界学问社会"①。在三宅雪岭看来，研究哲学当以西洋哲学为进路，从而以逻辑、实证的方法来"说明和论证"② 东洋哲学合理化体系，从而实现东西洋哲学的融合共通，创发新的哲学理论。从三宅雪岭哲学论著的出版情况来看，他本人也正是如此践行的，第一阶段集中探究西洋哲学，特别是逻辑学，出版《哲学涓滴》《逻辑学》《我观小景》等；第二阶段参照西洋哲学的方法对于东洋哲学（特别是阳明学）进行系统架构，撰写了《王阳明》；第三阶段融合东西，搭建起自己独特的哲学体系，最终形而上学论著《宇宙》③ 一书问世，该书被松山信一誉为"明治哲学产生的最壮大的哲学体系"④。

综上所述，三宅雪岭从东、西洋两方面对"哲学"进行了较为全面的描述。进而由进化论出发，强调东、西洋哲学的融会贯通，目的便在于萃取各种哲学传统之优长，熔合智、情、意，从而进化出日本独特的、更为先进的哲学思想，由此"便可支配东海宇内二十世纪的哲学界"⑤。因此，他并未像明治时期众多的知识分子那样对东洋哲学进行彻底的否定，而是以西洋哲学为参照进行了扬弃。同时正如前文所述，三宅雪岭在东洋哲学中，最为欣赏的正是阳明学，在其阳明学专著《王阳明》

---

① 三宅雪嶺『哲学涓滴』，東京：文海堂 1889 年版，第 24 頁。

② 三宅雪嶺『真善美日本人』，鹿野政直編『日本の名著』（37），東京：中央公論社 1976 年版，第 287 頁。

③ 三宅雪嶺『宇宙』，東京：政教社 1909 年版。

④ 松山信一『明治哲学史研究』，東京：こぶし書房 1999 年版。

⑤ 三宅雪嶺『哲学涓滴』，東京：文海堂 1889 年版，第 37 頁。

问世之前，他已在《哲学涓滴》《我观小景》等中屡屡将王阳明置于哲学之最高地位，认为王阳明在历史地位上可与苏格拉底并列，在思想深度上可与黑格尔比肩。甚至在论述日本本土思想时，他说："我国人民如今嗜好理论，在古代却是以感觉的事物为贵……若要挖掘出一种哲学的话，除了伊藤仁斋，一部分僧侣以及像中江、熊泽、大盐等遵奉王阳明的良知学之辈，别无其他。要言之，哲学作为曾经的学问而存在。"① 换言之，在三宅雪岭看来，在日本思想史中，只有为数不多的学者的思想可被称为哲学，其中日本阳明学便居于枢要之地位。下面将聚焦于其《王阳明》一书，论述他对王阳明思想进行了哪些开创性的哲学探索。

第二节　《王阳明》与儒教

1893 年，三宅雪岭的《王阳明》由政教社出版，全书共分为三个部分：一是"传"，包括族谱、前半生、中年、晚年；二是"教学"，有儒教、王阳明之前的儒教、王阳明的学说、心即理、知行合一、良知、王阳明之志望、祖述与反抗；三是"词章"，有评言、文抄、诗抄。值得注意的是，三宅雪岭在探索王阳明的近代哲学价值时，面临的首要难题便是明治社会知识界流行的对于儒教的偏见，例如一些受到福泽谕吉启蒙思想影响的明治知识青年便大倡儒教无用论。因而，三宅雪岭在梳理王阳明的哲学体系前，先对儒教思想从两方面进行了梳理：第一，对流行的儒教批判论进行了反驳批判；第二，梳理了王阳明之前的儒教发展史。

一　儒教批判之批判

"哲学这一名词传来后，因为佛教与其类似，相对于西洋哲学视之为印度哲学，而将儒教与道教合二为一，视之为中国哲学。"② 当时明治时期知识界的一些流行观点认为儒教不能称为哲学，或儒教即便可称为哲学，但地位低下，甚至毫无价值可言。针对这些尖锐的声音，三宅

① 三宅雪嶺『哲学涓滴』，東京：文海堂 1889 年版，第 23 頁。

② 三宅雪嶺『王陽明』，東京：政教社 1893 年版，第 53 頁。

雪岭条分缕析提出了五大驳论：

第一，反驳儒教停滞说，提出儒教进步论。一些明治时期知识人认为，儒教没有进步发展，百世之后依然株守着百世之前孔孟所倡之教，并未有所进步，那么重视儒教犹如赏玩老古董一样没有意义。对这一尖锐的批判，三宅雪岭反问所谓儒教毫无进步，这一观点到底是在何种意义上成立呢？进而，他指出汉唐宋明以来儒教的进步都十分显著，面对社会的变化发展，儒学之士都能应时应势地推动儒教获得新的发展，扩大论说的领域，促进理论愈加精微。譬如“理学”之流行绝非偶然，理学实为“philosophy”之谓也，然而在日本却将其用作“science”的译名，因此，有必要另造“哲学”这一新词指称。而且，儒教中理学的发展是纯然独立的，不可简单地套用其他的模型来判断是否有所进步。

第二，反驳孔孟奴隶说，强调儒教的普遍价值。有人认为即便儒教思想有所发展，但儒者每每对孔孟妄加尊崇，被古文字束缚身心，可谓孔孟之奴隶，而哲学之研究理应独立，胡乱迷信难以穷极真理。三宅雪岭指出，儒教所论遍及日常百行之事，孔孟本宜于作为个人之模范，由此而成为尊崇之习惯，并不能说其有害于思想之独立；虽然儒者多依据孔孟之书探究，但超然独立者亦多，正所谓尽信书不如无书；进而，三宅雪岭引用王阳明《答罗整庵少宰书》之言，“夫道，天下之公道也。学，天下之公学也，非朱子可得而私也，非孔子可得而私也”。强调儒学乃“公学”，具有普遍性价值。对比西洋哲学来看，在中世纪很长一段历史中，同样有不少人对柏拉图、亚里士多德盲目崇拜，也鲜有与基督教背道而驰之人。

第三，反驳儒学旧辞说，强调儒学概念之革新。有人又指出，那么即便不是盲目崇拜孔孟，但后人在论辩时往往挑出孔孟只言片语来妄加种种解释，也不过是使用旧有之文辞反复辩说，并没有新文辞的创作，因而也算不得进步。三宅雪岭指出，明显的事实是，儒学士即便使用的是同一文辞，但其概念意义已与过去迥异，而且他们使用的孔孟所造之外的新文辞也并不少见，如董仲舒在孟子的仁义礼智之后加入信成为“五常”。宋以后频繁使用性、理、气等词汇，虽然文辞旧有，但其意义已大相异趣，发展出新的哲学内涵。反观西洋哲学近代所用之文辞，若要真正追究的话，新名词恐怕也是极少的，本体、属性、观念、感觉等皆旧来使用之文辞，因而对于旧有文辞进行新的诠释，实际也可称为新文辞之创造。

第四，修正儒家道德论。有人进一步质疑，即便在孔孟之外仍有成一家之言的独立知识人，可他们的论说往往拘泥于道德，而哲学的目的在于研究真理，因而很难将儒教归之于哲学范畴。对此，三宅雪岭从两个层面展开了修正：其一，儒教全然探究的并非是真理以外之物，他引用《二程遗书》《近思录》中的观点“凡一物上有一理须是穷致其理”，“自一身之中以至万物之理且理会得多相次自然豁然有觉处”，“作易自天地幽冥至于昆虫草木微物无不合”，来说明儒教中格物致知的层面强调的正是对于真理孜孜不倦的探求精神。因为中国科学进步迟缓，且其物理天文诸说多滞于怪谈漫说，因而有人将此归因于儒教过多地关注对于道德层面的探究。其二，哲学研究的范畴并不仅局限于探索真理，西洋哲学中也十分注重对于道德伦理的研究。纵观西洋哲学史，又有多少学者的研究超出道德范围之外，经验派之论颇类于本然之性，康德、斯宾塞都有关于道德、伦理的思考。那么要研究人之真理，自然不能将人自身排除在外。

第五，批判儒教无益论，将儒者二分。有人对儒教之功用提出了质疑，认为儒教是无益、乏味的，如今甚至一提到“儒”就会有卑下劣等之感。三宅雪岭认为，应将真儒进行二分，一种可称为儒者，他们能傲然谈论治国平天下等事；另一种则是迂儒，往往不通于时务，对于他们的无为空谈理当哂笑鄙弃。但是若只见迂儒之空论而不见真儒之事功，从而牵连儒教之理被淹没，那么是否应咎责那些嘲笑儒者空泛迂拙之人呢？反观道教之辈，超然隔离于世间，却幸免责备与嘲讽。即便在西洋哲学中通晓时务之士又有多少？恐怕千百之中难求二三，大多也是静坐冥想之辈。因此不能因腐儒而遮蔽了活泼泼真儒之光辉。

纵观上述内容，可以看到三宅雪岭对明治知识界流行的、儒学标签化论述进行了猛烈的鞭挞，他的驳论一般从两个层面展开，即儒教哲学发展史内部以及东西洋哲学对比，由此以展现当时流行的儒教批判论存在情绪化、非理性的特点。在这些驳论背后，三宅雪岭的核心关怀在于论证儒教作为哲学的正当性，并在此基础上发掘儒学的近代价值。进言之，三宅雪岭在进化论的立场上，延展出多元的近代化路径的思考：虽然在科学技术层面，日本需要加强学习、师夷长技；但是在人文思想层面，东西洋思想并无绝对的优劣之分，哲学思想进步的路径并不单一，因此不能将判断的标准绝对化，尤其不能以科学的标准来统摄、评价人文思想之历史进程；因此，儒教哲学作为纯然独立的学问，有自身的发展轨迹，它不仅在历史上大放异彩，在明治之日本依然有适用价值。

二　阳明之前的儒教发展

如上节所述，三宅雪岭通过五大儒教之批判，反向论证了儒学的哲学价值。从正向来看，三宅雪岭则对象化地看待东西洋哲学，由此试图对庞杂的儒教进行体系化的筛选与建构。这也正是三宅雪岭一直以来的志向。"西洋哲学理论体系完备，充分具备了学问的形式。因此，先生认为如果将杂然的东洋哲学进行理论化、体系化，使之成为向西洋哲学那样系统的学问形式，那么对于世界哲学领域乃至更为宽广的学问社会是一个很大的贡献。可以说先生的志向即在于此。"① 那么具体而言，三宅雪岭对于儒教的理论化、体系化做了哪些努力呢？

在《王阳明》一书中，三宅雪岭对于王阳明以前的儒学发展史进行了梳理：第一，按照时间顺序，从儒、道、佛三教的动态关系角度，梳理了宋以前的儒教思想发展史。从中国思想的起源来看，主要有孔老两家，孔子睁眼看世界，以六艺为修身之本，老子闭眼静处，倾向于虚无，然而两者有一些相同的思想底色；汉代诸儒精于章句，多议明堂丧服，与道教相犯又相融合，后汉佛教传入，三教出现相互融合之趋势；到唐代韩愈，极力排佛，尊孔孟之遗教，随后以李翱的《复性书》为例，进而出现了儒禅合流的倾向；经过五代以至宋，佛教益盛，禅学风靡四方，儒士亦好禅乐，如王安石、苏东坡等皆近禅，三教并立而又交融，至于李纯甫将老聃、孔子、孟子、庄周、佛如来并列为五圣人；同时，以儒教为本位的儒士亦大有人在，如周廉溪的儒道合体说毋宁是儒教本位说。

第二，从宋代（尤其是二程）开始，在注重三教关系的同时，开始

① 柳田泉『哲人三宅雪嶺先生』，東京：実業之世界社 1955 年版，第 71 頁。

从东西洋哲学的对比中来把握儒教哲学的流变趋势。在评价二程思想时说，程氏兄弟拾取“天理、人欲”二语，将天人合而为一，经由某一概念将天人分为二，然后又将二者合为一，大抵是世界思想发展进程中必然趋势。进而，三宅雪岭对照西洋哲学史指出，二程颇类于康德。康德将经验派与观念派的学说合二为一，现象即观念。在程氏之后，观念说愈加昌盛，主要分为两派，一派以客观为主，一派则重于主观。客观观念派的泰斗非朱熹莫属，他的地位与谢林相似。主观观念派经过谢上蔡、王信伯等人，终由陆象山发扬光大，陆之地位出入于费希特与黑格尔之间，进而杨慈湖《杨氏易传》一出，纯乎费希特而已。主观观念派认为万事万物悉备于一身，毕竟用心明彻纯白，诸事备足，无须归于他者。似乎与禅学并无二致，修象山派之学问与修禅学无异，因而朱熹派常常斥其为狂禅，并非毫无道理。三宅雪岭试图通过寻求二程与康德、朱熹与谢林、陆象山与费希特和黑格尔、杨慈湖与费希特之间思想的相似性部分，来搭建东西洋哲学的关联性。然而，这里仅限于粗线条地勾勒，并未进行更为翔实的概念梳理、论证，因而三宅雪岭之说显有牵强附会之嫌。但由此可见，三宅雪岭对于东洋哲学体系化研究已经有了思想雏形。

第三，联系儒教思想史及西洋哲学史，将王阳明推之于世界哲学的高峰。宋灭后，元朝取而代之，当时最为流行的当属晦庵之学，调和两派之说的人也有不少，但其文化思想粗鄙而无条理。明太祖重整国内各项事务，尚实行自然成为风气，学问也顺应大势，儒、禅并行，禅于静处修道，儒于实处践行。陈献章的“收其放心”为居敬之门，以何思何虑勿忘勿助为要旨，人皆以其为象山之流，颇类于禅。此后，王阳明渐明圣学，形成心即理、知行合一的见解，以致良知对抗开悟说，即“知”并不能只停留在“悟”的层面，而必须在大的实行中显现方可。“这颇类于叔本华继专注于思想开发的黑格尔而起，指出人绝不是由思想而行动，而是由意志而行动；至于哈德曼，更加上智之要素。阳明所谓的行与叔本华所谓的意志本就是同一意义，其论述研究的方法也大致相同，彼此的关系也十分相似。”① 与此同时，三宅雪岭也承认王阳明

① 三宅雪嶺『王陽明』，東京：政教社 1893 年版，第 67 頁。

在学说的论证上并没有叔本华、哈德曼那么精微细密，部分儒学观点甚至有些牵强，但王阳明着眼于儒教之大纲目，毅然决然地践行其知，“余姚之学不仅崭崭然而成杰出之中国哲学，即便在世界哲学之中也不畏不惧，巍巍然成一家之特色，灿灿然大放异彩”①。

由此可知，三宅雪岭通过梳理儒教自身的思想发展史，对比西洋哲学的发展史，将王阳明哲学推之于中国哲学乃至世界哲学的巅峰。三宅雪岭为何要这样推崇阳明学，一方面如前文所述，他是继承了以阳明学为重的家学传统；另一方面，通过阳明学他看到了日本近代理想的哲学形式，那就是东洋的最高哲学——阳明学，与西洋的最高哲学——黑格尔的完美结合而诞生新的哲学，进而以这一新的“第一原理”，来治疗国家之各种病症，② 提高国民之心力。柳田泉评价说：“先生不仅把王阳明的学问视为东洋哲学的权威，而且对于阳明在学问上所持的态度（知行合一）给予了完全的肯定。他为阳明的学问理想进行辩护，恨不能说‘自己的学问理想也同于阳明先生所想’。总之，先生是在王阳明处找到了自己身上的某些东西，而且这些东西无论是作为先生自身，还是作为哲学家、时论家，或是作为一个人，都是最根本、最要紧、最核心的东西。《王阳明》是欲借助对王阳明的评价将先生自身思想的一斑展现在世人面前。”③ 那么值得追问的是，三宅雪岭梳理出怎样的阳明学体系？他又是如何融入自己的哲学体系的呢？

第三节 《王阳明》的哲学体系

三宅雪岭的《王阳明》一书中最重要的部分当属“教学”，该部分对于王阳明的哲学思想进行了系统的评述。三宅雪岭指出，王阳明早年所论与晚年所论不同，始倡心即理、知行合一之说，晚年之教以致良知为主，“尤其在阳明去世前四五年，其间所作之文字，实在幽远深宏，

---

① 三宅雪嶺『王陽明』，東京：政教社 1893 年版，第 67—68 頁。

② 辰巳小次郎在《哲学涓滴跋》中说：“哲学是国家的一种激化剂，国家对其用法的好坏决定了其能治疗沉疴还是招致新疾。”三宅雪嶺『哲学涓滴』，東京：文海堂 1889 年版，第 17 頁。

③ 柳田泉『哲人三宅雪嶺先生』，東京：実業之世界社 1955 年版，第 79 頁。

理应垂范后世”[1]。在这一部分，三宅雪岭按照时间顺序，即从早年到晚年，将王阳明的学说总结为三个部分：心即理、知行合一、良知，从而开创了“日本阳明学”以这“三点式快餐理解法的原型”[2]，“要之，阳明学说的关键在于，必先认识心，苟正一心，则世间之事悉可据此解释，进而若人皆得致良知，寰宇之事业皆可成，阳明事实上通过致良知躬亲指导。”[3] 由此可见，在三宅雪岭看来，王阳明学说体系便是识心→正心→致良知，其中最为重要的便是“致良知”。

一　“心即理”“知行合一”

在“心即理”部分，三宅雪岭开篇借用王阳明为陆象山文集所作序之言，“圣人之学，心学也。尧舜禹之相互授受，曰人心惟危，道心惟微，惟精惟一，允执厥中，此心学之源也”[4]。三宅雪岭以“心学”为阳明学之锁钥，可以说是十分准确而恰当的，进而由此将“心即理”置于王阳明哲学体系的第一层面，视其为最基础之部分。

在这一部分阐述中，三宅雪岭最具特色的观点有以下几点：第一，对“心”“理”从两个层面进行了释义。三宅雪岭认为“心”应从广义与狭义两个方面去理解，从狭义上说，心是相对于物而言；从广义上说，所有观念都属于心，就连什么是心这一问题也是，既称为心则所有意义自明。“理”同样如此，狭义上只存在于事物之间，广义上事事物物均有理，求理不外，理之意义已应了然。第二，结合黑格尔的辩证法，阐述“心即理”之新义。三宅雪岭总结，王阳明论心时说“知觉处便是心”，“可知充天塞地，中间只有这个灵明”，心就是知觉、灵明，换言之就是“意识”；同时，王阳明又引用朱熹的话指出，心是“虚灵不昧以具众理而应万事之谓”，“虚灵不昧众理具而万事出，心外无理，心外无事”，那么心是理，但后人对于王阳明之“理”所言不明诟病颇多。三宅雪岭联系二程、陆象山的“天地万物之理，无独必有

---

① 三宅雪嶺『王陽明』，東京：政教社 1893 年版，第 72—73 頁。

② 邓红：《何谓“日本阳明学”》，《华东师范大学学报》（哲学社会科学版）2015 年第 4 期。

③ 三宅雪嶺『王陽明』，東京：政教社 1893 年版，第 76 頁。

④ 三宅雪嶺『王陽明』，東京：政教社 1893 年版，第 77 頁。

对，皆自然而然”等言指出“理”是在对待中呈现的，因而理就是关系，但王阳明与二程、象山不同的一点在于，通过“即”字将正反两者契合起来，这与黑格尔发展的关系之全体有异曲同工之妙。在这里三宅雪岭只是粗略地指出了两者的相似点，可惜并未具体地展开相关内容。在1895年版的《王阳明》中，三宅雪岭在“心即理”部分之后补充了“黑格尔的心即理”小节，核心观点便是，“世界就是关系网，不明关系，焉知世界”，因为关系的全体就是思想的全体，而世界又是由关系组成，因而可以说世界就是思想；思想的第一步是世界的创造，思想的发达是世界的进化，思想本身绝不是活泼泼地进展，常常是辗转开发，创造出关系，进而一步步地明确显现，无始无终。[①] 结合两个版本前后文的逻辑来看，他在文中暗含的旨意在于：所谓“心”“绝对精神”的问题不过是个逻辑问题，通过正题、反题的矛盾、斗争，三宅雪岭将之视为二程、陆象山所说的“对待”关系，从而形成一个新的合题，三宅雪岭将其视为“即”字达到的效果，这便是由王阳明发展出的“理”之独特之处；进而心和绝对精神一样，“心外无理，理外无心”，既是思想的主体同时也是思想的客体，因而绝对精神（即“心”）就是思维（即王阳明所谓的“灵明”）着的纯思想，“因此这种统一乃是绝对和全部的真理，自己思想自己的理念”[②]。经过黑格尔哲学的转换，王阳明的思想被重新披上了近代性、世界性的外衣。

在此基础上，三宅雪岭进一步指出王阳明的心不仅与黑格尔的绝对精神相关联，而且还有叔本华所说的“意志”层面，“叔本华尚纯意志，各种事物的运作，悉归于意志。阳明已立万种之理悉备于心之说，若徒备理之说，而不生发行动，仅仅满足于知道心中备有理，岂非如佛教徒满足于入定一样”，而这正是王阳明所责难的地方，“心即理”的目的是走向活泼泼的世界，由此三宅雪岭引入王阳明思想第二层面，即“知行合一”。

知行要以圣人之教为本，因此知善而不行乃至行恶之人都不可纳入知行合一的范畴，缘由便在于“此已被私欲隔断，不是知行即本体了，

---

① 三宅雪嶺『王陽明』，東京：哲学書院1895年版，第82—83頁。

② ［英］罗素：《西方哲学史》（下卷），商务印书馆2009年版，第307页。

未有知而不行，只是未知”，“圣贤教人，知行正是要复那本体”[①]。在知与行的关系方面，“知是行的主意，行是知的功夫，知是行之始，行是知之成”。在次序方面，知行以意为先，“夫人必有欲食之心，然后知食，欲食之心，即是意，即是行之始矣”。知行合一在为学修行方面亦是如此，儒家讲求“学问思辨行”，但并非学问思辨之后而才开始措之于行，行应该伴随在学、问、思、辨的每一个环节，心理合一、知性并进，这样才能“辨既明矣、思既慎矣、问既审矣、学既能矣、又从而不息其功焉，谓之笃行”，因而知行合一不可分割为二事。在1895年版的《王阳明》中三宅雪岭进一步按照哈德曼对“知”划分，即“知”广义上分为意识与无意识两个层面，分析王阳明所说的“知”不局限意识层面，“行”则是属于无意识层面，特别强调王阳明对无意识层面的重视。[②]文后还收录了立花铣三郎的《知行论》一文，该文从心理学、伦理学、教育学方面考察了“知行合一”。

在梳理了王阳明的知行观后，三宅雪岭进一步拓展了其理论的外延。“孝是道德上之事，书射则是说技术上之事”，王阳明的知行合一讨论的范围不出与道德、技术之外。但根据王阳明的知应扩充圆满之说，在近代社会科学技术的发展层面亦应知行合一。所谓小知伴薄行，先知我、又知他、其所知最为深刻，行也最大，即所谓知真行真。

但是果真知行合一的话，为何既言知，又言行，要将二者分别开来呢？三宅雪岭认为针对这一问题，王阳明提出了“良知”之说，这也是阳明学中最重要的部分。

二　“良知”

三宅雪岭在《王阳明》中有大量的篇幅来阐发王阳明的“良知”说。那么，首先要解决的问题是“良知”是什么？

三宅雪岭列出了王阳明关于良知的重要论说，并与西洋哲学进行了比对[③]：

---

① 三宅雪嶺『王陽明』，東京：哲学書院1895年版，第84頁。

② 呉光輝「日本陽明学の「読み換え」——明治期の知識人を中心に」，『北東アジア研究』2009年第17号，第109頁。

③ 三宅雪嶺『王陽明』，東京：政教社1893年版，第92—95頁。

1.“良知者心之本体”，“夫良知者即是非之心，人皆有之，不待学而有，不待虑而得者，人孰无是良知乎，独有不能致之耳目，自圣人以至于愚人，自一人之心以达于四海之广，自千古之前以至于万代之后，无有不同，是良知也者是所谓天下之大本也，致是良知耳而行，则所谓天下之达道也，天地以位，万物以育，将富贵贫贱患难夷狄无所入而弗自得也矣”。这里的“良知”与一般意义上的良心似乎意思相同，类似于康德的“理性”。

2.“其未发之中即良知也，无前后内外而浑然一体者也，有事无事可以言动静，而良知无分于有事无事也，寂然感通可以言动静，而良知无分于寂然感通也。”此说近于谢林所谓之“绝对”。

3.“先天而天弗达，天即良知也，后天而奉天时，良知即天也，又云天地间活泼泼地无非此理，便是吾良知的流行不息，致良知便是必有事的工夫，此理非惟不可离，实亦不得而离也，无往而非道，无往而非工夫。”此处类似于黑格尔所谓的“法则”与“选择”，在《哲学涓滴》中三宅雪岭也说王阳明的致吾心之良知与黑格尔“获得规则从而到达绝对精神并无二致”[①]。

4.“良知是造化的精灵，这些精灵，生天生地，成鬼成帝，皆从此出，真是与物无对，人若复得他，完完全全无少亏欠，自不觉手舞足蹈，不知天地间，更有何乐可代，或说自是纵横自在，活泼泼地，此便浩然之气，或云若草木瓦石，无人的良知，不可以为草木瓦石矣，岂惟草木瓦石为然，天地无人的良知，亦不可为天地矣，盖天地万物与人原是一体，其发一窍之最精处，是人心一党灵明，风雨露雷日月星辰禽兽草木山川土石与人原只一体，故五谷禽兽之类皆可以养人，药石之类皆可以疗疾，只为同此一气，故能相通耳。”此类似于叔本华、哈德曼等所倡之“意志”，相异之处在于没有二者的厌世倾向。

三宅雪岭只是粗略地指出王阳明所说的良知与康德、谢林、黑格尔、叔本华、哈德曼的某些理论有相似之处，但逻辑上的论证十分欠缺，因而也存在难以让人信服之嫌。接着，三宅雪岭指出，王阳明发展了二程的天理、人欲说，提出了道心、人心的观点。具体而言，良知原

① 三宅雪嶺『哲学涓滴』，東京：文海堂1889年版，第30頁。

本自然，本无善恶，“至善者心之本体”，但是人欲犹如“搅扰之毒物”会干扰良知，对此王阳明以日光与云层的关系来譬喻，“喜怒哀惧爱恶欲谓之七情，七者俱是人心合有的”，“七情顺其自然之流行，皆是良知之用”。最后，三宅雪岭指出王阳明最清楚地阐明“良知”之功用的当属南大吉遭遇不幸一节，良知与太虚同体，“而太虚之体，固常廓然其无碍也”。

在良知的工夫论上，三宅雪岭特别指出王阳明领先于时代，呈现出了“激烈的社会主义”①。道德中十分重要的一部分便是去除私欲，三宅雪岭认为康德所说的善，是“要求消除我与他者的区别，与自己的私欲保持距离，正所谓己所不欲勿施于人”，但还未达到自我与他人浑然一体的状态，王阳明却能更进一步慨然大倡“人者天地之心，天地万物本吾一体者也，生民之困苦荼毒，孰非疾痛之切于吾身者乎”，“天下之人心皆吾之心也，天下之人独有病狂者矣，吾安得而非病狂者矣”，转向为“激烈的社会主义”。值得指出的是，三宅雪岭在后来撰写《宇宙》一书，建构自己的哲学体系也是借用了王阳明的“浑一”观念。进而，三宅雪岭联系当时社会之形状，批判政治家、商人、学者等皆为私欲所蒙蔽，纷纷扰扰相争相厌，理应学习王阳明所谓的“思无邪”，廓然大公无私，没有彼此之分从而互助互成，促进国家之发达。三宅雪岭还特别指出，王阳明去私欲的工夫论与佛家所说的本质上之不同在于，佛家是入于枯木死灰、闲卧白云求自我之安心，王阳明则是以天地万物为我心，投身于时局，呈现出猛然活泼泼之气象。在第四版《王阳明》（1903 年）中，三宅雪岭补充到，“阳明主要是开拓人心，且其希望的国家组织形态酷似社会主义，近世社会主义随时代将越来越兴盛”②，将阳明学的政治哲学与社会主义类比，虽然其自身的立场是国粹主义的，但可以看到其思想的柔软性、包容性的一面。在 1910、1911 年“大逆事件”发生后，三宅雪岭对日本社会主义先驱幸德秋水的遇难表达了深刻的同情。正如丸山真男的父亲丸山干治评价，“雪岭

① 三宅雪嶺『王陽明』，東京：政教社 1893 年版，第 99—100 頁。

② 山下竜二『陽明学の終焉』，東京：研文社 1991 年版。

不追随流行，而一直被流行追随着"①。

然而不得不指出的是，三宅雪岭在这里引用康德的"善良意志说"，以佐证王阳明工夫论的先进性稍有不妥当之处。康德将"善良意志"看作最高的善，"不需要证明的唯一的善的东西是一种善的意志"②，它由责任激发出来，"来自责任的行为在面对困难时展示善的意志"③。人作为一个理性的存在者要服从于法则，"这些法则是由自身设定的并且也是普遍的：道德意志是自主的，给予自身它所遵循的法则。在目的王国中，我们都是立法者与臣民"④。通过道德自律，每个理性的个体将产生单一普遍法则的体系。在康德那里，通过普遍法则将差异的个体联系起来，并非完全像三宅雪岭所理解的是没有打破彼我的对立。不过正如安东尼·肯尼所说，康德在目的王国中还是为一个立法统治者留有地位，"随后几世纪的康德追随者，已被自律意志作为道德立法人所吸引的人，已平静地削弱了这个统治者，并将目的王国转变为目的的共和国，在其中没有任何一个立法者对其他人有任何特权"⑤。

归结来看，三宅雪岭借用康德、谢林、黑格尔、叔本华等西方哲学家的理论，将王阳明的良知说推至哲学的顶峰。其在对比论说中的粗糙、简略甚至讹误之处自难避讳，但或许可以将这看作三宅雪岭的一种论说策略。拨开层层理论的迷雾，三宅雪岭自身想从阳明学中发现的是一种面对活泼泼世界的、哲学式的行动力，由个人推之于社会、国家则可收维新之功，开新世界之气象。

三 "维新"之原动力

三宅雪岭在《王阳明》开篇中便指出，王阳明学说的特点不仅在于

---

① 大橋健二『良心と至诚の精神史：日本陽明学の近現代』，東京：勉誠出版社 1999 年版，第 240 頁。

② ［英］安东尼·肯尼：《牛津西方哲学史》，杨平译，吉林出版集团有限责任公司 2010 年版，第 114—115 页。

③ ［英］安东尼·肯尼：《牛津西方哲学史》，杨平译，吉林出版集团有限责任公司 2010 年版，第 114—115 页。

④ ［英］安东尼·肯尼：《牛津西方哲学史》，杨平译，吉林出版集团有限责任公司 2010 年版，第 290 页。

⑤ ［英］安东尼·肯尼：《牛津西牛津西方哲学史》，杨平译，吉林出版集团有限责任公司 2010 年版，第 290—291 页。

理论的创新，同时也有社会实用主义的倾向，即希望达到“维新”之目的。三宅雪岭先由元太祖撼摇中原建立元朝入笔，指出元灭后明太祖面临创业之机，其中最为紧要的便是建立新的中国之风俗，“国家兴亡之际，变动最显著的便是思想”。虽然元朝因版图扩张之功，使得西方技术得以进入中原，从而促进了技术的进步，但是在制度文物、思想层面亟待矫正。笔墨间，颇有以此折射明治时期日本社会现实形状之意，即在欧化浪潮的席卷下，日本虽在“技”之层面有了革新，但在“道”上仍未形成独立之思想。面对纷杂散漫的学说和亟待革新的社会现实，王阳明横空出世，拨文辞之浮华，直抵思想之根源，不朵颐前代濂洛之冷炙，直究孔孟之道原，同时又不拘泥于孔孟之言，“以人心为根本，冀望收维新之功”[①]，发挥新教理，救天下众生于自省良知之域，希望通过致良知而复归唐虞三代的黄金时代。其中，三宅雪岭突出强调了王阳明的德化之功，将其置于苏格拉底、孔子相同的地位，将其视为乱世之中有德圣贤。

三宅雪岭认为在中国有湛若水、吕柟、罗钦顺等人继承王阳明之遗志，在日本经由中江藤树、熊泽蕃山等人将阳明学发扬光大。值得注意的是，三宅雪岭在“祖述与反抗”部分梳理出了日本阳明学的谱系：最早由中江藤树发端，倡阳明之学，后有熊泽蕃山就学于中江藤树；三轮执斋游学于佐藤直方之门，深入研学阳明遗书，正德二年（1507年）标注、出版了《传习录》，“使得我邦之人得以自由接触《传习录》”，“事实上是在我国立阳明之学之人”[②]，学生有川田雄琴；此后幕府统治加强，以朱子学为正统，思想自由的空气减弱，“不羁之精神渐衰”[③]，阳明学最终在宽政年间被作为异端禁止，此时幸有佐藤一斋、大盐中斋传阳明学说，赖山阳也向大盐中斋借阳明全书拜读，斋藤拙堂也称赞大盐中斋之学，但真正公开宣称自己是阳明之学的，唯有大盐中斋一人；大阪之乱大盐中斋殁后，春日潜庵读阳明文录，锐意提倡良知之说；西乡南州及其四弟西乡小兵卫及门下十余人皆就学于春日潜庵，大力推行阳明之学说，促进变革之机的降临，“伴随着幕府藩制的衰颓，

① 三宅雪嶺『王陽明』，東京：政教社 1893 年版，第 7 頁。
② 三宅雪嶺『王陽明』，東京：政教社 1893 年版，第 128 頁。
③ 三宅雪嶺『王陽明』，東京：政教社 1893 年版，第 128 頁。

学术管制的松弛，维新前身中挺立而出之人多修习阳明学。夫如悍马之高杉东行在《传习录》之后书，‘王学振兴圣学新，古今杂说遂沉烟。唯能信得良知字，即是羲皇以上人’”[①]。经过日本阳明学谱系的梳理，三宅雪岭特别突出了阳明思想独立不羁、推动社会革新的一面，从而最早提出了阳明学是明治维新之思想动力的观点，构建出日本阳明学近代性的一面。这一观点经过高濑武次郎、井上哲次郎等日本学者的不断完善，形成更为庞大的日本阳明学谱系，同时也让“阳明学维新说”成为当时学界的共识。

思想的目的在于化育社会行动的力量，三宅雪岭通过王阳明思想想要传达的正是以儒教为核心的东洋哲学在近代国家社会中仍具有实用性。但是东洋哲学不能自我完成，“儒教既已腐败坏烂、不足为看，与他学亲和，一转而被活泼泼之皮肉”[②]，而要依靠西洋哲学建立自身的逻辑性、体系性、批判性，从而获得德性与理性兼备的一种特殊性，三宅雪岭为王阳明思想赋予的正是一种特殊的“哲学的性格”[③]。结合三宅雪岭的哲学观来看，“哲学”作为第一原理，对于国家社会的进化发展具有十分重要的指导意义，正如辰巳小次郎所说：“哲学是国家的一种激化剂，国家对其用法的好坏决定了其能治疗沉疴还是招致新病。”[④] 同时在《我观小景》中，三宅雪岭认为社会变革的第一层面在于意志。“所有万象，其行动皆由力，力发端之处，进而无穷。人以意志为根基，所谓意志实为势力之要素，不可将力与意志析出，天地的势力尽归于意志，万种行动，一归于意志便是叔本华。”[⑤] 在三宅雪岭看来，宇宙万物存在、运动、变化的根砥在于力，而力发端于意志。三宅雪岭接受了叔本华对于宇宙意志与人之意志的关系论述，他在东洋哲学中找到了相通之要素——这便是他幼年就熟悉的王阳明，宇宙之理与人之理互为表里，相互渗透融合，正如佐藤一斋的《言志后录》中所说

---

① 三宅雪嶺『王陽明』，東京：政教社 1893 年版，第 129—130 頁。

② 三宅雪嶺『哲学涓滴』，東京：文海堂 1889 年版，第 291—292 頁。

③ 呉光輝「日本陽明学の「読み換え」——明治期の知識人を中心に」，『北東アジア研究』2009 年第 17 号，第 110 頁。

④ 辰巳小次郎「哲学涓滴跋」，三宅雪嶺『哲学涓滴』，東京：文海堂 1889 年版，第 17 頁。

⑤ 三宅雪嶺『我観小景』，東京：政教社 1892 年版，第 245 頁。

的“宇宙不外我心”。

回到明治时期社会之现实，三宅雪岭认为日本落后、弱小，不仅应在物质层面向欧美学习，在思想层面更应该受其精华之感化，“我国是贫国、弱国，理应锐意热心于追求富强之道，不仅是货财之增殖、军队之整备，也要感化海外强国之思想精华，其术实在于研磨斯学、追寻真理。气运转移，知吾辈存立世界之缘由，觉（哲学）好多之愉快，进而意欲利国家，这便是专门或余暇研究哲学之缘由。山水之清秀、风气之畅和、来历之久远、人情之良好，相伴相随，裨辅佑助。世上之英雄岂能胜于大阪之与力。与力平八曰：‘宜坚执心舵以渡那无涯无底之世海矣。缝逢风雨波澜，庶免乎覆溺之害也。问心柁何之谓也，答曰，心舵即良知也。’”[①] 研究西方哲学的意义在于追问世界之本源，获得知识的愉悦，并由个人推之于国家，促进社会的进化。与此同时，哲学的研究应该立足于本国之风土人情，两者相辅相成，交相融合；但是，最为重要当是以“良知”为“心舵”，作为人立身处世之根本。三宅雪岭相信通过王阳明“良知”的意志发动力，生发独立之思想，将“第一原理”推向活泼泼的现实世界，推动日本社会的流转、进化。

自三宅雪岭开端后，阳明学的变革维新之说风靡于世。例如，高濑武次郎在《阳明学阶梯》中说：“维新前后的伟人豪杰，林子平、春日潜庵、高杉晋作、锅岛闲叟、云井龙雄、佐久间象山、西乡南洲等皆由王学涵养其心术而成大业。”[②] 结城蓄堂则说：“维新之时，蹶然而起致力为国并举事功之人中多有阳明学者，此乃时势使然。”[③] 冈仓天心也认为，日本内部的古学、阳明学、国学正是促进日本明治时期觉醒的核心原因，“第一流派（古学）教人探究，第二流派（阳明学，尤其是知行合一学说）教人行动，第三流派（国学）教人行动之目的”[④]。这一观念甚而弥漫至战后日本思想界，如三岛由纪夫说，“不能无视阳明学而谈明治维新”，“在我看来，作为神秘主义的国学和能动的虚无主义

① 三宅雪嶺『哲学涓滴』，東京：文海堂 1889 年版，第 292 頁。

② 高瀬武次郎『陽明学楷梯：精神教育』，東京：鉄華書院 1899 年版，第 3 頁。

③ 結城蓄堂「儒学沿革と王陽明」，『陽明学』1908 年第 2 号。

④ 冈仓觉三「日本の目覚め」，色川大吉編『岡倉天心』，東京：中央公論社 1970 年版，第 220—222 頁。

的阳明学为明治维新打下了基础”。[①] 内村鉴三在《代表性日本人》中评价西乡隆盛的阳明学论时说：“与基督教相似或者参加日本的再建设之一种力量，这也是我国维新史上的一特别的事实。”[②] 不仅如此，经由清末民国留日学人的引介，阳明学维新精神原动力之说几乎成为近代中国知识界的定论。最早介绍这一观点的是梁启超，在《新民说·论自由》中，他说道，“日本维新之役，其倡之成之者，非有得于王学，即有得于禅宗”[③]。章太炎也说“日本维新，亦由王学为先导”[④]，且对于中国革命而言，阳明学也有重要价值。朱谦之也认为，“所谓‘倒幕’与‘王政复古’，那时候‘草莽志士’的轰轰烈烈的改革运动，究其实也是以下级武士与市民为主体，以阳明学为其意识形态进行的”[⑤]。这一观点的影响也波及晚清民国的政治变革运动中。1905 年，孙中山在面向日本清国留学生的演讲中说：“五十年前，维新诸豪杰沉醉于中国哲学大家王阳明知行合一的学说，故皆具有独立尚武的精神，以成此拯救四千五百万人于水火中之大功。”[⑥]

值得注意的是，三宅雪岭的《王阳明》一书最后还附有陆羯南所作的《题〈王阳明〉之后》，该文在结尾部分特别突出了李卓吾的地位，这应是中日近代阳明学研究史上首次确认李卓吾在阳明学谱系中的正统地位。三宅雪岭的幕末维新说与陆羯南的李卓吾正统说融合在一起产生了奇妙的知识连锁反应。

陆羯南说：“至于明末，唱王学者最盛，王龙溪、罗近溪等人皆其徒，李卓吾从王罗二人学，见识反在其上，世之入王学多卓吾之门翕成一时靡然之风，然虽程朱之学自宋以来历朝崇信，以之为正学久已，时之朝廷亦以王学为治安之害，渐视其为异端加以贬斥，卓吾渐逆时势，终因此而毙于狱中，因此之故余视其为王学之忠臣，将其事

---

① 三島由紀夫「革命哲学としての陽明学」,『诸君!』1970 年 9 月号。

② 内村鑑三『代表的日本人』，東京：岩波書店 1948 年版。

③ 梁启超：《论自由》，原刊于《新民丛报》第 7、8 号（1902 年 5 月），收入《梁启超全集》第三卷，北京出版社 1999 年版，第 680 页。

④ 章太炎：《答铁铮》，载《章太炎全集》第四册，上海人民出版社 2014 年版。

⑤ 朱谦之：《日本的古学及阳明学》，人民出版社 2000 年版，第 209 页。

⑥ 孙中山：《中国应建共和国》，《孙中山全集》（第三卷），人民出版社 2015 年版。

迹附于《王阳明》之卷尾。"① 总体来看，陆羯南认为李卓吾学术独立、思想自由、识见卓越，是王阳明思想的继承者，这里要反抗的正是以黄宗羲《明儒学案》为代表的"李卓吾异说论"②。陆羯南是日本国民主义的代表，以其为核心的《日本新闻》与以国粹派旗手三宅雪岭为主轴的《日本人》杂志可谓一心同体，两者都宣扬日本民族主义，都是开明文化保守主义的立场，政治理念亦颇为相似，因而在社会运动中也常常相互支援。陆羯南、三宅雪岭的思想对晚清知识界产生了很大的影响，其中，渊源最深的当属在中国挑起国粹主义大旗的邓实、刘师培、黄节等人。而最早将"国粹"一词由日本引入晚清知识界的是梁启超。岛田虔次在《梁启超年谱长编》中说："（梁启超提出'国粹'一词）虽然直接上是指三宅雪岭、志贺重昂等政教社同人发起的'国粹主义'，但意识上可能指的是陆羯南的'国民主义'，或是德富苏峰的'平民主义'。这里的'国粹'是 nationality 的译词，并非之后的排外主义。"③ 在阳明学方面，梁启超对于李卓吾为代表的"泰州学派"④ 的态度比较复杂，一方面延续了黄宗羲的言论，斥其为亡国之狂禅；另一方面认为吉田松阴、西乡南洲等幕末志士"心得及其行事与泰州学派盖甚相近"⑤，将以李卓吾为代表的泰州学派视为推动了日本明治维新的精神动力⑥。相比起来，晚清国粹派学人对于李卓吾的态度更为纯粹。1905 年《国粹学报》创刊后，不仅刊载了李卓吾与焦竑的书信，刘师培还专门撰文推介李卓吾的《焚书》一书，

---

① 陆羯南「王陽明の後に題す」，三宅雪嶺『王陽明』，東京：政教社 1893 年版，第 195—203 頁。

② 黄宗羲在《文庄邹东廓先生守益 附子善、孙德涵、德溥、德泳》中提到："李卓吾倡为异说，破除名行，楚人从之者甚重，风习为之一变。刘元卿问于先生曰：'何近日从卓吾者之多也。'曰：'人心谁不欲为圣贤，顾无奈圣贤碍手耳。今渠谓酒色财气，一切不碍，菩提路有此便宜事，谁不从之？'" 详见黄宗羲《明儒学案》之《卷十六 江右王门学案一》，沈芝盈点校，中华书局 1986 年版，第 347 页。

③ 丁文江、趙豊田編，島田虔次編訳『梁啓超年譜長編』，東京：岩波書店 2004 年版，第 414 頁。

④ 杨国荣认为李卓吾是"泰州学派的继承者"，详见《王学通论——从王阳明到熊十力》，华东师范大学出版社 2003 年版。

⑤ 梁启超：《节本明儒学案》，商务印书馆 1925 年版，第 351 页。

⑥ 李亚：《梁启超与近代中日阳明学》，博士学位论文，北京外国语大学，2015 年，第 54—63 页。

邓实赞称“盖先生之学郁思想，皆极高妙，不肯依傍人。其集中之作，屡于孔子有微词，自王充《问孔》后，二千年来，直斥孔子，实惟先生……于明季节帖括专制，学术束缚之极，而得李氏一为摧荡廓清，故人之嗜爱其说者多也。至今日，学术大同，万端竞进，而卓吾之学，益得以见称于时”。在1907年，刘师培、何震等人在日本创办了《天义报》，刘氏在第二期还发表了《李卓吾先生学说》一文；1908年，国学保存会出版了李贽的《焚书》，黄节为其作跋[①]。此后，吴虞撰的《明李卓吾别传》（1921年）[②]，希望为李卓吾复权。嵇文甫则在《左派王学》中说：“因一般人读惯了《理学正宗》《明儒学案》一类王学修正派的著作，只知道聂双江、罗念庵等为王学正宗。对左派常用‘狂禅’二字一笔抹杀。”[③] 将阳明学精神的继承者归之于以王龙溪、王心斋、李卓吾为代表的王学左派，并与五四运动联系起来，作为近代性之资源。容肇祖在《李卓吾评传》中也支持了这一观点，认为李卓吾是明末有着商业资本背景的平民学者，类似于欧洲宗教改革之异端，具有自由性、解放性、功利性的特点。[④] 1942年后藤基已在日本确立了阳明左派、右派之划分，这在日本战后思想界掀起了论战。[⑤] 至于现代，岛田虔次、沟口雄三先生围绕“李卓吾是否是中国近代思维的挫折”展开了激烈论争。[⑥] 近年来，黄仁宇在《万历十五年》中延续了容肇祖的思路，进而将李卓吾视为欧洲宗教改革领航人马丁·路德。[⑦] 总体来看，《王阳明》中陆羯南的李卓吾论正是燃烧这一片思想烈焰的火种，近代中日学界对于李卓吾的重评正由此开端。

---

① 黄节：《李贽〈焚书〉跋》，《国粹丛编》1907年11月第11号。

② 吴虞：《吴虞文录》，黄山书社2008年版。

③ 嵇文甫：《左派王学》，载《民国丛书》第二编（7），上海书店1990年版，第17页。

④ 容肇祖：《李卓吾评传》，商务印书馆1937年版。

⑤ 後藤基已「清初政治思想の成立過程」，汉学会编『漢学会雜誌』1942年第2号。

⑥ 详见［日］岛田虔次《中国近代思维的挫折》，甘万萍译，江苏人民出版社2010年版；［日］沟口雄三《中国前近代思想的屈折与展开》，龚颖译，生活·读书·新知三联书店2011年版。

⑦ 黄仁宇：《万历十五年》，中华书局2006年版。

第四节　三宅雪岭的阳明学特点及评价

一　特点

在前文中，笔者从三个方面梳理了三宅雪岭的阳明学思想：一是由学术经历展开，汉学与洋学并重的家风奠定了三宅雪岭学说思想的底色，同时经过东京大学哲学科的专业训练，三宅雪岭形成了自己东西洋哲学并重的哲学观以及独特的哲学研究方法。二是分析了三宅雪岭的儒教观，原因在于当时崇尚西化的明治时期知识界中流行着关于儒教的各种偏见，三宅雪岭在阐发王阳明的哲学价值时，与这些偏见进行了正面交锋，进而由东西洋哲学的对比以突出儒教的哲学性、近代性，由儒教思想发展史的流变以凸显王阳明思想的特殊性、普遍性。三是详细探讨了三宅雪岭的两大阳明学贡献，即心即理、知行合一、致良知的体系性建构，及维新思想原动力说。归结来看，三宅雪岭的阳明学说具有以下特点：

第一，“国粹主义”倾向。1888 年 3 月 21 日，三宅雪岭与井上圆了、辰巳小次郎、志贺重昂、菊池熊太郎等 11 人创立了政教社①，4 月 3 日机关杂志创刊，三宅将其命名为《日本人》②，可参考附录 2“《日本人》发行情况表”。志贺重昂在《日本人》第 2 号中第一次提到了“国粹”：“通过万般外物的感化，产生的化学性反应，以及千年万年的习惯、视听、经历等形成了栖息于此、来往于此、见闻这般景象的大和民族，冥冥间形成了一种特殊的国粹（nationality）。”③ 以志贺重昂、三宅雪岭等为核心的政教社同人由此发起了国粹主义的思想浪潮。总体来看，国粹主义并非崇尚

---

①　政教社社址位于东京神田区南乘物町，成员由两大派系组成：加贺秀一、岛地默雷、辰巳小次郎、三宅雪岭、杉江辅人、井上圆了、棚桥一郎为哲学馆（东洋大学的前身，由井上圆了创设）系；今外三郎、松下丈吉、菊池熊太郎、志贺重昂、杉浦重刚、宫崎道正为东京英语学校（杉浦重刚创设，后为日本学园）系。政教社之命名来自井上圆了，而将机关杂志命名为《日本人》的是三宅雪岭。1891 年陆羯南、谷干城、古岛一雄、五百木良三、小山田剑南、绫川武治之后加入《小日本》，1893 年 2 月 11 日成为《日本》报纸，至此“政教社团体”形成。永田哲編『戦前戦中右翼・民族派組織総覧』，東京：國書刊行會 2014 年版，第 573 頁。

②　《日本人》成为日本政教社学人的重要舆论阵地，不仅刊发了大量重要的时政评论以推动内政外交革新，同时也直接孕育了新思潮——日本国粹主义。该杂志发行量巨大，且常常因为言辞激烈受到禁止发行的处分，很快便引起了广泛的社会关注。

③　志賀重昂「「日本人」が懷抱する処の旨義を告白す」，『日本人』1888 年 4 月第 2 号。

盲目欧化的“涂抹主义”“日本分子打破主义”，也非“折衷的机会主义”和复古保守的“日本旧分子维持主义”，而是尊重日本的文化传统，在此基础上，消化吸收西方的文明，将其化为日本身体的一部分，从而开创“日本式开化”道路，即日本特殊的近代化道路。然而，不同于志贺重昂由日本独特的风土环境阐发“国粹”，三宅雪岭特别强调日本独特的思想传统、精神气象，“所谓国粹，即无形之元气，一国特有的，他国无法模拟之物”①。在《真善美日本人》中，三宅雪岭指出日本民族并不会始终居于欧美之下，甚至可以在“真、善、美”领域做出独特之贡献。其中，“真”便是学理之探究，因为日本处于亚洲，吸收了亚洲优秀的文化因子，同时又能放眼于世界，融合东西洋文化之优长，从而“探究新思想”、创发新学问。② 那么，可以说三宅雪岭的阳明学思想正是试图融合东西洋哲学、为世界提供新真知的一种尝试，是诠释日本“国粹”的重要一环。《王阳明》一书于1893年由政教社出版发行后，在《日本人》杂志中进行了近一年的大版面广告宣传，可见它在国粹主义思想资源库中占有举足轻重的地位。

第二，普遍主义的倾向。正如前文所述，三宅雪岭在历史地位上将王阳明与孔子、苏格拉底并列，均是人类共同的导师；在思想高度上王阳明则可与黑格尔、谢林、叔本华、哈德曼等人比肩，蕴含着东西洋哲学共同的智慧。三宅雪岭通过梳理日本的阳明学谱系，让王阳明的思想光辉辐射到东亚的儒教文化圈；进而，他通过西洋哲学的镜子，映照出阳明学在世界思想范围内的共同性、普遍性，从而获得近代性的重生。岛田虔次所说“三宅雪岭《王阳明》中描画的王阳明像呈现了普遍主义的国粹主义的理想”③。当然，三宅雪岭的阳明学观点与其普遍的国粹主义立场是一致的。在三宅雪岭等政教社同人看来，国粹不仅是一种对本国历史文明的规定性，也应是一种普遍的、历史经验的原理。④ 换

① 三宅雪嶺「余輩国粋主義を唱道する豈偶然ならんや」，『日本人』1890年5月18日第25号。

② 三宅雪嶺『真善美日本人』，鹿野政直『日本の名著』（37），東京：中央公論社1977年版，第299—305頁。

③ 小島毅『近代日本の陽明学』，東京：講談社2006年版，第72頁。

④ 荻原隆「政教社の国粋主義（上）」，『名古屋学院大学論集』2012年2月号，第8—9頁。

言之，三宅雪岭试图在哲学领域制造一套统摄在“国粹”名义下的、兼具特殊性与普遍性的符号系统，输送于世界。那么，在三宅雪岭看来王阳明思想的特殊性，正在于其学说本身可以构建出一套具备普遍性价值的哲学元素，为日本近代哲学的生成、进化提供宝贵的思想资源，从而促进世界哲学的一大进步。

第三，实用主义的倾向。三宅雪岭深受社会进化论的影响，但不同于加藤弘一的片面强调物质层面的进化，他认为在殖产兴业、扩充军力等形而下层面进化的同时，还应大力促进思想、文化、艺术、国民精神等形而上层面的进化，这也是以政教社为核心的国粹主义知识分子的一个基本共识。在把“哲学”作为第一原理之学的三宅雪岭看来，或许后者的进化才更为关键。进而可以说，三宅雪岭认为日本的哲学需要借用各种思想资源促进自我进化的同时，还应走向国家、社会的实用性层面。在梳理王阳明思想体系时，三宅雪岭特别拎出了“心即理”“知行合一”“致良知”，想要展现的思想层面正在于识心→正心→致良知，由思想走向行动，只有面对活泼泼的世界，才可能一步步完善自己残缺的知识，从而获得真知，所谓真知就是知之极处，扩充圆满之知，颇类似于纯粹理念。① 三宅雪岭最为崇拜的偶像日本阳明学的践行者——大盐中斋、西乡南州，无不是廓然“以良知为心舵”，热烈地投入社会改革之浪潮。或者极端而言，三宅雪岭眼中的阳明学甚至披上了反体制的色彩。他对于阳明学的消弭自他之区别、浑然一体的思想理路表达了欣赏，认为其中有“激烈的社会主义”倾向。后来在社会主义运动家幸德秋水的大逆事件爆发后，三宅雪岭也表达了深刻的同情。

二　评价

毋庸置疑的是，三宅雪岭的阳明学研究的特殊历史意义在于开创了日本近代阳明学研究之先河。那么究竟应该如何评价三宅雪岭的阳明学研究呢？

三宅雪岭的阳明学研究的贡献在于：第一，第一次由哲学的视角、方法出发，尝试系统性地搭建王阳明的哲学体系，从而试图发现阳明学

① 三宅雪嶺『王陽明』，東京：哲学書院 1895 年版，第 88 頁。

的近代性价值。第二，在探讨阳明哲学时，东西洋哲学发展史兼容并顾，微观视角与宏观视角并举，即不仅从儒学思想发展史的内部出发勾勒阳明学的轮廓，也注重类比西洋哲学史中相似的概念，有时甚至试图从世界思想发展史的趋势来进行宏观思索。第三，率先梳理了近代以来的日本阳明学谱系，从江户前期的中江藤树到近代的大盐中斋，铺展开日本阳明学发展的思想地图，这也为后来高濑武次郎、井上哲次郎等人进一步构建日本阳明学的思想谱系奠定了基础。第四，由阳明学以至于儒教，试图在东西洋哲学的对比研究中、在东西洋哲学的融汇发展中，思考儒教的近代性、实用性价值。第五，站在国粹主义的立场，阐发以王阳明思想为代表的儒教思想的普遍价值，重新为近代儒学在东亚文化圈乃至于世界思想发展史中定位。

与此同时，三宅雪岭阳明学研究仍然存在以下局限：

第一，在研究方法上，往往以西洋哲学为镜子来观照王阳明思想的体态，但是有时在具体的对比研究中缺乏足够的论证，例如，将良知从不同的层面类比于康德的理性、黑格尔的绝对精神、叔本华的意志等，这些对比仅仅流于表面性的联系，论说稍显简略、粗糙，缺乏严密的逻辑论证。

第二，三宅雪岭由国粹主义的立场来阐发阳明学，即从日本本民族的主体性出发来吸收阳明学思想。特别需要警惕的是，在甲午中日战争前后政教社宣扬的国粹主义已渐渐发生了转向，“国粹”开始越出国境，呈现出殖民扩张的民族主义形态。早在1890年三宅雪岭就在《日本人》上连续发表《亚细亚经纶策》①，强调日本在亚洲扩张中的正当性。《王阳明》的出版正处于甲午战争之前夕，因此，不得不注意三宅雪岭借阳明学宣扬的社会行动力背后还潜伏着亚洲扩张的意图，对此应严加批判。

综上所述，三宅雪岭站在国粹主义的立场上，试图以哲学的方法来重新“格义”阳明学，或者以阳明学来“格义”西方哲学。换言之，三宅雪岭由日本的主体性出发，以阳明学为桥梁力图促成以儒教为核心的东洋传统思想的近代化过程，及以外来的西洋哲学思想的日本化进程的双向同

---

① 三宅雪嶺「亜細亜経綸策」,『日本人』, 1890年第43、44、45号。

时展开，最终目的则在于进化出更为高级的日本近代哲学，指导日本近代社会的改革，塑造日本国民的新气象。这也是日本近代阳明学研究的首次哲学性尝试，为后来的东亚阳明学研究开辟了一条新的路径。

附录 2　《日本人》发行情况表

杂志名称	《日本人》第一次	《亚细亚》第一卷	《亚细亚》第二卷	《日本人》第二次	《亚细亚》第三卷	《日本人》第三次
发行时间	1888年4月3日—1891年6月2日	1891年6月29日—1892年12月26日	1893年2月1日—1893年9月15日	1893年10月10日—1895年2月3日	1893年12月1日、1894年7月10日、1894年10月21日	1895年7月5日—1906年12月20日
发行号	1—73号	1—71号	1—11号	1—18号	1—3号	1—449号
杂志种类	半月刊（1—59号）→周刊（60－73号）	周刊	半月刊	半月刊	不定期	半月刊
规格	菊判①	A3	A3	A5	A5	B5
发行量	（1888年18号）120123册→（1890年27号）220935册	无	无	（1893年17号）116088册→（1894年14号）151252册	无	（1895年12号）25233册→（1899年24号）43292册
主要编辑	政教社同人，另有加藤弘之、柴四郎（东海散士）、陆羯南等	政教社同人，另有森本骏、福泉雅一、齐藤祥三郎等	政教社同人，渐以三宅雪岭、志贺重昂为中心	政教社同人，渐以三宅雪岭、志贺重昂为中心	志贺重昂、三宅雪岭，内藤湖南、长泽别天加入	志贺重昂政治活动增多，渐以三宅雪岭为核心，然署名发表的论说多由岛田三郎等立宪改进党的政治家执笔

注：李向英根据《日本人》复刻版第三十四卷芳贺登《〈日本人〉解说》一文制做了《〈日本人〉的发行情况表》②，笔者在此基础上，参见日本警视厅编《警视厅统计书》③及中野目徹《政教社研究》④的研究成果制成此表。

① 菊判：明治中期从美国输入时，印有菊花的商标，因而称为“菊判”，尺寸为纵939mm×横636mm。

② 李向英「政教社の対清認識——雑誌『日本人』を中心に」，日本研究研究会编『日本研究』，2005年第18号。

③ 日本警视厅编『警視庁統計書』，東京：クレス出版1997年版。

④ 中野目徹『政教社の研究』，京都：思文閣出版社1993年版。

第三章

日本近代阳明学研究的拓展
——以明治时期高濑武次郎的阳明学研究为核心

第一节　高濑武次郎其人其学

高濑武次郎（1868 年 1 月 28 日—1950 年 2 月 9 日），号惺轩，日本明治时代早期中国哲学研究学者之一，也是横跨明治、大正、昭和三个时代的日本著名阳明学者。高濑武次郎是三宅雪岭的学生辈，在东京帝国大学读书期间，受到导师井上哲次郎的启发，开始了对阳明学的探索，1898 年以后出版了大量阳明学专著，从而将日本近代阳明学研究推向新的历史高峰。高濑武次郎一生经历丰富，通过他的《鼓腹集》（明治四十二年七月至昭和七十年十一月的汉诗集）《天泉鼓腹集》（昭和三年到昭和十年七月三十一日的歌集）《鼓腹集：第 2 集（和歌部）》（昭和十年八月一日至昭和十七年八月二十日的和歌）[①] 可大致勾勒出他主要的生平活动。此外，吉田公平编撰的《高濑武次郎年谱稿：东洋大学的汉学者们》[②] 也提供了许多宝贵的文献资料。笔者将分明治、大正、昭和三个时期来对高濑武次郎的学术经历做一番梳理，其中以明治时期为重点考察对象。

明治元年（1868 年）12 月 16 日，高濑武次郎出生于赞岐国山田郡（今香川县高松市），幼年跟随森口四郎学习儒学。1898 年高濑武次郎

---

① 高瀬武次郎『鼓腹集』，大阪：洗心洞文庫 1935 年版；『天泉鼓腹集』，大阪：洗心洞文庫 1935 年版；『鼓腹集』第 2 集（和歌部），京都：皇教会 1942 年版。

② 吉田公平「高瀬武次郎年譜：東洋大学の漢学者たち（その一）」，『井上円了センター年報』2006 年第 15 号。

从东京帝国大学文科大学汉学科毕业，同年进入该校大学院继续中国哲学研究，1905 年 11 月撰写了题为《先秦诸子哲学》的论文，顺利获得文学博士学位。在学期间，高濑武次郎的指导老师是井上哲次郎，受到老师的影响，他开始以阳明学为核心进行学术研究。1898 年 10 月，高濑武次郎的第一本阳明学研究专著——《日本之阳明学》顺利出版。井上哲次郎为之作序，此间稍稍透露了他鼓励高濑武次郎从事阳明学研究的初衷："阳明学派比朱子学更具行动性，而我邦之阳明学派远比中国之阳明学派更富活泼泼的精神，且于事实上，如所成就之事迹而言，足以使中国之阳明学派瞠乎其后。如熊泽蕃山、如大盐中斋、如维新前后以事功而崭露头角的诸名士，皆有强大之意志力和敢为坚决、排除万难前进的气概"①，虽然阳明学也有峻厉激越之处，但这不应成为压制阳明学的理由，自宽政年间以来以朱子学为官方的教育思想，阳明学反而一直受到权势的压制，明治时期则是自由思想之天地，对于阳明学应扬长避短，高濑武次郎的论著可被当时的教育家作为"品性陶冶的资料"。由此可知，井上哲次郎希望高濑武次郎之书能为日本近代教育提供新的思想资源，换言之，即进一步挖掘阳明学在近代教育思想上的新价值。

高濑武次郎毕业后，从明治三十九年（1906 年）一月开始留校任教，同时也在哲学馆、日莲宗大学、佛教大学、早稻田大学、曹洞宗大学、明治大学等担任讲师。其间，高濑武次郎与东敬治②组织了王学会、开办《王学杂志》，以便于共同研究阳明学。③ 明治四十年（1907 年），高濑武次郎成为狩野直喜创立的京都帝国大学哲学科（中国哲学史）的讲席助教授，学术重心由此西移。之后，他顺理成章地成为石崎东国组织的大阪阳明学会④的核

---

① 井上哲次郎「日本之阳明学叙」，高濑武次郎『日本之阳明学』，東京：鉄華書院 1898 年版，第 1—3 頁。

② 东敬治，号正堂，父亲是幕末明治时代著名的阳明学者东泽泻。

③ 高濑武次郎『鼓腹集』，卷末所附"简历"，大阪：洗心洞文庫 1935 年版。

④ 1907 年 6 月自认是大盐后学的石崎东国设立"洗心洞学会"，设立之契机在于，日俄战争后日本的帝国主义化及战争热潮，日本国民的社会道德沦丧。因此，该学会的宗旨是"虽然达到了枪炮文明的最高程度，但亟须扭转走向破坏、毁灭的社会人道"，"吾党继承王学，为革新混乱的文明、堕落的人道，将新生命送给火与铁的世界"，"吾党的宗旨是为人类的平等而战"，"吾党的本职是信奉阳明宗、急于实现人类和平。" 1908 年 12 月改称为"大阪阳明学会"，后来一度更名为"洗心洞学园"，机关杂志是 1910 年 7 月创刊的《阳明》，1919 年改名为《阳明主义》，发行至 1925 年 7 月第 146 号。参见荻生茂博「近代における陽明学研究と石崎東国の大阪陽明学会」，『近代・アジア・陽明学』，東京：ぺりかん社 2008 年版，第 388—413 頁。

心会员，并担任大阪洗心洞[①]学会的讲师，每月第三个星期日出席并讲授《传习录》。高濑武次郎离开东京后，东敬治将“王学会”更名为“阳明学会”，1908 年将《王学杂志》更名为《阳明学》。在阳明学研究上，两人一东一西遥相呼应，是几十年的学友、讲友。[②]

明治时期是高濑武次郎的中国哲学研究的黄金时期，不仅撰写了《杨墨哲学》《老庄哲学》《易学讲话》[③] 等多本中国先秦哲学方面的专著，还集中火力于阳明学，从中国、日本两个方面深入挖掘阳明学的思想资源，诞生了大量的相关论著，最终一跃而为日本近代著名的阳明学专家之一。这一时期，高濑武次郎主要的阳明学著作有：《日本之阳明学》《阳明学阶梯》《王阳明详传》《阳明学新论》《中国伦理珠尘》《中国哲学史》。[④] 其中，前四本可谓是高濑武次郎阳明学研究的奠基之作，书中的一些观点也广为日本近代阳明学研究者认可。如前文所述，高濑武次郎的第一本阳明学著作是受恩师井上哲次郎的启发而撰写的，书中特别突出了阳明思想发展史中日本的主体性问题，并由此系统地梳理了日本阳明学发展的脉络。因而，高濑武次郎成为日本近代第一位详细梳理出日本本土阳明学谱系的学者。第二本论著则特别突出了大盐中斋以“归太虚”为精髓的阳明哲学之创造。而在第三、四本书中，他以三宅雪岭的三纲领为基础集中拓展了阳明哲学、伦理学方面的内容，并整理出中国阳明学的发展谱系，特别注重对于阳明学的核心概念、哲学术语等进行比较、

① 洗心洞：原本是日本阳明学者大盐平八郎的书斋兼私塾，也是 1837 年 2 月 19 日大盐之乱的始发地，如今在大阪市北区新川崎的造币局官舍内立有石碑。大盐中斋于 1833 年著成《洗心洞劄记》一书，以读书笔记的形式来阐发阳明学思想。

② 高濑武次郎在《天泉鼓腹集》中说：“（东正堂）翁七十多岁，居于东京，是四十多年的讲友。因其是洗心洞讲师，每月第三个星期日会出席。”『天泉鼓腹集』，大阪：洗心洞文庫 1935 年版，第 182—183 頁。

③ 高瀬武次郎『楊墨哲学』，東京：金港堂 1902 年版；『老荘哲学』，東京：榊原文盛堂 1909 年版；『易学講話』，東京：弘道館 1928 年版。

④ 高瀬武次郎『日本之阳明学』，東京：鐵華書院 1898 年版（另有东京：榊原文盛堂，1907 年改订重版）；『陽明学楷梯：精神教育』，東京：鐵華書院 1899 年版（另有东京：参天阁 1907 年版）；『王陽明詳伝』，東京：文明堂 1904 年版（另有东京：广文堂书店 1919 年版）；『阳明学新論』，東京：榊原文盛堂 1906 年版（另有东京：榊原文盛堂 1915 年缩印版）；『中国倫理珠塵：問題解答』，東京：参天閣 1908 年版；『中国哲学史』，東京：榊原文盛堂 1910 年初版，1922 年再版。

分析。在后两部著作中，高濑武次郎试图对于中国的伦理史、哲学史进行全景式的勾勒，其中也有涉及阳明学的部分。不同于三宅雪岭略显粗糙的东西哲学对比，高濑武次郎试图以思想史的发展为线索，审察、梳理阳明学思想的谱系，从而搭建出以日本、中国为核心的东亚阳明学发展史，突出日本阳明学在近代思想发展史中特殊的主体性地位。

大正时期，高濑武次郎两次访游中国，与罗振玉、郑孝胥、傅铜、钱稻孙等学人有了交谊。明治四十五年（1912 年）2 月 28 日，高濑武次郎从神户出发，开始了三年的海外游学生活，第一站选择的便是中国。在此期间，高濑武次郎巡游了北京、上海、宁波、江西等地，特别走访了余姚城，实地调查了王阳明遗迹，并在《阳明学》杂志（八十一号）上发表了《余姚日记》以记载当时的情况。之后，乘船辗转于英、德、美等国，并深感"西洋也有王阳明"。[①] 大正四年（1915 年）3 月，归国。第二次是在大正十四年（1925 年）7 月，"到南部旅行见学十一月还朝"。[②] 大正十一年（1922 年），高濑武次郎作为大阪阳明学会的理论指导者与创办人石崎东国在理念上出现分歧，最终导致学会的分裂。[③] 这一时期主要的阳明学著作有：《阳明主义的修养》《四言教论》《陆象山》《三轮执斋》（编著）、《执斋全书》（编著）。[④] 第一、二本著作与大正时期的官方思想潮流有密切关联。明治三十三年（1900 年），当时仍是皇太子的大正天皇受到山田方谷门下的阳明学者三岛毅（号中洲）的影响，将王阳明的四句教"无善无恶是心之体，有善有恶是意之动，知善知恶是良知，为善去恶是格物"作为自己的座右铭。众所周知，三岛毅正是后来宣扬阳明学精神的二松学舍大学的创始人，他曾任东宫侍讲，

---

① 吉田公平「高瀬武次郎年譜稿：東洋大学の漢学者たち（その一）」，『井上円了センター年報』2006 年第 15 号，第 178 頁。

② 高濑两次游访中国的记载可详见：吉田公平「高瀬武次郎年譜稿：東洋大学の漢学者たち（その一）」，『井上円了センター年報』2006 年第 15 号，第 176—178、216 頁。

③ 荻生茂博「近代における陽明学研究と石崎東国の大阪陽明学会」，『近代・アジア・陽明学』，東京：ぺりかん社 2008 年版，第 407—408 頁。

④ 高濑武次郎『陽明主義の修養』，東京：東亜堂書房 1918 年版；『四言教論』，大阪：洗心洞文庫 1922 年版；『陸象山』，京都：内外出版社 1924 年版；编『三輪執斎』（共九篇），京都：三輪繁蔵 1924 年版；编『執斎全書』，京都：中田彦三郎 1925 年版。

伴随在大正天皇身边近二十年，曾为明治、大正天皇七次进讲阳明学，中洲曾自述，“（北畠）亲房的功绩是将朱子学介绍到（后醍醐天皇）宫中，我的功绩是将阳明学引入宫中”①。高濑武次郎与二松学舍渊源深厚，与几任舍长三岛毅、山田准（山田方谷的孙女婿）、涩泽荣一等均有往来。大正十四年（1925年）一月，高濑武次郎担任经筵进讲。

昭和时期，高濑武次郎多次“蒙经筵进讲之恩命”，在《鼓腹集》和《天泉鼓腹集》中记载了“昭和三年（1928年）元旦”“一月二十日”“一月三十日”三次进讲。② 此后，高濑武次郎还被授予了从三位勋三等。这一时期，高濑武次郎撰写了以下阳明学著作：《阳明学四言教证道论》《阳明学讲话》《阳明学丛话》《熊泽蕃山》。③ 在1936年的《国体明征》和歌中，高濑武次郎说：“吾等亿兆之臣民熟知宝祚天壤无穷、奉戴神敕、皇统万世一系、金瓯无缺的皇御国卓绝于万国之上，应能尽忠君爱国之诚，为国体明征而明知国史，体认我国古来忠臣义士之精神。”④ 高濑武次郎这一时期的阳明学思想也笼罩了皇国思想的迷雾，特别重视阳明学对于昭和青年的忠诚武勇精神的锻造。1937年年初，高濑武次郎接替青柳荣司成为皇教会会长，进而撰写多本宣扬皇国精神、军国主义的书籍，如《教育敕语谨解》《皇道论》《菅公》《梅田云浜》《赖山阳》《皇道圣训》《大东亚战争宣战诏书谨解》《敬神歌》等。⑤ 不容忽视的是，高濑武次郎在第二次世界大战时期也扮演了思想鼓动、精神动员的角色。因此，第二次世界大战结束后，高濑武

---

① 小島毅『近代日本の陽明学』，東京：講談社2006年版，第69—70頁。

② 吉田公平「高瀬武次郎年譜稿：東洋大学の漢学者たち（その一）」，『井上円了センター年報』2006年第15号，第218頁。

③ 高瀬武次郎『證道論：陽明學四言教』，山本丈之助1928年版；『陽明学講話』，東京：弘道館1928年版；『陽明学叢』，東京：博多成象堂1932年版；『熊沢蕃山』，滋賀：熊沢光造1937年版。

④ 高瀬武次郎『鼓腹集』，大阪：洗心洞文庫1935年版，第28—29頁。

⑤ 高瀬武次郎『教育勅語謹解』，教化振興会1938年版；『皇道論』，皇教會1940年版；『菅公』，皇教會1940年版；『梅田雲浜』，皇教會1941年版；『頼山陽』，皇教會1941年版；『皇道聖群訓』，皇教會1941年版；『大東亜戦争宣戦詔書謹解』，皇教會1942年版；『敬神歌』，天社土御門神道本廳編，1949年。

次郎被追问战争责任，最终面临了“公职追放”①（即剥夺公职）的审判，而与其有相似处境的日本阳明学者还有右翼分子安冈正笃。

综合来看，在阳明学研究方面，高濑武次郎开创性的研究成果均诞生于明治时期，那么本章将集中于这一阶段，从以下三个方面展开探索：日本阳明学谱系的构建、对中国阳明学的独特阐发、高濑武次郎阳明学研究对中国阳明学研究的影响。

第二节　日本阳明学谱系的建立

高濑武次郎的第一本阳明学论著是《日本之阳明学》，该书于明治三十一年（1898年）十二月由吉本襄主办的铁华书院（东京）刊行，明治三十二年（1899年）三月再版发行，此后八年间几乎成为绝版。明治四十年（1907年）四月，在吉本襄的建议下，该书由东京榊原文盛堂改版发行，部分内容与第一版有所不同。纵观日本近代阳明学研究发展史，高濑武次郎的《日本之阳明学》有两大首创：一是首次提出了“日本阳明学”的概念；二是第一次梳理出日本阳明学的谱系，为自江户时代至明治时代的三十五位阳明学者立传（需要注意的是，榊原文盛堂版本中的谱系有所调整，由此前的三十五位调整为三十一位）。在本节中，笔者将聚焦于这两个方面做一番考察。

一　“日本阳明学”的提出

高濑武次郎的“日本阳明学”之观念直接受之于其恩师井上哲次郎。在《日本之阳明学》序言中，井上哲次郎说：“阳明学派比朱子学更具行动性，而我邦之阳明学派远比中国之阳明学派更富活泼泼的精神，且于事实上，如所成就之事迹而言，足以使中国之阳明学派瞠乎其后。如熊泽蕃山、如大盐中斋、如维新前后以事功而崭露头角的诸名士，皆有强大之意

① 1946年1月4日，驻日盟军总司令部签发了《关于褫夺不适合从事公务者的公职的文件》，以下几类人物被列入名单：（1）战犯；（2）原日本陆军及海军的职业军人；（3）超国家主义团体等的主要成员；（4）大政翼赞会等政治团体的主要领导者；（5）日本驻外金融机构及海外拓殖组织的职员；（6）日本在朝鲜、中国东北和台湾等占领地的行政长官；（7）其他军国主义分子、超国家主义分子等。

志力和敢为坚决、排除万难前进的气概。”① 井上哲次郎认为与中国阳明学相比，日本的阳明学更具有实行性，当然这种“峻厉激越”的行动力也有超出法度之外的，由此也带来了对于阳明学的种种非议，但是若能取长补短，将对当下之教育思想大有裨益。高濑武次郎延续了井上哲次郎的思路，从“日本性”与“教育性”两方面突出了阳明学本土化研究的独特价值。需要指出的是，高濑武次郎虽然提出了“日本阳明学”的概念，但多在区别于中国阳明学的语境中使用，在早期著作中主要还是以“王学”来指称“阳明学”，延续了明治以前的称谓习惯，关于“王学”“阳明学”称谓的变迁史可参见吉田公平的《日本阳明学》。②

高濑武次郎归结阳明学有两大基本特征：“大凡阳明学，均含有两大元素，曰事业性，曰枯禅性是也”③，前者兴国，后者亡国。虽然中日两国皆追慕王阳明之遗风，但因两国国民性质之不同，因而对王学思想的取向也显著不同。高濑武次郎断言，中国王学者多承袭了枯禅性的元素，丧失了事业性元素，尚顿悟之风，以心法为事，罔顾学问事业，沉思默坐，其末流终而招致狂逸不羁、藐视人伦、亡国之学的毁谤，如明末王学者流不是野狐禅就是虚老，虽然有黄石斋、刘念台二人可观，但不足以挽救颓势；与此相反，日本阳明学继承了王学美善的一面，即事功性的层面，因而活动性事业家辈出，“藤树之大孝、蕃山之经纶、执斋之薰化、中斋的献身事业，以至于维新诸豪杰震天动地的伟业皆由王学赉赐。与中国阳明学相比，我国的阳明学凛然别具一种生气”④。高濑武次郎认为造成中日阳明学巨大差异的原因便在于，两国国民性之不同，日本国民性义烈、俊敏，更具现实性、实践性，因而无论如何玄妙精致的哲理，一旦进入日本学者的头脑中，便能对抽象、纯理性部分进行怀疑、剔除，进而化育出一种更为浅近的理论，将实践性

① 高瀨武次郎『日本之阳明学』，東京：鐵華書院 1898 年版，第 1—2 頁。

② 吉田公平指出日本对于王阳明及其后学的学问思想之称谓经历了姚江学、王学、阳明学变迁，“阳明学”的称谓真正普及是在明治时代，最早是东泽泻的后嗣东敬治组织王学会（高濑武次郎也参与其中），此后以阳明学为基本纲领的机关杂志《王学杂志》（明善学舍）创刊，发行时间是 1906 年 3 月至 1908 年 11 月，共出 31 号。由此，“王学”“姚江学”的称谓虽然也被使用，但通称的地位已被“阳明学”取代。详见吉田公平『日本における陽明学』，東京：ぺりかん社 1999 年版，第 10—11 頁。

③ 高瀨武次郎『日本之阳明学』，東京：鐵華書院 1898 年版，第 32—35 頁。

④ 高瀨武次郎『日本之阳明学』，東京：鐵華書院 1898 年版，第 34 頁。

的部分发扬光大，形成一种独具日本特性的学说。换言之，高濑武次郎认为，在事功性特质的刺激下形成的、独特的日本阳明学直接促进日本成功地走向近代；相反，中国沉溺在枯禅的泥沼中，导致了如今的命运。这一观点中“事功性”部分传入中国学界后被反复引述，甚而成为中国振兴阳明学的重要论点，然而却弱化或忽视了这一观点本身所隐含的对于民族优劣性的论断。

沿着“事功”与“枯禅”两条路径，高濑武次郎对中、日阳明学进行了优劣的判别，从而特别凸显了经过日本国民性改造后的日本阳明学的优越地位。可以看到的是，高濑武次郎这一言论中明显带有狭隘的民族主义色彩，背后实质上隐含的是中日国民性之优劣的对比，即正是因为日本有独特的国民性，无论是面对东洋的儒学、佛学，还是西洋的哲学均能化繁为简，挑拣出最具有实践性的层面加以改造、利用。具体而言，“东洋哲学一般长于心的精炼作用，西洋哲学则将一般经验置于重要地位，长于分析。东西各有长短，西洋的长处在便于获得新智识，不利于综合精炼精神作用。东洋的长处正与此相反。特别是阳明学，即心学纯乎主观性、专以心的精炼作用为主，不务求外界的智识”①。

在高濑武次郎那里，若东、西哲学都可以被独特的国民性筛选利用，那么为何一定要特别突出阳明学的地位呢？

高濑武次郎在最早的两本阳明学论著《日本之阳明学》《阳明学精神阶梯（精神教育）》中均有阐述，具体而言，主要原因有以下二点：第一，从理论的特性来看，虽然东洋哲学均长于“心之精炼”，但是其中最为简易直截且利于事功的当属阳明学。从具体的学习方法来看，阳明学也甚为简易可行，利于青年志士入门，“王学简易直截，单刀直入，孤峻峭拔，乃顿悟之教，一旦忽焉触其灵机，一跃而达其奥妙之处绝非难事。”② 同时，高濑武次郎也具体列出修习阳明学的两条路径：(1) 以伟人为参照，看他们如何面对问题、寻求答案，如何活用阳明学，这一点也是高濑武次郎所认定的自己这两本阳明学著作的独特价值之所在。(2) 从典籍入手，或熟读《古本大学》，一朝恍惚可悟，或得《阳明全书》，知圣学之奥义全在于此，或翻阅《阳明文录》，

---

① 高瀬武次郎『日本之阳明学』，東京：鐵華書院 1898 年版，第 197 頁。

② 高瀬武次郎『日本之阳明学』，東京：鐵華書院 1898 年版，第 3 頁。

喟然叹其为人。[①] 值得注意的是，“王学简易”之说并非高濑武次郎的独创，实际上，高濑武次郎延续了前近代学者对于阳明学的一般性认识。沟口雄三在《中国的阳明学与日本的阳明学》中指出，经过熊泽蕃山、山鹿素行、伊藤东涯等，“朱子学是以之为中心的赅博而细密的学问，阳明学则是涵养内心、简易直截而奔放的学问，二者的形象很快就被固定下来”[②]。由此观之，高濑武次郎便捷地利用了前人的阳明学论断来为自己的阳明学研究张本。从这两本书的情况来看，“简易”之说贯穿始终，可以说是高濑武次郎阳明学研究的核心纲目之一。然而，“简易”是否是阳明学区别于他者（尤其是朱子学）的独特标识，这一点历来学者多有不同看法，将在后文详细论及。

第二，从现实层面来看，便在于明治新时期教育思想之所需，即以日本阳明学促进日本近代国民之教育。高濑武次郎认为，西洋的智识教育诚然重要，但会激发学人之功利心，还应以德性教育来陶冶青年之心性，“我邦奎运隆盛，教育事业比以前更为完备。但是以智育为重，而不在品性的陶冶。以读书登第为教育之能事，有识之士深深慨叹这一情状，矫正其鄙陋并非易事”[③]。若能将西洋之智识与东洋之心法融合为一，便能培养出实验性的新智识，将大利于国。不仅如此，高濑武次郎认为在进学之顺序上，还应当把德性教育放在智识教育之先：首先从治学方法来看，当下之社会愈加纷繁复杂，百科之学问争相竞起，然而在时间精力皆有限的情况下，应当寻求简易直截的办法；并且，若缺失精神之修养、品性之陶铸，那么知识的运用将会出现障碍，因而需要采纳王学构筑百行之基础。由此，高濑武次郎特别突出了阳明学在“涵养心术”“修养精神”“陶冶品性”方面的作用，“唯有王学别具英灵活跃之元气，能涵养青年之精神”[④]。换言之，高濑武次郎意欲将阳明学作为实践伦理引入明治时期官方教育思想中，敦促明治时期青年以阳明学（特别是日本阳明学）来“修己”之身，这是阳明学实践伦理中第一层面的内容。

① 高濑武次郎『日本之阳明学』，東京：鐵華書院 1898 年版，第 2—3 頁。

② ［日］沟口雄三：《李卓吾 · 两种阳明学》，孙军悦、李晓东译，生活 · 读书 · 新知三联书店 2014 年版，第 254 页。

③ 高濑武次郎『日本之阳明学』，東京：鐵華書院 1898 年版，第 35 頁。

④ 高濑武次郎『陽明学楷梯：精神教育』，東京：鐵華書院 1899 年版，第 2 頁。

与此同时，耐人寻味的是，高濑武次郎设定的读者不仅是在书中屡屡提及的青年志士，还有当时正处于明治鼎盛期的政治家、军人。凭借着敏锐的政治嗅觉，高濑武次郎将阳明学与明治时期的政治家、军人进行了丰富的联系。1899 年 9 月，中尾水哉在为《阳明学阶梯》作序时直接传达出高濑武次郎的心声，“凡莫人不有良知，不忧不知，特忧不能致其知耳。良知之道，与生俱来，自然充满，无有缺陷。小而一身一家，大而天下国家，以之修齐，以之治平，措之裕如，无待外求也。故阳明子曰：‘致知尽焉矣。’东行致之，幕府败衂长藩赖以安。南洲致之，百万生灵，得免涂炭。东行有诗曰：王学振兴圣学新，古今杂说遂沉湮。唯能信得良知字，即是羲皇以上人。南洲夙宗王子之学，与春日潜庵相往来，尝使其弟小兵卫，就潜庵修阳明学。噫，东行逝，南洲毙矣。山县侯者东行之门人也，西乡侯者南洲之介弟也。今二侯负总理内务之大任。立乎庙堂，得位得时，二侯果能遵所闻而致之，使狡狯黠诈之徒，谗谄而謏之辈，绝迹于朝廷，期无萠蘖再生之患，是天下之所归望也。文学士高濑君武二郎，著阳明学阶梯，属望于二侯，盖责备贤者之意也。无他，冀二侯致之，以达之于天下也”①。中尾水哉（1841—1904 年）曾为司法官、律师，在广岛期间担任宪政党支部长。在《日本之阳明学》中，高濑武次郎将其列入土佐阳明学鼻祖奥宫慥斋之门人谱系中，并为其单独立传，二人交谊十分深厚。也许是作为法官、律师的职业惯性，中尾水哉直击要害，一语点出高濑武次郎意欲将《阳明学阶梯》呈送给两位特别的读者：“山县侯”（即山县有朋）和“西乡侯”（即西乡从道）。山县有朋（1838—1922 年），日本长州藩士武士，曾任陆军第一司令官，构筑了日本陆军的基础，被称为“国军之父”，曾师从高杉晋作（号东行），分别在 1889—1891 年、1898—1900 年两次担任内阁总理大臣。西乡从道（1843—1902 年）则是西乡隆盛的三弟，曾任陆军卿、海军大臣，同时三次担任内务大臣，其中两次均是在山县内阁时期。从时间线来看，《日本之阳明学》和《阳明学阶梯（精神教育）》的诞生之机恰好与第二次山县内阁的兴起相契合。在《日本之阳明学》的谱系中，高濑武次郎均为二人的恩师“高杉东行”“西

① 高瀬武次郎『陽明学楷梯：精神教育』，東京：鐵華書院 1899 年版，第 8—9 頁。

乡南洲”单独立传，并给予了很高的评价。应该说，高濑武次郎主动、清晰地在研究中寄予了一些特殊期待，这便是振兴日本阳明学，使其在明治时期官方思想中居于正统地位，发挥其在学术、政治、教育、经济、文化、艺术等方面的影响力，宛如朱子学在德川幕府的“正教”地位一样：“德川氏最初定朱子学为正教，与朱子学之支离灭裂不同，阳明学简易直截，自然被幕府视如继子。故而俟明治之新天地，开始从百科、技艺、宗教、学术共解三百年来之郁屈，斯开勃兴之气运；加之，维新前后的伟人豪杰，林子平、春日潜庵、高杉晋作、锅岛闲叟、云井龙雄、佐久间象山、西乡南洲等皆由王学而涵养心术以成大业，王学之效验可知矣，以至于所到之处皆获欢迎。”① 可以明显看到，高濑武次郎不仅接受了三宅雪岭的维新动力说，并且将此作为阳明学政治正当性的确证，在此基础上意图进一步将阳明学推向明治时期官学“正教”之地位，希望以阳明学来挽救时弊，这与阳明学实践伦理中第二层面“治人”是一致的。高濑武次郎有意要彰显明治政治家军人在践行阳明思想事功性层面的旗手地位：从学统来看，主张事上磨炼、知行合一的王阳明本人就是军事家、政治家；从幕末维新的历史来看，推动变革的政治家、军人与阳明学有着深厚关联。

基于学理的特殊性与现实的紧迫性的要求，高濑武次郎首先从阳明学中小心切割出特殊的“日本性”，并在此基础上进行了“教育性”与“事功性”的实践伦理重组，冀望解除德川时代以来的“王学郁屈”，振兴日本阳明学，以扶翼新政府。在此基础上，高濑武次郎开启了庞大的日本阳明学谱系的构建工作，这一工程被后来的学人延续至今。

二　“日本阳明学”谱系的搭建

在《日本之阳明学》（1898 年）中，高濑武次郎梳理出自江户至明治时期 35 位重要日本阳明学者，并为他们立传。“教育性”（“心术涵养”“精神修炼”）与“事功性”（“重实行”）始终是高濑武次郎安排这一谱系的钥匙。总体来看，高濑武次郎以德川幕府在宽政年间禁止异学而导致的“王学郁屈”为节点，总体上将日本阳明学的发展划分

① 高瀬武次郎『陽明学楷梯：精神教育』，東京：鐵華書院 1899 年版，第 3 頁。

为三个历史阶段，笔者对此进行了图示化的整理，详见图 3-1 和图 3-2（图中“→”代表师承关系，“- - -”代表时间线）。

第一阶段，江户时代“王学传入及发展”→第二阶段“王学郁屈”：

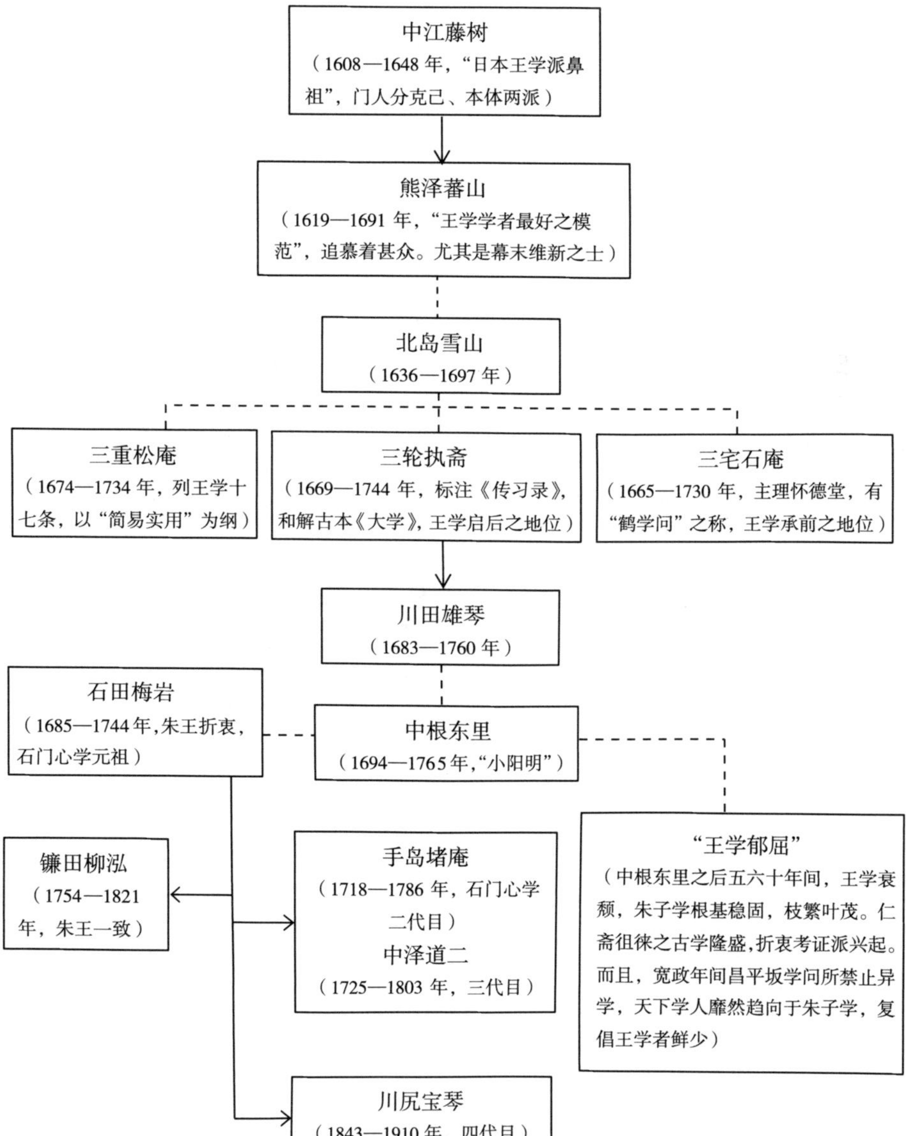

图 3-1　江户时代“王学的传入、发展及郁屈”

第二阶段“王学郁屈”→第三阶段“王学中兴”：

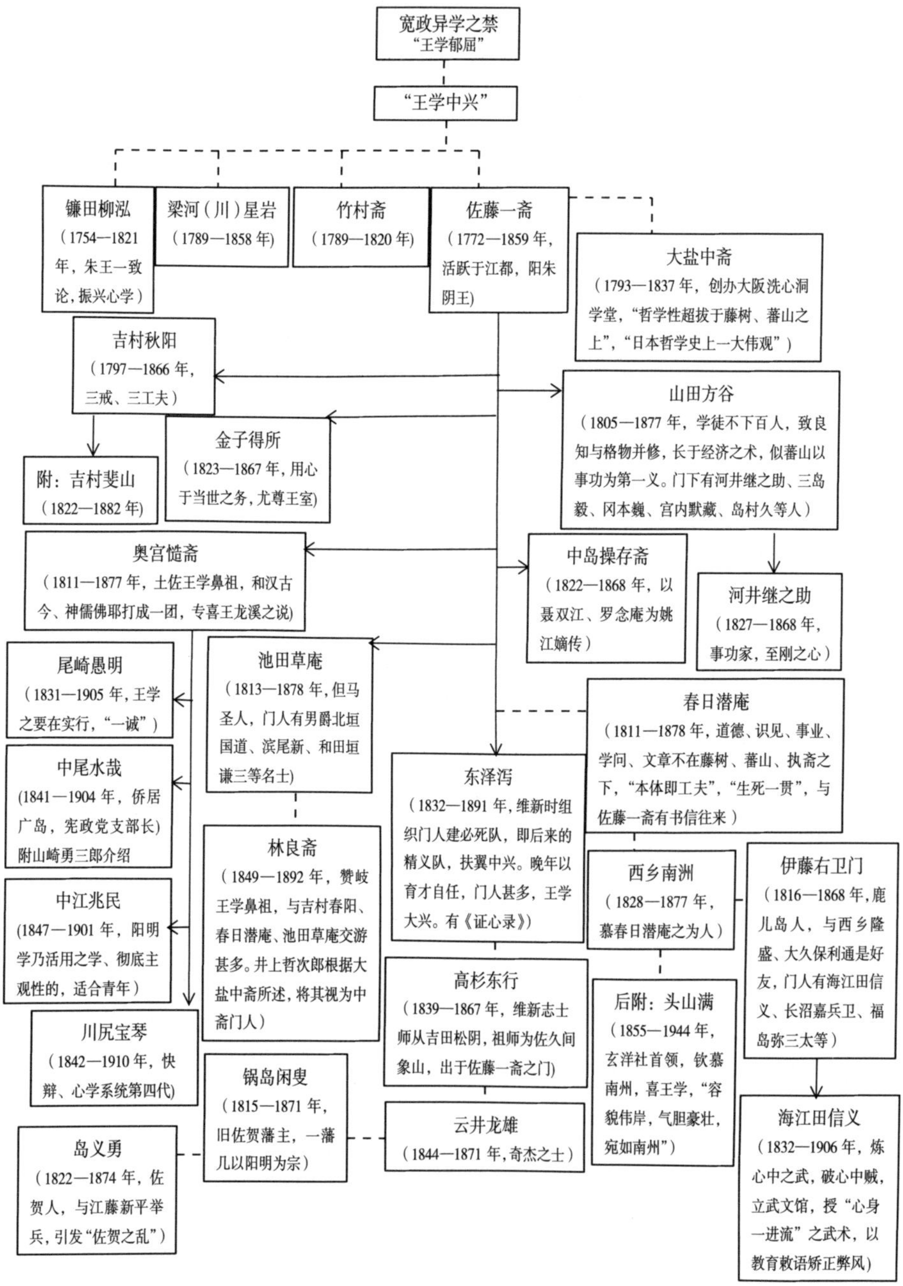

图 3-2　江户时代“王学的郁屈及中兴”

在《日本之阳明学》（1898年版）中，高濑武次郎一共为35位阳明学者立传，另外还提及了佐久间象山、吉田松阴、横井小楠、桥本景岳、山崎勇三郎、三岛中洲、头山满等人。在1907年改订版的《日本之阳明学》中，单独立传的主要人物削减了四位：原先的“第十九尾崎愚明”“第二十中尾水哉”“第二十一中江兆民”被作为附录列入“第十八奥宫慥慥斋”的门人系，但在内容方面并没有区别；变动最大的当属川尻宝岑，不仅删除了“第二十二川尻宝岑”①，在“第九石田梅岩”章中也改变了相关措辞，由此前的“石门心学四代目”②变为“相传至川尻宝岑”③，重要性下降不少。对此，高濑武次郎并没有做过多的解释，从1898年《日本之阳明学》中对于川尻宝岑的描述来看，单独立传的部分原因乃是为川尻宝岑“洗刷污名”，“有人以其为浮薄轻躁之徒，借此以洗刷污垢，扬其天赋之懿德”④。此外，在附录的人物中还删除了此前被高濑武次郎称为“小南洲”的玄洋社总帅头山满的内容（参见图3-2，原附于“第三十四西乡南洲”后）。同时值得留意的是，高濑武次郎对于当时在民间发扬阳明学运动的三大健将——吉本襄、东敬治、石崎东国均未提及，而对于在官方较为活跃的学人则给予深切的关注，比如三岛毅⑤、宫内默藏、冈本巍等人。由此可窥，高濑武次郎在描画谱系时具有很大的主观性、偶然性，尤其是在选择同时代人物的时候，多以官方人物为导向。

---

① 川尻宝岑：本名义祐，别号一竿斋宝洲、忘路庵，继承了江户鼈甲问屋角屋八代川尻彦兵卫的家业，也是明治时代的歌舞伎剧作者，与明治时代歌舞伎名优、创造了“活历”新史剧的市川团十郎九代目相交甚密。修习石门心学，同时也热衷于禅修，“以往的心学者在论说神道时，常列举国常立尊为最高神（根本神），川尻则列举了天之御中主神，同时借今北洪川禅师之力，在修行方法上，将禅学问答的形式整合进心学策问中”（中道豪一「心学者としての川尻實岑——近現代の石門心学」，『宗教研究』2011年84卷第4号，第324—325頁）。1893年9月，川尻宝岑率领门人在东京参前舍举办了“心学元祖石田梅岩先师一百五十年忌大祭”，以石门心学之传人自居（早野元光『川尻宝岑先生事蹟』，東京：参前舎1911年版）。撰有《新开场梅田神垣》《文觉上人劝进帐》等歌舞伎作品，《石门三师事迹略》《心学道话》《内部文明论》《庄子新释》《忠孝道话》《日本魂之话》等论著。

② 高濑武次郎『日本之阳明学』，東京：鐵華書院1898年版，第143頁。

③ 高濑武次郎『日本之阳明学』，東京：榊原文盛堂1907年版，第136頁。

④ 高濑武次郎『日本之阳明学』，東京：鐵華書院1898年版，第251頁。

⑤ 三岛毅（1831—1919年），曾师从山田方谷、佐藤一斋、安积艮斋，1896年6月被任命为“东宫侍讲”，伴随在时为太子的大正天皇身侧，1899年1月7日为天皇、皇后进讲，1901年被授予勋三等瑞宝章。

纵观日本近代阳明学发展史，高濑武次郎并非第一位搭建日本阳明学谱系之人。正如前文所述，三宅雪岭在《王阳明》中有简略勾勒，即中江藤树→熊泽蕃山→三轮执斋→川田雄琴→禁止异端→佐藤一斋→大盐中斋（→赖山阳）→春日潜庵→西乡南洲→高杉晋作。对比二者来看，高濑武次郎借用了三宅雪岭的核心框架，并在此基础上大量补充了幕末维新以来的学者、政治家、军人。在编排人物方面，三宅雪岭按照文献资料进行了简略的论述，相对客观；高濑武次郎则以“精神性”“实践性”为关键词进行了线性描述，主观色彩较浓，其中还间或穿插了中日阳明学、东西洋哲学之对比。在高濑武次郎的谱系中占据篇幅最多的有三位：在道德、精神方面最推崇中江藤树，在识见事功方面首推熊泽蕃山，在哲学性上则以大盐中斋最有独创性。在论及前两位时，高濑武次郎为了从思想史上区分中日之阳明学，还特别强调这二人均比王阳明更重视实行，“他（中江藤树）是最富有感化力的精神教育家，正如日本的学者一般而言比中国的学者更重实用性，藤树比王阳明、朱子更优于实行。其学养的核心不在智而在德，不在学术，而在实用。他在未入王学之前便是知行合一之人，得王学后更进数步”①，“日本王学者比中国的王学者更具有实行性，这在蕃山那里尤为显著”②。在论说逻辑上也往往是从阳明学者之精神修养而至于实践事功，这与前文所述的实践伦理的两个层面，即由“教育性”（修炼精神、涵养心术）至于“事功性”（立业治人）的逻辑顺序是一致的，正如吉田公平在《日本阳明学》中指出的，“阳明学的思维体系是以修己（人格主义的个人伦理学）与治人（差等之爱的社会伦理学）为焦点的椭圆形思维构造，重视实践是原理性之必然”③。

三 日本阳明学的高峰——大盐中斋的阳明哲学创树

在日本阳明学谱系中，高濑武次郎将大盐中斋置于哲学顶峰的地位，认为无论是在创造性上，还是在思想深度上，大盐中斋的学说（尤其“太虚说”）当属独一无二，然而他的学说一直被淹没在历史底层，

① 高瀬武次郎『日本之阳明学』，東京：鐵華書院 1898 年版，第 79 頁。
② 高瀬武次郎『日本之阳明学』，東京：鐵華書院 1898 年版，第 108 頁。
③ 吉田公平『日本における陽明学』，東京：ぺりかん社 1999 年版，第 16 頁。

这对于世人而言是巨大的损失，因此需要宣扬大盐中斋之学，“一是为其洗雪冤屈，慰彼在天之灵；一是阐明我邦独特的哲学，为明治文坛增添光彩”①。为此，高濑武次郎专门撰写了《精神教育：阳明学阶梯》一书。

大盐中斋（1796—1837 年），字子起，号中斋，通称平八郎，在大阪开设了洗心洞私塾教授弟子阳明学，与江户时代的阳明学者佐藤一斋有频繁的书信往来。1836 年（天保七年）夏季，东日本突降冷雨，导致粮食生产遭受重创。为了保证 1837 年第十二代将军德川家庆的就职仪式正常举行，各地方将稻米运送至江户，以维持都城的安宁稳定，大阪地区亦如此。然而，贪官、奸商乘机牟利，哄抬米价、米市不流通，导致下层百姓难以生存，出现了近十万百姓饿死，在“天保饥荒”的阴霾下各地骚乱发生。面对这一困局，大盐中斋于 1837 年（天保八年）2 月在大阪扛起“救民”之义旗意图举兵，他在起义檄文中说“今日之举不同于本朝平将门、明智光秀、汉土刘裕、朱全忠之谋反叛逆；更非由于窃取天下国家之私欲，我等宗旨，日月星辰当能明鉴；盖唯有效法汤、武、汉高祖、明太祖吊民伐罪之诚心而已。”② 然而起兵计划被叛变的武士出卖，最终大盐中斋引爆炸药自杀身亡，史称“大盐平八郎之乱”。这一事件在全日本范围内引起了巨大反响，各地起义风起云涌，幕府方面为进一步镇压叛乱，制定了“天保改革”政策，但失败的改革反而加剧了幕府统治进一步走向衰退。

有人据此评价大盐中斋的阳明学是行动直截的危险流派，并非和平性的阳明学。小岛毅在《近代日本阳明学》中详细区分出两种阳明学：一种是由井上哲次郎、高濑武次郎等人提倡的护持国体的保守主义阳明学，即白色阳明学；另一种则承继了幕末以来的传统，一些燃烧着革命理想的人士被阳明学所吸引，即红色阳明学。③ 总体来看，小岛毅对于高濑武次郎的阳明学立场是保守主义的这一评价比较妥当。阳明学具有简易直截的特征、是幕末维新志士的精神驱动力，基于这一轴线，高濑

---

① 高瀬武次郎『陽明学楷梯：精神教育』，東京：鐵華書院 1899 年版，第 7 頁。

② 张荫桐选译：《1600—1914 年的日本》，生活・读书・新知三联书店 1957 年版，第 52 页。

③ 小島毅『近代日本の陽明学』，東京：講談社 2006 年版，第 121—132 頁。

武次郎同时也嗅出日本阳明学革命性、反体制的危险气息。正因为此，高濑武次郎在《日本之阳明学》和《王阳明详传》中，屡屡提及吉村秋阳的一句名言，“阳明学犹如利刃，善用者才不会割伤自己的手”[①]，意在提醒阳明后学青年应警惕滥用的危险性。那么，对于发动了“天保之乱”的大盐中斋的阳明学，高濑武次郎又是如何解读这把利刃的呢？

首先，高濑武次郎为“大盐平八郎之乱”进行了革命正当性的论证。幕府时代，大盐平八郎一直被贬称为“盐贼”，高濑武次郎认为应该洗刷这一污名。德川幕府将大盐中斋视为“盐贼”的首要原因便在于他的政治反动性，妄图恢复天皇统治权，如大盐中斋在起义檄文中说：“尧、舜、天照大神之盛世，虽或难于重现；而中兴气象，当可光复也。”[②] 大盐中斋宣扬勤王而妨害了统辖治安，威胁到幕府的统治，因而有了“贼”之恶名：“中斋怜下民之饥饿困厄，愤慨于贪吏奸商之暴欲非道，虽举兵然不免于妨害治安之名。对于德川氏而言，妨害治安者非贼而为何？”[③] 与此相同的是，幕末维新之志士均被冠以贼名。由此可见，大盐中斋与维新志士一样均以勤王为志业，望天恩有序，中兴天照大神时代之气象。换言之，大盐中斋可以说是扶翼维新中兴、倡导王政复古之先驱，因而“所谓贼，并非篡夺天下国家之谓也，实谓妨害幕府治安之意。然而，德川氏大政奉还之后，尤动兵妨害治安，对于当今政府可谓贼矣。榎本谦次郎、大岛圭介、江藤新平、西乡隆盛亦中斋之流亚”[④]。由此，“大盐平八郎之乱”被高濑武次郎牵引到幕末维新、王政复古的历史连续性线索上，试图借此洗刷“盐贼”污名，同时由此确立日本近代阳明学的政治正确性，即捍卫明治维新的革命胜利果实——天皇体制。

其次，高濑武次郎在政治正确性的基础上强化了中斋阳明学的独特价值，视其太虚学说“在我国哲学史上占据第一等的位置”[⑤]。高濑武次郎认为盐学不扬，很大的原因便在于世人被“盐贼”之名所误导，

① 高瀬武次郎『王陽明詳伝』，東京：文明堂 1904 年版，第 358 頁。

② 张荫桐选译：《1600—1914 年的日本》，生活·读书·新知三联书店 1957 年版，第 52 页。

③ 高瀬武次郎『陽明学楷梯：精神教育』，東京：鐵華書院 1899 年版，第 8—9 頁。

④ 高瀬武次郎『陽明学楷梯：精神教育』，東京：鐵華書院 1899 年版，第 9 頁。

⑤ 高瀬武次郎『陽明学楷梯：精神教育』，東京：鐵華書院 1899 年版，第 15 頁。

如今拨云见日，“一方面打破迷习，一方面阐发其太虚说，而且眼下正逢阳明学勃兴之气运，数年之后（中斋之学）便能彰明于天下”①。总体来看，大盐中斋的学说有五大纲领：归太虚、致良知、变化气质、一死生、去虚伪。其中，“归太虚”是大盐中斋最核心的、最具创造性的学说，是其终生之愿望、教学之精髓，高濑武次郎认为大盐中斋的太虚说甚至比王阳明的良知说更进一步。“太虚”与“良知”同一，乃心之本体，既有宇宙生成论层面，也有伦理学层面：从宇宙生存论而言，高濑武次郎认为大盐中斋的太虚说类似于米利都派阿那克西米尼的气论，太虚包涵理与气，理气无影无形，无边无际；从伦理层面而言，太虚与五常相合，“仁也者，即太虚之生。义也者，即太虚之成，礼也者，即太虚之通。知也者，即太虚之明。信也者，即太虚之一。是皆太虚之德之用也，而人皆备之”②，同时太虚说还融合了天人合一的观念，“太虚非空，即春夏秋冬之气，元亨利贞之理，遍布充满焉，而著乎物”③。“归太虚”之工夫在于去私欲、存天理，应由慎独克己而入。在归太虚的纲领下，大盐中斋进一步将王阳明的“致良知”与张载的“变化气质”融合起来，二者成为“归太虚”的重要方法：“致良知”是从积极性方法而言，“太虚”与“良知”是体用的关系，正所谓“良知之虚便是天之太虚，良知之无便是太虚，良知之无便是太虚之无形。日月风雷，山川民物，凡有貌象形色，皆在太虚无形中发用流行，未尝作得天的障碍。圣人只是顺其良知之发用，天地万物俱在，我良知的发用流行中，何尝又有一物超于良知之外能作得障碍”④；“变化气质”是从消极性方法而言，即去除小我，达到无我之大我境界，类于孟子的求放心之说。通过前两层工夫最终成就归太虚之功，“我”与“太虚”合体，太虚原本无生死，那么“我”亦无死生，正所谓“昼夜犹生死，生死犹古今”⑤。高濑武次郎特别指出宋儒向来主张“一死生”，阳明学倡导最盛，大盐中斋死生一贯的大观念是由太虚大气之聚散推导而出，与苏格拉底的灵魂不灭说相似而不同，“英杰当大事而忘祸福死生”，由一心

① 高瀬武次郎『陽明学楷梯：精神教育』，東京：鐵華書院 1899 年版，第 9 頁。

② 高瀬武次郎『陽明学楷梯：精神教育』，東京：鐵華書院 1899 年版，第 94 頁。

③ 高瀬武次郎『陽明学楷梯：精神教育』，東京：鐵華書院 1899 年版，第 96 頁。

④ 高瀬武次郎『日本之阳明学』，東京：鐵華書院 1898 年版，第 177 頁。

⑤ 高瀬武次郎『日本之阳明学』，東京：鐵華書院 1898 年版，第 184 頁。

之诚而视之，这与气盛冲动、盲目赴死有着根本区别。“去虚伪”为第五纲领，“虚伪”由人欲而来，去虚伪在于贯彻本心之诚，达到真实无妄之境，“诚”乃大盐中斋精义之所在。那么，五纲领的关系是第一纲领归太虚乃最关键处，其他皆为达成归太虚之方法；致良知乃阳明之教，在四纲目中居于最重要之位置，剩下三纲目地位相当，相辅相成。同时，大盐中斋延续了阳明知行合一的主旨，这五大纲领既是理论也是方法，两者均不可偏废。

那么，高濑武次郎如何看待大盐中斋思想的哲学性呢？从日本阳明学发展史来看，三轮执斋之后百余年间阳明学几乎中断，大盐中斋接续阳明学脉，创自家之学说，极大鼓舞了日本学者之独立精神；对比于西方哲学来看，高濑武次郎认为大盐中斋的太虚主义多是空间思维，而时间范畴几乎未纳入考量，不及西方哲学缜密，这一点是有缺憾的，但是大盐中斋所处的时代恰逢日本哲学思想的萌芽期，因而可以说大盐中斋的太虚主义开辟了一条新的路径，“中斋峻严峭拔的性质能发挥简易直截的阳明学，创发简易直截的太虚主义，单刀直入、停停当当、直上直下，以太虚贯通天人、网罗宇宙，成为我国哲学史上一大伟观”①。与此同时，高濑武次郎对于大盐中斋亦有一些微词，例如论其性急易怒、行为过激，不似王阳明宽宏大量，“与我邦前辈学者相比，德行不及藤树，作为政治家地位不如蕃山”②，因而最终在其日本阳明学谱系中仅于哲学性层面受到肯定，试图以此削弱大盐中斋在反体制革命性层面的危险性。

值得注意的一点是，高濑武次郎在评述大盐中斋的社会道德时，将之与社会主义联系起来：“心学者流，主张百事为后，心性存养为重，这并非利己而弃他人不顾，而是先治己由此及人”，大盐中斋亦是如此，“救天保七八年的饥馑实际上亦是出于社会性道德之心，他是得社会主义之专长者，在我邦为下民牺牲一供奉自己者，前有佐仓宗五郎，后有大盐平八郎”③。正如第二章所述，三宅雪岭在《王阳明》中阐发“良知”工夫论时，主张阳明学以良知开拓人心，其理想的政治形态与社会

① 高瀬武次郎『日本之阳明学』，東京：鐵華書院 1898 年版，第 218 頁。
② 高瀬武次郎『日本之阳明学』，東京：鐵華書院 1898 年版，第 217 頁。
③ 高瀬武次郎『陽明学楷梯：精神教育』，東京：鐵華書院 1899 年版，第 42 頁。

主义相似。高濑武次郎在为大盐中斋平反时仍沿用了这一思想理路。换言之，在三宅雪岭、高濑武次郎看来，由修己至于治人这一椭圆形的阳明学伦理构造，天然地与社会主义契合。社会主义思想早在1870年已传入日本，但真正流行起来却是在1897年。[①] 该年10月，片山潜、安部矶雄、幸德秋水等人组织了“社会主义研究会”，由此社会主义思想开始风靡于世。三宅雪岭、高濑武次郎显然受到了当时社会主义思潮的影响，从而有意识地将阳明学研究与社会主义勾连起来。不仅如此，幸德秋水是中江兆民的弟子，三岛中洲的徒孙，与当时的日本阳明学者有着深厚的交谊。可以看到，高濑武次郎在这一时期的阳明学谱系中对中江兆民、幸德秋水等社会主义性质的阳明学论者并未加以排斥，反而积极借用了其观点，将社会主义思想视为可以融入阳明学“旧瓶”的“新酒”。与此同时，他始终将反体制、左倾化的阳明学视为割手之“利刃”，加以小心审度、批判。在“大盐平八郎之乱”的问题上便可以清晰地看到他的立场：大盐中斋反叛的危险性源自其自身特殊的性格，不可将其视为阳明学的一般性特征，在对待幕末维新志士方面亦有相同的倾向。高濑武次郎将盲目过度实行、危害国体的阳明学切割开来，日本阳明学的政治正确性仅仅在于勤皇复古、维护国体，这也成为日本明治时期官方阳明学的一大特点。在政治正确性的基础上，井上哲次郎、高濑武次郎特别强调阳明学哲学性、伦理性的价值，以遏制反体制的危险因素。但是让高濑武次郎始料未及的事情还是发生了，1910年“大逆事件”爆发后，幸德秋水被处死。社会主义式的阳明学已然威胁到天皇体制的稳定，三岛中洲、井上哲次郎、高濑武次郎等阳明学会的成员开始清除以中江兆民、幸德秋水为代表的社会主义阳明学谱系，进一步强化国体护持观念。[②] 同时，高濑武次郎对于大阪阳明学会中左倾化的会员也展开了激烈批判，力图纯化保守主义的“白色阳明学”，捍卫天皇体制。进入大正时期后，这一趋向在高濑武次郎的阳明学研究中已经占据了主导地位。

---

① 参见葛奇蹊《明治时代日本国家主义者的社会主义批判》，《河北工程大学学报》（社会科学版）2014年第1期；卢坦：《日本明治时期的社会主义思想研究》，中国社会科学出版社2016年版。

② 小島毅『近代日本の陽明学』，東京：講談社2006年版，第127頁。

第三节　阳明学新论

高濑武次郎在明治时期撰写的四本阳明学论著中，《王阳明详传》与《阳明学新论》专论中国之阳明学，前书主要梳理王阳明的生平事功，后者则详述了阳明学思想，兼论中国阳明学之谱系。由此，高濑武次郎从中、日两个方面搭建起完整的阳明学体系。

一　“三纲领”之拓展

在论述王阳明的思想体系时，高濑武次郎重点参考了三宅雪岭的《王阳明》，不仅在《阳明学新论》所列日文参考书中，将其位列第一，[①] 而且更是直接借用了三宅雪岭提出的“心即理”“致良知”“知行合一”阳明学三纲领。在三宅雪岭的基础上，高濑武次郎从中国思想史内部出发，借用西方哲学的方法及概念，进一步拓展、深化了三纲领的论学体系。具体而言，他将阳明思想细致区分为哲学与伦理学两个层面，并将三纲领归之于伦理学范畴，从三纲领之内涵、相互关系、总纲目等方面进行了详细的论述。与三宅雪岭突出王阳明思想的哲学特点不同，高濑武次郎将以宇宙论为核心的哲学观作为基础，特别强调阳明学的伦理学特点，尤其是实践伦理性层面。因为在高濑武次郎看来，“中国诸种学问皆附属于伦理学中，经过漫长岁月依然未能摆脱混沌之境，哲学、伦理、逻辑、物理、化学、天文、地理、历史等多是融合发展的倾向，分科并未十分明显”[②]，有意呼应其恩师井上哲次郎提出的建立日本近代伦理学的重要议题[③]。在《阳明学阶梯》中，高濑武次郎说：“如今我国道德，方处于过渡期之际，还未有确乎定论，必期待伟大人物出而定夺之。吾辈刮目以待（伦理界）一大改革。但眼下乳臭青衿的小伦理学者，在直译式的头脑中描画空想式的伦理学说，也不相信其能如何实行。能成就改革者，唯有精研东西古今之伦理学说、熟知

① 其他五种则分别是建部遯吾《陆象山》、井上哲次郎《日本阳明学派之哲学》、《阳明学》杂志第一号至第八十号、东敬治《叉子附问答》、里见常次郎《阳明与禅》。

② 高瀬武次郎『陽明学新論』，東京：榊原文盛堂 1906 年版，第 44 頁。

③ 井上哲次郎『倫理新説』，東京：酒井清造等 1883 年版。

我国现今道德界现状之人，怀如炎炎烈焰之热诚，以此风靡社会。王学的根本精神以精神修养为主，在些微日常节目中所论未及，因此无疑可为以后如何改革助一臂之力。"①

首先，从阳明实践伦理学的哲学基础来看，高濑武次郎从宇宙观、人生观、天地万物一体观三个层面集中考察了阳明哲学观，并强调厘清哲学上的迷雾将更有助于把握王阳明的伦理学体系。在宇宙观上，高濑武次郎指出阳明学主张理气合一论，即理气两者不可分离，无始无终相互并存，理是气之条理、气是理之运用，阴阳动静即宇宙生成所用之所由起；气即物质性方面，物质即元素，如中国有金木水火土五种；"所谓理，大而言之即遍满充塞于宇宙之理，即自然法则，小而言之即吾人心里所具之理，即所谓道德律是也"②。"天人合一是东洋哲学史上贯通古今的特征"③，而王学最为显著的特征，便是倾注心力于天人合一之说，以良知融合天人、贯通内外。在人生观问题上，高濑武次郎从哲学史中筛选出厌世观、乐世观、厌世进化观、复古乐世观④这四类，而从王阳明的生平经历来看，其人生观经历了从迷离厌世到省悟乐天的过程，最终将人生目的确立为尽人性知天理而达到天人合一的境界。高濑武次郎特别突出了王阳明人生观中至诚之真我的重要性，"至诚之真我乃世界中最为伟大最为神圣之物，若欲知人生之真价必先了知真我，知真我者方得稳健之人生观"⑤。在天地万物一体观上，高濑武次郎借用西方哲学上心、物的概念，将"万物一体无差别、平等性"的情况划分为四类：一是从物质性元素的同一性上而言，即由金、木、水、火、土五元素观之，这属于化学的范畴，例如程伊川、朱晦庵虽说万物皆同一，但在气上有所不同；二是精神性特别是仁心上的天地万物一体之说，此说以仁德、良知为主，因而属于伦理学范畴，王阳明便属于此

---

① 高濑武次郎『陽明学楷梯：精神教育』，東京：鐵華書院 1899 年版，第 2 頁。

② 高濑武次郎『陽明学新論』，東京：榊原文盛堂 1906 年版，第 20 頁。

③ 高濑武次郎『陽明学新論』，東京：榊原文盛堂 1906 年版，第 23 頁。

④ 所谓厌世进化观是指，生虽充满灾祸邪恶，但是人生整体还是向着善良的目的前进，不可完全厌世；所谓复古乐世观是指，世界无为自然而成，以无为为至善，厌弃眼前社会纲纪紊乱，人间罪恶，希望复归太古之无为敦朴之气象，以自然为乐，如老庄。详见高濑武次郎『陽明学新論』，東京：榊原文盛堂 1906 年版，第 24—26 頁。

⑤ 高濑武次郎『陽明学新論』，東京：榊原文盛堂 1906 年版，第 31 頁。

类，高濑武次郎认为，中国哲学至于王阳明已发展到极致，王阳明之后并没有如此周全、精密之说；三是由物质精神二元论说天地万物一体；四是日本之思想则从与自然、宇宙法则相契合的角度论说，属于逻辑学的范畴，当然庄子的齐物论属于这个范畴。而从万物一体观中差别性方面来看，万物有差别、厚薄之分乃是良知自然之条理，即便在差别界活动但仍不可忘记无差别之妙理。

在此基础上，高濑武次郎进一步丰富了“三纲领”的伦理学内容：

第一，由人性论出发，详细考察阳明学的“性至善说”。伦理学的核心便是人，“性善恶论”是中国伦理学史上一个十分核心的问题。围绕阳明学的人性论，尤其是“四句教”中“无善无恶心之体”之说，历来亦有许多争议，刘宗周、黄宗羲甚至认为“四句教”并非出自王阳明，而是出自王龙溪。① 高濑武次郎由两条方法路径出发，即综合考察阳明学整体体系与归纳分析阳明学人性论相关语句，探究阳明学的性之善恶说：王阳明的良知学胚胎自孟子的性善说特别是良知良能之说；心之本体是性，性之本体寂然不动，超越善恶之形容，乃是无善无恶的，即纯然之至善，至善性即心、即理、即天，同时“在伦理学解释之外给予哲学解释，即将理作为道德律与自然法来加以阐发”②；至善之性（心）向外发动则为意，感受外界的刺激则为情，善恶由此而生；进而，纵向对比了阳明学的无善无恶论与告子、苏东坡等人之学说，区别在于，阳明学的人性论是在哲学基础上臻于完善。

第二，论“心即理”，“阳明的心即理说的要点是，吾人百般行为的标准完备于心中，只有澄明了心方能由此去寻求那法则”③。不同于三宅雪岭多用西方哲学工具生硬切割阳明学，高濑武次郎多侧重于从中国思想史内部中发现阳明学之特点，尤其长于比较分析。从思想起源来看，高濑武次郎指出王阳明这一观点直接承袭于陆象山的“宇宙即吾心，吾心即宇宙”，进一步由心与理的内外关系出发比较了朱熹、王阳

① 黄宗羲《明儒学案·师说》：“愚按：四句教法，考之阳明集中，并不经见。其说乃出于龙溪。则阳明未定之见，平日间尝有是言，而未敢笔之于书，以滋学者之惑。至龙溪先生始云：‘四有之说，猥犯支离，势必进之四无而后快。既无善恶，又何有心意知物？终必进之无心、无意、无知、无物而后元。’”

② 高瀬武次郎『陽明学新論』，東京：榊原文盛堂 1906 年版，第 56 頁。

③ 高瀬武次郎『中国哲学史』，東京：文盛堂 1910 年版，第 792 頁。

明的学说。朱熹主张即物穷理，即理外说，王阳明主张“心即理”，即理内论，恰类于告子的义外论、孟子的义内论。在借用西方哲学阐发心、理之关系时，三宅雪岭借用了黑格尔的辩证法，而高濑武次郎则引入了康德的绝对命令，“阳明所谓的天理应与康德的定言命令比较来看”①，即天理是先验、纯粹，是目的而不是手段，同时天理既是自然法则又是道德律，那么高濑武次郎实质上是将阳明学的宇宙性原则与伦理性原则画上了等号。

第三，论“知行合一”，高濑武次郎认为阳明学以简易直截为宗旨，避开丛脞、繁衍、迂远之学理，在政治、道德等一切人事上以实事实行为主，② 是勇往直前的、活泼泼的、唯精唯一的、进取果断的学说，③ 这也是最能体现实践伦理的部分。从中国思想史内部来看，高濑武次郎指出阳明学的知行合一说的提出有具体的思想背景，“知行合一说的提出是为了匡正当时沉溺于知性探求而忽视实行的弊习，可谓是一时的方便之说”④。联系到西方哲学，高濑武次郎将王阳明与苏格拉底的“知识即美德”进行了对比，前者以奖励实行为主，后者则与程颐“以知为本、知深行至”的观点颇为相似。从内容来看，苏格拉底与程颐均认为善是知识的目的、行为的内容，没有知识则难以为善；⑤ 从背景来看，苏格拉底提出该说是为了匡正当时雅典社会纷繁邪妄的道德标准说，以确立真正善的知识，这与程颐有共通之处。区别则在于，苏格拉底还提出了“幸福”，“若人道完备，幸福安宁随之而来”，知、德、福三者是因果关系，程颐、王阳明的知行论中却没有“幸福”层面的内容。高濑武次郎敏锐地发现了知行论上东西方哲学的共通之处，但在论说苏格拉底的思想时忽略了一个基本核心——“神”。它是善的化身、代表最高理性，创造、统御秩序井然的世界，人也是神预想的对象，因而自然与人均指向于善的神明这一最高智慧居住者；“神使人所具有的实践能力以善为目的，人的实践能力和价值判断通过善的目的论

① 高瀬武次郎『陽明学新論』，東京：榊原文盛堂 1906 年版，第 87 頁。
② 高瀬武次郎『中国哲学史』，東京：文盛堂 1910 年版，第 793—795 頁。
③ 高瀬武次郎『陽明学新論』，東京：榊原文盛堂 1906 年版，第 108 頁。
④ 高瀬武次郎『陽明学新論』，東京：榊原文盛堂 1906 年版，第 100 頁。
⑤ 高瀬武次郎『陽明学新論』，東京：榊原文盛堂 1906 年版，第 102 頁。

得到统一”[①]。因而并不能完全断言，王阳明、程颐以实践为重，而苏格拉底以知识为重，笔者认为其实三人均明显感受到了知识与实践的张力，三人所说的知既是德性知、判断知，也是实践知，区别则在于知与行的先后关系上，王阳明主张知行并进，而后两者则是知先行后。通过两者的对比，高濑武次郎的意图是明显的，即拔升阳明学实践伦理在中国思想史上的特殊性，王阳明的知行合一是直觉性的，一念发动便断然而行，理论与实践合而并进：“伦理学者精读万卷伦理书仍不可谓知道德家，知行合一论的紧要处便在于应知无论何时伦理学者即是道德家，理论即实践”[②]；“阳明是道德实践家而非伦理学者，或者说他既是道德家又是伦理学者”，“心德涵养、实践躬行都是学问，要将学问道德事业打成一团”[③]。那么，阳明学实践伦理学匡正时弊的效用也就凸显出来，“如今分科发展的结果是，专攻伦理学之人虽然不少，但往往认为自己是伦理学者，而非道德家，即便现行道德堕落到水平线以下，犹能坦然而毫不介意”[④]，明治时期学界受到西方学术范式的影响，分科愈加精细，明治学人被束缚在精致的理论中，而忘却了知识的目的在于实行，伦理学者亦热衷于经营理论而忽略了现实社会的道德困境，高濑武次郎借阳明学猛烈抨击了明治知识界及社会伦理的不良形态，希望能借助阳明学的威力让真正的伦理学走出书斋、面向实践，改善国民道德。

第四，论“良知”。这一部分内容，高濑武次郎的论述有两大特点：第一大特点是从伦理学上的先天、后天引入对良知的解读。高濑武次郎指出良知先天说并非儒教的特例，在西洋伦理学中也有良心先天说；王阳明的良知是先天、普遍的，是道、天理、道心、心之本体，未发之中、廓然太公、寂然不动的心之体，本来明莹，不依赖后天经验而得，因此只有蔽昧之别，本体并不会泯灭；因此在工夫论上不需渐次存养，只需去除遮蔽本体之昏昧，具体而言有动（事上磨炼、活动即实地经验等）与静（静坐澄心、禅定、读书慎独调息）的工夫，两者互为表里，相互融通。然而，经验论者则否定本体固有论，良心乃全然后天

① 赵猛：《“美德即知识”：苏格拉底还是柏拉图》，《世界哲学》2007年第6期。

② 高瀬武次郎『陽明学新論』，東京：榊原文盛堂1906年版，第107頁。

③ 高瀬武次郎『陽明学新論』，東京：榊原文盛堂1906年版，第108頁。

④ 高瀬武次郎『陽明学新論』，東京：榊原文盛堂1906年版，第108頁。

之新生，因而十分重视存养之工夫。在先天、后天问题上，高濑武次郎呈现出调和二派的倾向：晚近流行于世、以进化论为基础的利己主义者否定先天固有，认为人乃由一系列进化而达到高等阶段，因而“渐次经验性的新生”（即教育）十分重要；而东洋发展起来的儒教良心固有论、佛教佛性固有论似将良心视为遗传性的，否定了人类与其他动物的连续性系统，当然这一观点也给予信奉者许多实在的益处；对于这两者应该兼收并蓄，“直觉论宛如自然之山川风景，而经验论恰如人工巧为之公园风景”①。高濑武次郎虽欲调和两者，但并没有提出具体应如何操作，只是对不同的思想风景加以品评，并且其论述多半停留于当时流行的进化论的链条上，例如不恰当地将良知先天固有与生物学上的遗传画上等号。

第二大特点便是借用康德的思想阐发良知及其与行为的关系。良知之体用乃心之体用，高濑武次郎进一步借用西方哲学的观点将心的作用详分为“知、情、意”三个部分，儒教的知、仁、勇三达德由此对应生成，因而研究王阳明的良知必要先分析此三大作用，如图 3-3 所示：

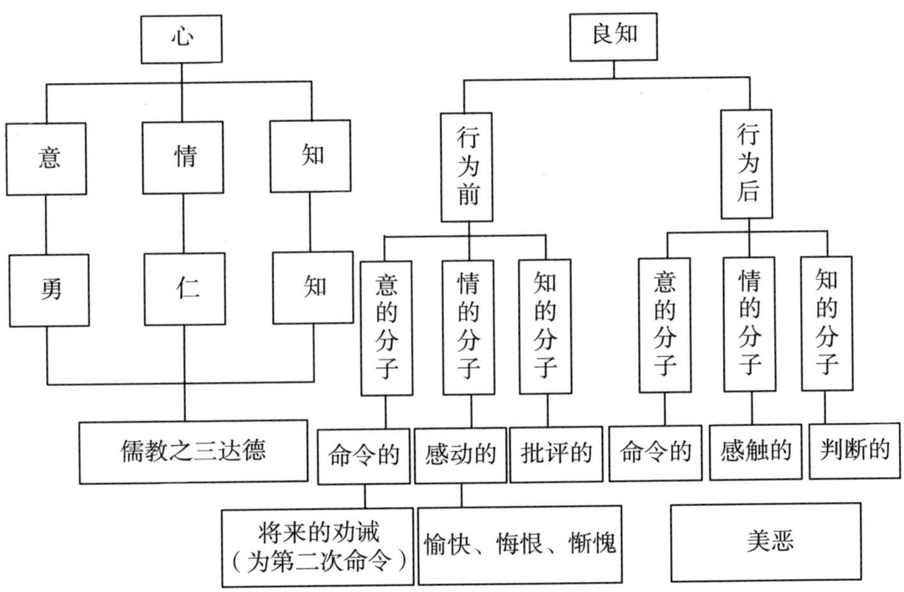

图 3-3　高濑武次郎建构的阳明学良知思想体系②

① 高瀬武次郎『陽明学新論』，東京：榊原文盛堂 1906 年版，第 133 頁。

② 高瀬武次郎『陽明学新論』，東京：榊原文盛堂 1906 年版，第 167—175 頁。

其实最早将人的心理能力分为悟性、感情、意志（即知、情、意）三个层面的是德国哲学家、心理学家泰藤斯（Johannes Nikolaus Tetens，1736—1807 年），在此基础上，他进而将人格分为三种类型："感情优先型""行动优先型""思考优先型"。康德受到泰藤斯的影响将心理学上的知、情、意与哲学上的真、善、美对应起来，撰写了《纯粹理性批判》（1781 年）《判断力批判》（1790 年）《实践理性批判》（1788 年）三本论著，从而建立起自己的哲学体系如图 3-4 所示：

心之能力	认识能力	先验性原理		适用范围		
认识能力	悟性	合法则性	理论	自然	知	真
快乐、不快的感情	判断力	合目的性	创作	艺术	情	善
欲求能力	理性	终极目的	实践	自由	意	美

图 3-4　康德思想体系①

对比这两大思想体系图示可知，高濑武次郎不仅在思想内容结构上将康德的三大判断与王阳明的良知学进行了通约，而且在终极目的上，王阳明与康德代表的东西洋哲学之高峰在实践伦理上得以遥相呼应、相互佐证。值得注意的是，高濑武次郎并非是明治时期知识界第一位将康德与王阳明勾连起来的学者。早在 1886 年中江兆民便在《理学沿革史》中将康德所说的"conscience"译介为"良心"，②"这里的'良心'同样兼具道德判断功能与道德情感功能，因此，与孟子、阳明学所称的'良心'具有相近的内涵"③。或可说，高濑武次郎以康德解阳明之创想正是受到了推崇阳明学的中江兆民之启发，与此同时，中江兆民在高濑武次郎描绘的日本阳明学谱系中占有重要位置。

---

① 井上義彦「カントの"真善美"の哲学について」，『長崎総合環境研究』2006 年 8 月第 2 号，第 153—163 頁。

② アルフレット・フーイェー「理学沿革史」，中江兆民訳、『中江兆民全集』第六卷，東京：岩波書店 1984 年版。

③ 李亚：《梁启超与近代中日阳明学》，博士学位论文，北京外国语大学，2015 年，第 129 页。

第五，论“三纲领”之关系。高濑武次郎认为三者构成一个完整的思想体系，相辅相成、缺一不可；进而三纲领之上，高濑武次郎还列出了一个总纲目，这便是“去私欲存天理”六字，并认为这是中国哲学史、伦理学史上一个十分重要的议题。为了条理清晰地论述这一纲目，高濑武次郎将天详细分为两种，一是有象天，二是无象天。有象天乃就形体而言，概括起来有五大特征：其象灿然光辉，其位置悠悠杳远，其体阔大、巍巍荡荡，唯一至高无上，有奇幻怪异之现象。无象天又分为有灵天、无灵天两种：形体性的天有天变地化、生生之妙用，因而产生了主宰性的天，一种宗教性的观念随之而生，上帝、天神等词语展现的均是有灵天；无灵天则又有“命”和“理”两种，“命”是在主宰性天的统治下发生的吉、凶、祸、福、夭、寿、富、贵等自然之势，如宿命、定命等，“理”意义上的天诞生稍晚，在哲学史上将“理”的意义归之于天主要是在宋明之际，它指自然之法则，即理法、原理、原则等。综合来看，天一共有四种类型，即有象天、无象有灵天、无象无灵定命天、无象无灵理法天，而主宰性的有灵天是宗教性的，理法性的天则是哲学性的，而定命性的天则具有宗教哲学的意味。[①] 那么，“天理”便属于上述第四种类型的“天”，即无象无灵理法天，乃充塞天地、遍布宇宙的万物生成之法则，天将天理赋予人心，因而心能成为百行之标准，在阳明学那里，天理即良知、道心、明德，而人欲则是天理良知之障碍，因此“三纲领”说到底是以“去人欲存天理”为根砥的。

综上所述，通过梳理中国哲学史以及对比西方哲学思想，并采用归纳综合、比较分析等方法，高濑武次郎进一步丰富了三宅雪岭提出的阳明学“三纲领”的内容，心即理不仅是自然法也是道德律，良知不仅是哲学范畴也是伦理范畴，而知行合一则将王阳明的实践伦理推向于活泼泼的现实社会。在东西洋文明二元对立的语境下，高濑武次郎将王阳明的良知学推上伦理学高峰，良知是普遍的、超越种族、阶级的非功利主义，包涵了知情意三大范畴，“王阳明的良知说远超西洋伦理学说”[②]，从而最终确立了阳明学在实践伦理中的特殊地位。

---

① 高瀬武次郎『陽明学新論』，東京：榊原文盛堂 1906 年版，第 194 頁。

② 高瀬武次郎『中国哲学史』，東京：文盛堂 1910 年版，第 809 頁。

二 朱王折衷论

阳明学是切近自身的实践伦理学，是活泼泼的学问，以心即理、知行合一、致良知为纲领，从人格充实（修己）至于政治成果（治人）形成了椭圆形的实践伦理的构造。即便如此，在高濑武次郎那里，处于思想顶峰的阳明学也并非完美无缺，尤其是在对比朱熹、王阳明之思想时，这一点尤为明显。“朱王之别”历来亦是中日阳明学研究者都必然会面临的一个基本而核心问题，井上哲次郎曾在《日本阳明学派之哲学》中将朱王之别归结为五点，高濑武次郎在此基础上扩展出十二条讲法之差异①：

1. 朱子重即物究理，倾向于知性探究；陆子重视心即理，重心德涵养。

2. 朱子的研究法流于支离破碎，繁衍丛脞，由此之蔽王子唱简易直截之法，救治朱子学之弊痛，取完全相反之方法。

3. 朱子是经验归纳性的，故学者常感力量之不足，陷入支离破碎；陆王则是直觉演绎式的，与禅学相似之点甚多，这也是两派弊端之所在。

4. 陆王以德性先、学问后，以实践导向人，朱子则是由学问求方法然后进德行。

5. 朱子是理气二元论者，陆子将宇宙之理由一元层面观察解释。

6. 朱陆之时学界的普遍状况是研究论辩愈加精密、道德实行愈加废弛，朱子作为一代大宗虽能调和学德、同时更倾向于分析性的讲学法，但对于“今之学者”“病心”“败事”的情况并无所改善，故而王阳明出而倡导简易直截的实学。

7. 朱子讲究居敬究理，欲达圣人之域不仅要在圣贤遗书中寻求，也要在洒扫应对进退之修行中寻求，陆王则不拘泥于文字，认为不应仅仅拘泥于礼法之中而伤害本然天资，学问之道在于精神而非文字的形式。

8. 朱子以六经为金科玉律，陆王则认为六经皆我注脚，认为古今

① 高瀬武次郎『陽明学新論』，東京：榊原文盛堂 1906 年版，第 263—277 頁。

所有的伦理书皆记载我之良知的典籍，可作为注释的参考，并批评五经臆说。

9. 朱子学始终是远心式的（经验性的），以读书为重，讲求究理之精密，同时乏于迂远之事功，陆王则始终追求心性（内省性的），重实践立事功之勇，但与此同时往往激越而失离常轨，征之于日本维新前后朱王两派之诸家便可得而知。

10. 朱子学作为著述家自家之学说完备，乃儒教哲学之集大成，称其为孔子之后第一人尤不为过，陆王二子专门阐明本心即良知、奖励实践躬行，在伦理学上发明甚多，但在哲学体系的完成性上到底还不及朱子；盖因朱子与陆王二子立足点各异，各以其志之所在而完成，王阳明兼为军人、政治家，常有作为事业家之态度。

11. 朱子承继二程子之说，大学一书分为经传两者，订正修补误脱之处，王子则以大学古本无一字之脱漏，而加以旁释，故而今有古本及朱子集注本二种大学流行于世。

12. 朱子学及陆王学各有长短相待而可相用，初学者慢慢进修或可达到相应程度，毋宁说朱子经验说平易切实可易于下手，而资性聪明，欲急进顿悟者则可依陆王之学。因此，古今之陆王学者，教育后进弟子往往由此顺序，日本之王学者如吉村秋阳常常教育弟子大抵取朱子学，至于阳明学则若非学者之笃信恳请则非感妄讲，阳明学犹如利刀，不善用则会伤手，应知此乃教学之要旨。

总体来看，“如今见朱王二子之说恰如经验论者将知识的起源归之于感觉，唯理论者将此归之于理性作用。但若走向更为极端的层面，两者皆易陷入弊病之中”，“程朱则讲求经验的积累，对天下事物逐一研究以至于豁然贯通，然而程朱自己也并没有达此妙境”，“王子之讲友湛甘泉痛批王子之说粗忽于读书讲学，质疑王子之门人等屡屡遗忘日常之事项，这实际上乃王学之药石。后来的王学者动辄坐野狐禅，盖陷溺于内观之结果，这是吾辈应该特别警惕之处”。① 高濑武次郎将阳明与朱子的根本分歧归之于“理”之内外上：朱子主理外说，即吾人日常之事物皆具有客观之理，为探究“理”则需即物穷理，主敬；王阳明

① 高瀬武次郎『陽明学新論』，東京：榊原文盛堂 1906 年版，第 266—269 頁。

主理内说，心即理，世间所有理无需外求，求之于心即可，主诚。由此出发，朱陆在对于六经的态度、修养工夫论上均呈现出截然不同的景观。在上述对比中，高濑武次郎试图通过还原当时的知识语境来剖析朱王之长短，以保持中立客观的立场：朱子之长在于穷理著述，讲究分析、归纳，思辨性较强，趋于客观世界，弊端则是过于烦琐、书斋化；王阳明则优于简易直截、躬行实践，偏向主观世界，弱处则是疏于读书讲学，陷溺内观则会流于枯禅，过于激进事功则会引发社会的不安定。鉴于朱王思想之特性，高濑武次郎认为后辈之学人应根据秉性之差异而选择进学之次序，大体来讲还是应该先朱后王。因而可以说，高濑武次郎本人呈现出了朱王折衷的倾向。当然，高濑武次郎试图以朱子学调和阳明学之病灶并非全然源出于学术思想史之探讨，而是针对明治时期社会现状而提出的伦理实践的改良建议，因为经验论式的朱子与直觉论式的王阳明面对真正的伦理实践恐会存在一定问题。以孝为例，阳明的孝之理偏向于求之内心，而非孝心的对象即父母；朱子的孝之理偏向于向心外之父母求，然而若没有行孝之心，孝也无法产生。换言之，在高濑武次郎看来，在伦理实践中自我与他者均应加以充分的关照，心是理之心，理是心之理。针对日本明治时期社会之时势，高濑武次郎认为，“现今我国学界依然存在直觉式与经验式两种，因而需要明白两者的利害得失，从而生发出活用的力量”①。

三 中国阳明学谱系

在日本阳明学谱系中，高濑武次郎特别突出了学问、道德、事功三个层面的重要性，分别将大盐中斋、中江藤树、熊泽蕃山分别视为这三个层面的顶尖人物。然而高濑武次郎认为，在三个方面能兼备一身者，唯有王阳明。“学问之要在于道德完善，道德之要则在施之于百般事物而收实际之功绩”②，阳明学实乃学问、道德、事功一致主义。基于儒家多将道德作为事功之基础的特性，高濑武次郎将这两者合而为一，均属于政治事功的范畴。总体来看，高濑武次郎认为儒家的政治思想是以扎实稳健为主，大体而言有如下 21 个特征：

---

① 高瀬武次郎『陽明学新論』，東京：榊原文盛堂 1906 年版，第 132 頁。

② 高瀬武次郎『陽明学新論』，東京：榊原文盛堂 1906 年版，第 279 頁。

（1）避免激进的变化及冒险性的成功，以此为先王之遗法；（2）将道德作为政治的基础；（3）道德则特以修身为本；（4）为了国家的和谐秩序而重视礼乐；（5）重视制人民之恒产；（6）无苛酷之刑法；（7）主张国家主义；（8）重视农业，使民以时；（9）奖励农工商而薄税敛；（10）为补救灾年而充实仓廪；（11）奖励学事、开发人智；（12）在学校课程中重视孝悌忠信的教育；（13）主张国防性的军备；（14）批判争夺攻伐；（15）重视大义名分、严惩乱臣贼子；（16）不求压制性的使人民服从；（17）在上位者视民如赤子，下民则应敬忠事上；（18）丧葬祭祀十分隆重；（19）避免奇言怪行，讲究中正；（20）官民上下苦乐与共；（21）人民相互亲和。

然而，高濑武次郎提出的这21条特征并非完全切合于儒家之实际，一部分内容明显带有明治时期日本的色彩，比如“国家主义”“国防性军备”等。毋宁说，高濑武次郎是在庞大的儒家政治哲学思想库中特意筛选出了这21条适用于日本皇国体制的内容。进而，高濑武次郎说“阳明之政治纯属儒家主义，无一处违反孔孟趣意”①，属于德治主义；王阳明本人不仅是杰出的政治家，也是独具韬略的军事家。由此来看，王阳明之致良知从学问思想到政治事功均符合日本明治时期社会之实际。

王阳明右手执剑、左手持卷，在简易直截的主旨下，学问、道德、事功三者形成一个良性互动的循环。因此总体来看，阳明学含有了事功与学问两种元素，且值得注意的是，在学问性层面中，王阳明虽然提倡顿悟之风，但并未流入野狐禅、虚老。那么，中日阳明之后学亦可分为事功派、学问派两种。正如在第二章中所述，高濑武次郎认为日本阳明学主要继承了事功性层面，因此它能成为日本明治维新近代化转型的重要精神资源。反之，中国阳明学主要继承了学问性层面，尤其是学问中的枯禅层面，“夫王龙溪之精微、王心斋之超脱、何心隐、颜山农之杳冥、罗近溪之无我，他们在（理论）高深方面远超于阳明之上，然而渐渐奈何流于枯禅”②，“明末之王学者多仰慕于顿悟之风，以心法为事，不顾事功，默坐调息，以之为王学之本领，外观饰以顿悟，以狂逸

① 高瀬武次郎『陽明学新論』，東京：榊原文盛堂1906年版，第282頁。

② 高瀬武次郎『陽明学新論』，東京：榊原文盛堂1906年版，第290頁。

为高，遂而蔑视人伦、悖反道德、媚于权门、公然贿赂，此乃心学之害”[①]，由此阳明心学被视为亡国之靡音。可以看到，高濑武次郎对于明末阳明后学给予了极低的评价。与此同时，高濑武次郎认为中国的阳明后学并非完全没有可取之处，“中国王学者虽非悉流于高荡放肆之流，亦有颇为笃信正实之人，如徐横山、钱绪山、欧阳南野、季彭山、邹东郭、陈九川等，其后如黄石斋、刘念台、黄梨洲，学术事业兼备，忠节两全”[②]。

在《阳明学新论》附录部分，高濑武次郎列出了“中国阳明学派诸子列传”，主要按照两种方法梳理了中国的阳明学谱系：一种是按学统划分；另一种则是按照地域区分。高濑武次郎则系统地融合了这两种方法：首先沿用黄宗羲在《明儒学案》中的地域划分法，按浙中（31人）、江右（33人）、南中（27人）、楚中（4人）、北方（9人）、粤闽（9人）、泰州（22人）七大区域将《王阳明年谱》《传习录》等典籍中所见阳明后学之姓名悉数列出，与《明儒学案》相比所列数量更多，内容上亦有调整，如高濑武次郎特别推崇的黄道周、刘宗周就未被黄宗羲置于王学谱系，而是分别列入了卷五十六的“诸儒学案”和卷六十二“蕺山学案”。接着，按照学统之远近，即第一王阳明直传之弟子、第二再传或数传之弟子、第三则是清代之诸子，排列了具体的传记内容，明代部分多照搬《明儒学案》，清代部分列出了黄梨洲、李二曲、孙夏峰、刘伯绳、汤潜庵、万充宗、万石园、沈水如、史孝感、管宗圣、韩仁父、邵子唯、邵鹤间、邵念鲁、王金如15人，内容多抄自清朝李元度撰写的《国朝先正事略》，并评价说清代考证之风盛行，因而“活动性的王学”受到了极大的压抑，士气不振日渐衰颓。[③] 最后，高濑武次郎还附上了“中国王学者一览表并页数”，方便读者按姓名检索相关内容。总体来看，高濑武次郎延续了《明儒学案》中对于“古典正统式”[④] 的阳明后学判别，井上哲次郎的《日本阳明学派之哲学》以及受该书影响较大的梁启超均是其支持者。在这一阳明学谱系中，十

① 高瀬武次郎『陽明学新論』，東京：榊原文盛堂1906年版，第291頁。

② 高瀬武次郎『陽明学新論』，東京：榊原文盛堂1906年版，第292頁。

③ 高瀬武次郎『陽明学新論』，東京：榊原文盛堂1906年版，第317頁。

④ 荻生茂博『近代・アジア・陽明学』，東京：ぺりかん社2008年版，第395頁。

分关键的一点便是直接略过了李卓吾，即在中国阳明学的谱系中丝毫没有李卓吾之位置。难道是因为高濑武次郎太拘泥于《明儒学案》的内容，从而无意忽视了李卓吾吗？

笔者认为上述情况不太可能发生，因为在三宅雪岭的《王阳明》一书中陆羯南已经确立了李卓吾在阳明学谱系中的特殊地位，而该书又是高濑武次郎的重点参考书，如前文所述，高濑武次郎甚至直接照搬了“三纲领”的大框架。那么可以说，高濑武次郎对于陆羯南的李卓吾论的选择性忽视，正鲜明地折射了他在阳明学研究中的立场，即有意识地防范反体制、左倾化的阳明学。在《阳明学新论》中，高濑武次郎则将王心斋、王龙溪、罗近溪等王学左派贬斥为“枯禅”，而将黄石斋、刘念台、黄宗羲等人视为学问、事业兼备，得王学之正统者。

综上所述，高濑武次郎将以泰州学派为主的王学左派视为继承了阳明学“枯禅性”元素的亡国之学，将黄道周、刘宗周、黄宗羲等人视为学问、事功兼备者。但是认为他们并不足以扭转明末王学末流枯禅性的整体特质，清代考证之风进一步湮没了阳明学活泼泼的事功性的层面。日本恰好相反，经过日本国民性的筛选直接过滤掉枯禅元素，直接承继阳明学事功之元素，因而成就幕末维新之革新气象，成为日本开启近代转型的精神原动力。然而，难以置信的是，这一未经质疑的论说反而成为近代中日学人追捧、引述的重要观点，笔者将在下一章节重点论述。

第四节　高濑武次郎的中国影响及其思想的总体评价

一　高濑武次郎的阳明学研究对中国的影响

高濑武次郎的阳明学研究不仅深刻影响了明治时期日本学界，同时还穿越国境震动了中国近代的知识界，以张君劢为代表的知识人接受了他的阳明学研究的核心观点，并进一步融入自身的阳明学研究中。张崑将的《近代中日阳明学的发展及其形象比较》① 和邓红的《“日本阳明

① 张崑将：《近代中日阳明学的发展及其形象比较》，《台湾东亚文明研究学刊》2008 年第 2 期。

学”在中国的受容——以张君劢和朱谦之为中心》① 中对一这问题均有考察，笔者将侧重于从他们的理论延续性方面展开探索。

早期新儒家的旗手之一的张君劢（1887—1969 年）曾于 1906 年赴日本早稻田大学政治经济科学习，此间结识了梁启超、张东荪等人，并于 1909 年在东京创办了《宪政新志》杂志，1918 年赴德国学习哲学。值得一提的是，“梁启超正是在流亡日本后的 1900 年代，致力于挖掘阳明学的时代价值”②，张君劢可能是受到了梁启超的影响而注意到日本的阳明学研究，进而在这一时期接触到井上哲次郎、高濑武次郎等人的阳明学著作。张君劢最具代表性的阳明学研究论著当属 1955 年出版的《比较中日阳明学》③ 和 1962 年出版的《王阳明：中国十六世纪的唯心主义哲学家》④，两书一经问世便成为中国近代阳明学研究的经典论著，一些观点至今仍被许多学者反复引用。然而仔细比较该书与高濑武次郎的论著，可以发现张君劢在一些核心观点上积极吸纳了高濑武次郎的见解。据笔者考察，主要集中在以下几个方面：

第一，在阳明学研究的整体架构上，张君劢延续了高濑武次郎从宇宙本体论到伦理修养论的阐释框架。正如前文所述，高濑武次郎在《阳明学新论》中特别阐述了“理”的二重性，既是自然法则也是道德律，因此才能达到天人合一，将哲学的宇宙本体与伦理的道德修养贯通起来。在《比较中日阳明学》中，张君劢亦特别强调阳明学的形而上宇宙本体论的特点，正是在“万物一体论”的基础上，阳明伦理学才得以建立：“由于动物植物能够养人，药石能够治疗人的疾病，因此在生物世界—物理世界与人类两方面之间必然要有精神一气相通之处，因此宇宙核心中存有灵觉这一点是王阳明的根本信念。在这一核心处，人紧密地与在上的自然世界和在下的自然世界连在一起。宇宙即是以人为中

① 鄧紅「中国における「日本陽明学」の受容——張君勱と朱謙之の場合」，『北九州市立大学文学部紀要』2016 年第 85 号。

② 李亚：《梁启超与近代中日阳明学》，博士学位论文，北京外国语大学，2015 年，第 44 页。

③ 张君劢：《比较中日阳明学》，中华文化出版社事业委员会 1955 年第 1 版；台湾商务印书馆 1976 年第 2 版。

④ 张君劢：《王阳明：中国十六世纪的唯心主义哲学家》，江日新译，东大图书 1991 年版。

心的一个整体。”[①] 可以看到的是，高濑武次郎与张君劢均将阳明学的宇宙性原则等同于伦理性原则。

第二，在本体论与修养论一元的基础上，两人都对“良知”进行了直觉主义式的解读。高濑武次郎将王阳明的良知与西洋的良心等同起来，两者均是普遍的，在西方伦理学诸多派别中，良知最类似于康德的理性，通过心的知、情、意三大作用来完成判断，它既是指导者、命令者，也是至高无上最尊贵的意志。张君劢对良知亦进行了相似的解读，在《王阳明的哲学》中将“良知”译为“intuitive knowledge”，属于康德哲学中的纯粹理性、实践理性的范畴。[②] 与高濑武次郎的区别则在于，张君劢在康德之外还引入了柏克莱的“存在即知觉”来进一步丰富良知学之阐释，他说“事物首先必须先要在心中为意所对，理亦是在我们心中，而不是在外在世界里”[③]。

第三，在对于中日阳明学的评价上，张君劢与高濑武次郎均采取了二分法。张君劢评价中日阳明学之区别：“呜呼！阳明学之在吾国，人目之为招致亡国之祸，而在日本则杀身成仁之志行，建国济民之经纶，无不直接间接受王学之赐。语曰：‘种瓜得瓜，种豆得豆’，瓜豆之种同，而所获之果大异。在吾国则为性心空谈，在日本则实现近代国家建设之大业。”[④] 这与高濑武次郎视中国阳明学为枯禅误国、日本阳明学为事功兴国的观点有相似之处。进而，在阳明学为何能被日本所接纳并成为幕末维新的精神原动力上，张君劢借用了高濑武次郎的论断：“第一，阳明学简易直截，合于《易经》所谓‘乾以易知，坤以简能’条件，因而合于日人快刀利刃之性格。第二，阳明学侧重于即知即行，合于日人勇往直前之习惯。第三，日本人注重事功，将阳明学应用于人间社会，发生大效果。况乎日人不长于理论之精细分析，故对于朱子之理气二元与王子之理气合一，不作抉择可否之表示，惟其在迎王之中，不

① 张君劢：《比较中日阳明学》，台湾商务印书馆1976年版，第64—65页。

② 张君劢：《王阳明：中国十六世纪的唯心主义哲学家》，江日新译，东大图书1991年版，第80—87页。

③ 张君劢：《王阳明：中国十六世纪的唯心主义哲学家》，江日新译，东大图书1991年版，第87页。

④ 张君劢：《比较中日阳明学》，台湾商务印书馆1976年版，第3页。

作排朱之论，而成为日本之折衷主义。”① 日本人“快刀利刃”“勇往直前”“注重事功”的特殊民族性格恰与“简易直截”的王学相契合，因而能发扬其事功性层面，推动日本近代化国家的建设。正如前文所述，高濑武次郎的论断中表面是要突出日本阳明学的主体性，背后实质上隐含着国民性的判别。日本与中国虽然同处于东洋文化圈，但是在西方一元文明进化的链条上日本是先进国，中国则处于停滞、衰退的阶段，归根结底是由两国民族性、国民性之不同造成的，这是明治中后期知识人的一般认识，高濑武次郎在阳明学研究中亦带有这种意识。张君劢并没有觉察到高濑武次郎在中日阳明学研究中挟带的民族优劣性判别，反而对此进行了吸纳，一些后辈学人亦不假思索地沿用其说，这一点实在需要警惕。

第四，在朱熹、王阳明的对比研究方面，张君劢承袭了井上哲次郎、高濑武次郎的基本观点。如前文所述，井上哲次郎将朱王之别归纳为五点，而高濑武次郎在此基础上进一步扩充为十二条，张君劢则在《比较中日阳明学》中直接引述了井上哲次郎的五分法，并认为朱子学派多博学之士，但固陋迂腐，阳明学虽有偏主观之弊，但多单刀直入，得圣学之大体，因此阳明学比朱子学更为优越。② 在朱王对比研究中，高濑武次郎虽然试图由学理出发，客观剖析两者之优缺点，因此偶尔会呈现出朱王折衷的倾向，但是总体看来，“趋向客观”“长于学理”“支离从脞”依然是高濑武次郎对朱子整体评价，王学则是“偏于主观”“简易直截”“躬行实践”。另外，在对于朱子学、阳明学在日本思想史的地位判别上，张君劢与井上哲次郎、高濑武次郎的观点亦相同，均认为前者是幕府官方体制的教育思想，而阳明学则负有反叛之名、具有反体制的色彩，这一情况在新的历史时期亟待改善。③

张君劢曾说：“若有人问：谁是中国最具影响力的思想家，我将毫

① 张君劢：《比较中日阳明学》，台湾商务印书馆 1976 年版，第 60 页。
② 张君劢：《比较中日阳明学》，台湾商务印书馆 1976 年版，第 60 页。
③ 张君劢：《比较中日阳明学》，台湾商务印书馆 1976 年版，第 59 页。

不犹疑地回答是王阳明。”① 他对于阳明学在“远东复活”怀抱了殷切的期待，部分原因便在于从日本近代知识界的镜像中看到了一个崭新的儒学形态，即孔孟以来的阳明学心性传统与近代思想的融合。此后，牟宗三、唐君毅更是将“心性”传统与康德的道德哲学、黑格尔的精神现象学接续起来，建立起以“良知”为主体的道德形而上学说。然而，若以东亚儒学思想史的视角来审视，可以看到的是，以三宅雪岭、井上哲次郎、高濑武次郎为代表日本明治时期知识人正是这一端绪的开启者，其中高濑武次郎更是最早最清晰地将王阳明的良知学与康德的学说从本体论到修养论建立起关联的学者。

二　总体评价

从日本阳明学谱系的构建到中国阳明学理论的扩展，高濑武次郎铺展开一幅以中国、日本为核心的、阔大的东亚阳明学研究图景，其中不仅牵涉了中日古往今来近百位的阳明学者，而且还融入了西方哲学的理论视角，从而形成了自己独特的阳明学研究特色。那么，究竟应该如何评价他在明治时期的阳明学研究成果呢？

总体来看，高濑武次郎在近代日本国家建设中重新“发现”了阳明学，这主要在于：

第一，建立日本阳明学，凸显“日本主体性”。受到井上哲次郎的影响，他不仅建立起“日本阳明学”的概念，并区分出枯禅性、事功性两种阳明学元素，确立了根植于特殊国民性的日本阳明学之优位。在中日共同的儒学思想基轴上，高濑武次郎基于文明进化论的链条制造出新的阳明学形态，以此突出日本在近代亚洲文明秩序中的主导地位，意图取代华夷秩序中的中华正统地位。大正时期，高濑武次郎在阳明学研究中的帝国主义色彩逐渐显性化，1922 年他与石崎东国围绕中国的“国教”问题展开了激烈争论从而导致大阪阳明学会的分裂，高濑武次郎站在了以进化论为基轴的排外性国家主义的立场审视中国。② 值得注意的是，高濑武次郎明治时期的阳明学观点在近代中国知识界产生了很

① 张君劢：《王阳明：中国十六世纪的唯心主义哲学家》，江日新译，东大图书 1991 年版，第 69 页。

② 荻生茂博『近代・アジア・陽明学』，東京：ぺりかん社 2008 年版，第 407—408 頁。

大的反响，张君劢、朱谦之[①]等学者借用了“事功性”阳明学的说法，旨在以日本为成功经验挖掘阳明学的近代价值，然而却忽略了其背后的日本帝国主义色彩。

第二，在三宅雪岭《王阳明》的基础上，高濑武次郎搭建起日本阳明学谱系的骨架，此后井上哲次郎在《日本阳明学派之哲学》中进一步丰实了该谱系的内容，[②] 朱谦之、张君劢等中国近代学者亦受到他们的影响描画出日本阳明学谱系图，[③] 至今日本学界依然存在着对本国阳明学系统的多种想象。然而回到明治时期日本的知识场域，可以看到的是自高濑武次郎、井上哲次郎的学派系统观提出后，顿时引发了当时的阳明学研究者的热烈讨论。例如，阳明学会的东敬治在天皇驾崩的追悼文中将天皇侍讲元田永孚列入阳明学者谱系，未几又为自己的轻率论断专门撰文订正。[④] 阳明学会的泰斗三岛中洲在谈阳明学研究方法时亦主张，“当下唱道阳明学之人初皆由朱子学而来，因而若不好好研究朱子学将难以通晓阳明学”[⑤]。这些观点无不稀释了井上哲次郎、高濑武次郎所建立的阳明学系统的坚固性，因此不得不质疑的是“筛选阳明学者的基准是什么”“日本是否存在着一个悠久而连续的阳明学流派”。

第三，将伦理学范畴引入阳明学研究中。井上哲次郎最早将“ethics”一词译为“伦理学”，并在《哲学字汇》该条目中添加了“礼乐记，通于伦理。又近思录，正伦理，笃恩义”的补注。[⑥] 在《哲学字汇》一书定稿前，井上哲次郎曾给西周致信讨论“ethics”的译法，[⑦] 西周认为应该

---

① 朱谦之在《日本阳明学派之哲学》中说，“日本的阳明学分为两派，一为具强烈的内省性格的德教派，一为以改造世界为己任的事功派”，“日本阳明学，无论左派也罢，右派也罢，均极看重实践；不贵空谈无用之学，尤以左派如大盐中斋，如西乡隆盛、吉田松阴与明治维新时草莽志士，他们虽也不免近于浅薄，而均能突出地显示他们的时代觉醒的人民性思想，站在时代前面奋勇前进，百折不挠；他们的杰出思想，甚至接近了革命的辩证法思想，这可说是日本阳明学的最大特色”。见朱谦之《日本的古学及阳明学》，人民出版社 2000 年版，第 212—214 页。

② 山下竜二『陽明学の終焉』，東京：研文社 1991 年版。

③ 鄧紅「中国における「日本陽明学」の受容——張君勱と朱謙之の場合」、『北九州市立大学文学部紀要』2016 年第 85 号。

④ 東敬治「陽明学より観て拝送し奉る先帝陛下」、『陽明学』第 48 号；東敬治「答八重野氏」、『陽明学』第 50 号。

⑤ 三島中洲「陽明学研究の心得」、『陽明学』第 48 号。

⑥ 井上哲次郎［ほか］编『哲学字彙』，東京：東京大学三学部 1881 年版。

⑦ 西周『西周全集』第一卷，大久保利謙編，東京：宗高書房 1960 年版，第 31 頁。

翻译成“彝伦学”。1883年，井上哲次郎的《伦理新说》面世，该书是日本第一本近代伦理学著作，指出在日本重新建立“伦理学”应是明治知识界的哲学家们所面临的、重要的共同论题，核心问题在于“道德的基础是什么”。可以看到的是，井上哲次郎面对的并非是社会现实中的伦理问题，而是如何将“伦理”从传统的儒学意义中剥离出来，进而在近代西方学术制度下构建日本伦理学的框架。[①] 1886年，西村茂树在东京帝国大学以“日本道德论”为题进行了演讲，将《大学》的“修身、齐家、治国、平天下”融入到日本近代国家的建设中，从而提出了“善我身、善我家、善我乡里、善我国、善他国人民”的道德五条目，主张将作为“现世教化之说”的儒道与“西洋哲学”融合起来，取长补短建立独特的“日本国民道德”。1887年，井上圆了在《伦理通论》中从学科上细化了伦理学、政治学的范畴：“政治学主要关涉一国政法的行为规则，伦理学则阐发一身一己，一个人行为的规则，二者并不相同”[②]，伦理学由此成为探索个人行为的学科，即近代市民社会中的个人行为规范。与此相反，国民道德的诉求则是如何在道德层面将近代国家的国民统合为一个整体。1890年《教育敕语》颁布后，“孝、友、和、信、恭俭、博爱、修学习业、启智成德、进公益开世务、重宪遵法”等国民道德的培养成为教育的重要课题从而被纳入学校的教育体制，“这标志着日本近代的伦理学教书（教师）开始‘身兼二职’，即要同时讲授两种性质不同的道德伦理学说——‘伦理学（ethics）’和‘国民道德论’。1891年，哲学教授井上哲次郎写成的《敕语衍义》就是这样一种典型”[③]。在这一思想背景下，井上哲次郎、高濑武次郎试图将阳明学推向明治时期官方教育思想的形态，极端而言近于朱子学在幕府的官学地位。基于此，高濑武次郎为阳明学赋予了双重伦理学任务，即作为个人修养的阳明学与作为国民道德统合日本国家的阳明学。通过将儒学中“修身、齐家、治国、平天下”的观念置换为由修己而至于治人的椭圆形实践伦理结构，阳明学一方面可以作为青年志士“涵

① 子安宣邦『漢字論：不可避の他者』，東京：岩波書店2003年版，第108—110頁。

② 井上円了『倫理通論』，東京：普及社1887年版。

③ 龚颖：《伦理学在日本近代的历史命运：1868—1945》，《道德与文明》2008年第1期。

养心术”“修养精神”“陶冶品性”的教育资源，以纠正由欧化浪潮带来的功利主义、自我中心主义、拜金主义等问题，规正个人道德行为；另一方面还可以捍卫自幕末维新以来所建立的皇国体制的正当性，在国民道德层面将天皇的子民统合为一个紧密的共同体。

第四，进一步引入西方哲学理论以发掘阳明学的近代价值。高濑武次郎将阳明学细分为哲学与伦理学两个层面，在本体论基础上展开了修身论的探索，并进一步丰富了三宅雪岭的“三纲领”的内容：在“心即理”上，他将理视为自然法与道德律令的统一体；在“知行合一”上，他将其与苏格拉底的“知识即美德”进行了对比研究；在论良知时，高濑武次郎更是特别引入了康德哲学中的“定言命令”来加以阐发，良知即是绝对命令，需把行为本身视为自为的客观必然性，而与别的目的无关，从而将王阳明的伦理学进行了直觉主义的转换。在高濑武次郎的著作中，王阳明得以与康德“邂逅”，这也深刻地影响了东亚阳明学的研究。中国方面，以熊十力、张君劢、牟宗三、唐君毅等为代表的新儒家进一步融合中西哲学，深入细化了这一阳明学研究的路径。

第四章

日本近代阳明学研究主流的形成
——以井上哲次郎的阳明学研究为核心

第一节 井上哲次郎其人其学

井上哲次郎（1856年2月1日—1944年12月7日），号巽轩，是日本明治时代著名的哲学家、新诗运动的先驱。他不仅翻译介绍了大量西方学术论著，特别是德国哲学，推动哲学、伦理学等学科体系在近代日本建立、完善，而且将明治初期一度隐退的儒学与西方哲学融合起来，将其在伦理教育、国民道德培养等方面重新纳入日本近代国家的建设中。可以说井上哲次郎不仅是西方哲学的引介者，还是东洋哲学的倡导者、日本主义的搭建者。家永三郎认为他倡导的是“封建性国家主义式的哲学”[①]，梅本克己评价称“明治中期到大正时期，井上可以说是官学首领式的存在”[②]，卞崇道指出他在日本近代儒学史上是“位居其首”[③]。由此可见，井上哲次郎在日本乃至亚洲近代思想发展史上的地位十分特殊，这自然引起了中日学界对其思想的普遍关注，相关研究也

---

① 家永三郎「明治哲学史の一考察」，『日本近代思想史研究』，東京：東京大学出版会1953年版。

② 梅本克己「形而上学の批判と認識論」，『岩波講座哲学』第18，東京：岩波書店1969年版，第111頁。

③ 卞崇道说：“井上哲次郎在日本近代儒学史上位居其首，其特点：第一，井上是日本学者中从哲学的立场上研究日本儒学思想史的第一人；第二，他是在儒学退隐的状况下给儒学注入新时代血液，使儒学重获新生的思想家；第三，他从东西文化融合的视角，以儒学伦理为核心构筑近代日本国民道德论，使儒学在近代日本社会中得以继续发挥作用。”详见卞崇道《论井上哲次郎儒学观》，《东疆学刊》2004年第3期。

颇为丰富。[①] 笔者将以《巽轩年谱》[②]《井上哲次郎自传》[③]《井上哲次郎集》[④] 为基础，对井上哲次郎其人其学做一番考察。

1856年2月1日，井上哲次郎诞生于筑前太宰府医师船越俊达家，幼年曾跟随中村德山学习汉籍。1871年到长崎游学，在英学塾广运馆就学。1875年2月，进入东京开成学校学习。1877年9月，与三宅雪岭一同成为东京大学第一批学生，专修哲学、政治学。井上哲次郎自述，在东京大学期间除德国哲学之外，还受到斯宾塞进化论的较大影响。当时教授进化论思想的是费诺洛萨、外山正一，井上哲次郎、三宅雪岭。受到他们的影响，主张斯宾塞并非如加藤弘之那样持极端唯物论的立场，而是认为精神进化与物质进化同等重要，二者若偏废其一便是不完全的进化论，因而当时总是"不断地站在理想主义的立场，反对当时流行的唯物主义、机械主义、功利主义等"[⑤]。此外，对井上哲次郎触动较大的还有佛学、汉学、国学思想，"稍需注意的是，教汉学的老师是中村敬宇先生，教国学的是横山由清先生。从长崎广运馆到开成学校预科毕业，完全没有学习汉学等。直到东京大学开始，我才被教授汉学与国学。另外，有趣的是，一位叫原坦山的禅僧进入大学，讲授佛典(大乘起信论等)。我听到原坦山的佛法讲义，开始了解大乘佛教之妙

① 按照时间顺序来看，评传类研究主要有：香原一勢「井上哲次郎」，日本历史学会编『日本历史』第78号，東京：実教出版社1954年版；大島正康「井上哲次郎〈知識と思索の分離〉」，朝日ジャーナル編集部編『日本の思想家』，東京：朝日新聞社1975年版；平井法「井上哲次郎伝」，昭和女子大学近代文学研究室编『近代文学研究叢書』1983年第54卷；渡辺和靖「井上哲次郎と体系への志向」，『明治思想史：儒教的伝統と近代認識論』，東京：ぺりかん社1985年版；宮本盛太郎「留学時における森鷗外と井上巽軒」（1—5）、《史》2000年第102号、2000年第103号、2000年104号、2001年105号、2001年第107号；宮本盛太郎「森鷗外、井上哲次郎、乃木希典—三者の関係—」，京都大学大学院人間・環境学研究科社会システム研究刊行会編『社会システム研究』2001年2月号；末木文美士「倫理化される宗教 井上哲次郎」，『仏教と近代日本』2，東京：明月堂書店2004年版；［日］黑住真《明治理论家——井上哲次郎》，刘岳兵译，载刘岳兵主编《明治儒学与近代日本》，上海古籍出版社2005年版；卞崇道《井上哲次郎——首位日本人哲学教授》，载卞崇道、王青主编《明治哲学与文化》，中国社会出版社2005年版；前田愛「井上哲次郎と高山樗牛」，『幻景の明治』，東京：岩波書店2006年版。

② 井上哲次郎『巽軒年譜』，井上哲次郎生誕百年記念會實行委員會編1954年版。

③ 井上哲次郎『井上哲次郎自伝』，東京：富山房1973年版。

④ 井上哲次郎『井上哲次郎』，岛薗进、矶前顺一编，東京：クレス出版2003年版。

⑤ 井上哲次郎「明治哲学界の回顧」，『现代日本思想大系』，東京：筑摩書房1975年版。

趣"[①]。1880年东京大学毕业后，井上哲次郎进入文部省，在编辑局兼官立学务局工作，开始了《东洋哲学史》的编纂工作。1881年其编写的《哲学字汇》刊行，该词典于1884年再版1912年三版，成为日本最早的哲学辞典。1882年，井上哲次郎成为东京帝国大学副教授，与外山正一、矢田部良吉共同出版了《新体诗抄》，随后成为东京大学最早讲授"东洋哲学史"的教授。

1884年2月至1890年10月，井上哲次郎远赴德国，在海德堡大学、莱比锡大学留学。1890年10月3日，井上哲次郎归国，他在日记中写下了归国后需要着手操办的十二项要件："第一罗甸语，第二希腊语，第三梵语（应加强此三语的研究），第四研究国学，第五修习中国官话，第六日中哲学史完稿，第七著外交政略之事，第八开新诗派之事，第九著如是我观之事，第十研究和汉宗教之事，第十一兴学术专攻协会之事，第十二增订再版巽轩诗钞之事。"[②] 此后，井上哲次郎升为东京帝国大学文学部哲学科教授，开始融合东西洋哲学，建立日本哲学。《教育敕语》颁布后，井上哲次郎开始了国民道德的建构工作，第一步便是受文部大臣芳川显正之命撰写了《敕语衍义》[③] 以供天皇御览，撰文期间多次咨询了中村正直、西村茂树等人的意见，最终经过层层审查，该书作为修身教科书应用于学校教育体系中。1891年内村鉴三不敬事件发生后，井上哲次郎于1893年出版了《教育与宗教之冲突》[④] 一书，抨击基督教挑战了天皇信仰的权威，与内村鉴三、植村正久、本多庸一、横井时雄等人展开了激烈论战，导致这一时期出现了显著的"弃教"现象，日本国粹主义趁势而兴。1897年11月至1904年3月，井上哲次郎就任东京帝国大学文科大学校长（即文学部部长）。这一时期，井上哲次郎著述丰盛，不仅编撰了三套大型丛书，即《哲学丛书》[⑤]《日本伦理汇

① 井上哲次郎『懐旧録』，東京：春秋社1942年版，第293—294頁。

② 井上哲次郎「懐中雑記」第二册、福井純子編、『東京大学史紀要』1994年第12号，第8頁。

③ 井上哲次郎『敕语衍義』，東京：井上蘇吉［ほか］1891年版。此后在教科书审查制度下，9月28日修订再版，同年10月6日作为伦理、修身科的教科用图书再次接受审查。

④ 井上哲次郎『教育と宗教の衝突』，東京：敬業社等1893年版。

⑤ 井上哲次郎『哲学叢書』，東京：集文閣1900年10月第一卷第一集、1900年11月第一卷第二集、1901年1月第一卷第三集。

编》[①]《武士道丛书》[②]，还出版了著名的“江户儒学三部曲”[③]，另外其《武士道》《伦理与宗教的关系》《伦理与教育》《国民道德概论》[④] 等宣扬武士道、国民道德的著作也产生了广泛的社会影响。

1923 年，井上哲次郎从东京帝国大学辞职，转任东洋大学教授。1924 年 10 月至 1925 年 11 月，他成为第一代帝国学士院会员议员。1925 年，井上哲次郎被任命为大东文化学院第二代校长，此后卷入该校经营改革的人事斗争中，最终引发了笔祸事端。在该年出版的《我国国体与国民道德》[⑤] 一书中，井上哲次郎对天丛云剑、八尺琼勾玉、八咫镜三神器进行了解释，指出其中的镜与剑是赝品，这招致了头山满等国家主义分子的不满，抨击其为“不敬汉”。这一事件持续发酵，最终井上哲次郎不仅卸去了大东文化学院校长之职，还辞去了文政审议会委员、贵族院议员、帝国学士院会员等一切公职，并自费收回了《我国国体与国民道德》一书。1944 年 12 月 7 日，井上哲次郎逝世，享年 88 岁。

纵观井上哲次郎的学术经历，其主要的思想底色有以下三方面：一是自幼以来深厚的汉学教养；二是在东京大学期间深入接触的西方哲学、佛教哲学；三是留学期间专攻的德国哲学。本章节关注的重点是明治时期井上哲次郎的阳明学研究状况，那么有必要对其这一时期的主要观点做一俯瞰。在《明治哲学界之回顾》中，井上哲次郎将自己明治时期的研究从九个方面做了总结：（1）站在理想主义的立场上宣扬精神进化论，抨击唯物主义、机械主义、功利主义；（2）构建“现象即实在论”[⑥] 的哲学体系；（3）提倡康德式的人生哲学；（4）融通东西伦

① 井上哲次郎、蟹江義丸共編『日本倫理彙編』，東京：育成会 1901—1903 年版。

② 井上哲次郎、有馬祐政共編『武士道叢書』，東京：博文館 1905 年版。

③ 井上哲次郎的“江户儒学三部曲”分别是：『日本阳明学派之哲学』，東京：富山房 1900 年版；『日本古学派之哲学』，東京：富山房 1902 年版；『日本朱子学派之哲学』，東京：富山房 1906 年版。

④ 井上哲次郎述、荒浪市平記『武士道』，東京：兵事雑誌社 1901 年版；井上哲次郎『倫理と宗教との関係』，東京：富山房 1902 年版；井上哲次郎『倫理と教育』，東京：弘道館 1908 年版；井上哲次郎『国民道徳概論』，東京：三省堂 1912 年版。

⑤ 井上哲次郎『我が国体と国民道徳』，東京：広文堂書店 1925 年版。

⑥ 卞崇道指出：“最初使用这一用语是发表于《哲学杂志》的论文《我的世界观一尘》（1894 年）。其后，又发表了《现象即实在论要领》（1897 年）、《认识与实在的关系》（1902）、《实在论对唯物论的哲学价值》（1911）等论文，完成了其‘现象即实在论’哲学观的构建。”详见卞崇道《论井上哲次郎儒学观》，《东疆学刊》2004 年第 3 期。

理，宣扬国民道德论；（5）在宗教观上，提倡纯然伦理化的宗教；（6）在教育观上，主张用伦理教来改造教育，以传统的日本精神为指导，并谨慎取舍欧美之方法；（7）在艺术论上，认为艺术原理不应仅仅局限在客观的真，还应该追求主观，融入超越快感之上的气韵情调，如崇高、深远、幽邃、壮大、雅丽等性质，从而拥有将人引入彼岸理想境界的魅力；（8）在法理论上，不应仅仅满足于经验性、归纳性的解释，而应从哲学性的根本原理来加以阐发，追寻终极根本原理；（9）在哲学方法论层面，日本不应轻视中国、印度哲学，而应在与西洋哲学的对照研究中，形成更为先进的哲学思想。① 因此，井上哲次郎的阳明学研究正是在这些思想层面上展开的，下面将详细做一番考察。

第二节　井上哲次郎的儒学研究背景

渡部清在《作为日本主义形而上学的“现象即实在论”》中总结了日本接受西洋哲学的三种情形：一是“醉心型”，将西洋文化置于本国文化之上，例如荷兰留学归来的西周便是典型，主张废止日语假名与汉字，以西洋文字替代；二是“综合型”或“折衷型”，例如提出“和魂洋才”的佐久间象山；三是排斥异文化的保守的国粹主义。② 总体来看，井上哲次郎属于“折衷型”，即综合东西洋文化的基础上，从日本连续性的历史中创造出新的文化。那么，儒学作为东洋文化中的一大思想资源，自然成为井上哲次郎关注的重点。不仅如此，如何在日本近代国家的建设中重新发现儒学的价值，也成为井上哲次郎关注的一大核心问题。因此，笔者将从学理建构（即“东洋哲学史的研究”）与价值重构（即“由伦理修身走向国民道德”）两方面来探讨井上哲次郎的儒学观，进而考察井上哲次郎儒学研究的学术影响。

一　东洋哲学史的研究

1877 年，东京开成学校与东京医学校合并为东京大学，设置了法、

① 井上哲次郎「明治哲学界の回顧」，『现代日本思想大系』，東京：筑摩書房 1975 年版。

② 渡部清「日本主義的形而上学としての「現象即実在論」」，上智大学編『哲学論集』1999 年第 28 号，第 23—31 頁。

理、文、医四个学部，当时共有日本教师69位、外国教师28位，全校学生共有1630位。井上哲次郎、三宅雪岭所在的文学部，当时共分为二科："史学、哲学及政治学科""和汉文学科"。江岛尚俊在《近代日本的大学制度与伦理学——以东京大学教育课程为中心》① 中统计了明治十年度（1877年）至十四年度（1881年）文学部的课程情况，详见表4-1：

表4-1 明治十年度（1877）至明治十四年（1881）东京大学文学部课程表

1. 明治十年度

教员	第四年	第三年	第二年	第一年
Edward W. Syle			史学	史学（1）
外山正一			哲学史	心理学

2. 明治十一年度

教员	第四年	第三年	第二年	第一年
Edward W. Syle		史学（1） 道义学（1）	史学（1）	史学（1）
外山正一			心理学（1） 哲学（2）	英语 逻辑学（1） 心理学（2）
Charles James Cooper		史学（2） 道义学（2）	史学（2）	史学（2）

3. 明治十二年度

教员	第四年	第三年	第二年	第一年
Ernest Francisco Fenollosa	经济学 政治学	经济学 政治学	哲学史	
Charles James Cooper	哲学	史学 道义学	史学 史论	
外山正一	哲学		心理论	

4. 明治十三年度

教员	第四年	第三年	第二年	第一年
外山正一	哲学		心理学	
Charles James Cooper	哲学	史学 道义学	史学	

① 江島尚俊「近代日本の大學制度と倫理学：東京大學における教育課程に着眼して」，『田園調布学園大学紀要』2015年第10号，第137—151頁。

续表

教员	第四年	第三年	第二年	第一年
Ernest Francisco Fenollosa	经济学	经济学 政治学	哲学史	

5. 明治十四年度

学科	教员	第四年	第三年	第二年	第一年
哲学科	外山正一	哲学			
	Ernest Francisco Fenollosa	哲学	哲学		
	中村正直	汉文学 中国哲学			
	岛田重礼		中国哲学		
	原坦山	印度哲学	印度哲学		
	吉谷觉寿	印度哲学	印度哲学		
和汉文学科	外山正一			史学 心理学	
	Ernest Francisco Fenollosa			哲学史 世态学	

注：（　）内数字表示开讲期。

综合来看，井上哲次郎曾跟从爱德华·希尔（Edward W. Syle）、詹姆斯·库博（Charles James Cooper）学习史学，随库博、外山正一、厄内斯特·费诺洛萨（Ernest Francisco Fenollosa）学习哲学、逻辑学、心理学，随原坦山学习印度哲学，随中村正直学习汉学、中国哲学，另外还跟从横山由清学习了日本的国学。由此，井上哲次郎与东洋哲学研究的渊源便可追溯到他在东京大学文学部的学生时代。1880 年 7 月，井上哲次郎毕业后到文部省编辑局兼官立学务局投入到“东洋哲学史”的编纂中。在《伦理新说》序言中，他说：“如今专门从事东洋哲学的编纂工作，每日连修改文稿的时间都没有”①，可见他对这一工作倾注了大量的时间与心血。1882 年，井上哲次郎回到东京大学任教，随后将此前哲学科和汉文科的“印度及中国哲学”课程更名为“东洋哲学”，并成为该讲习的首位教师，“（1883 年）9 月，东洋哲学史开讲，有井上圆了、三宅雄二郎、日高真实、棚桥一郎、松本源太郎等

① 井上哲次郎『倫理新説』，東京：酒井清造等 1883 年版。

十数位听众”[①]。但是强烈刺激井上哲次郎投身于东洋哲学史研究的契机则出现在其留学德国期间。

在六年半的留学生涯中，井上哲次郎在海德堡大学跟随观念论大师费舍（Ernst Kuno Berthold Fischer），在莱比锡大学跟随实验心理学、认知心理学的创始人冯特（Wilhelm Maximilian Wundt）系统学习了德国哲学、心理学。同时，他还与当时著名的欧美哲学家有多次面谈，在德国还见到了哈特曼（Karl Robert Eduard von Hartmann）、费希纳（Gustav Theodor Fechner）、策勒尔（Eduard Gottlob Zeller）、埃德曼（Johann Eduard Erdmann）等人，而在法国停留的半年间，与宗教史学家勒南（Joseph Ernest Renan）、哲学家拉维松（Jean Gaspard Félix Ravaisson-Mollien）等学者有直接交流，在意大利甚至还见到了自己学生时代的偶像斯宾塞（Herbert Spencer）。[②] 在与欧美的学者、名士交往的过程中，井上哲次郎了解到德国、法国、英国等欧美国家哲学发展的境况，并深感完善东洋哲学史、建立日本哲学的必要性与迫切性。

例如，1886 年 2 月 4 日在他与利布曼会面时，告知利氏自己在编写东洋哲学史，虽然还未完成，他年必将成稿；利氏称欧美学者对于中国、日本哲学的了解并不如印度哲学充分，一些学者的论著中与中国、日本哲学相关的论述极少，特别是对于日本哲学几乎是无知的，进而激励井上哲次郎说，若能对东洋一般的哲学史加以著述将对学界大有裨益。[③] 1886 年 2 月 17 日，井上哲次郎拜访冯特时明确表达了自己撰述东洋哲学史的志向，冯特说，西洋的学者对于东洋的事物了解甚少，因而不能说他们是理想的哲学学者，哲学学者应该既要尽力学习西洋哲学也要涉猎东洋哲学，并鼓励井上哲次郎完成这一“大有利益”的事业。[④] 1887 年 6 月 26 日井上哲次郎拜访前法国文部大臣朱尔·西蒙

---

① 井上哲次郎『巽軒年譜』，井上哲次郎生誕百年記念會實行委員會編 1954 年版，第 18 頁。

② 井上哲次郎「懐中雜記」，福井純子編，『東京大学史紀要』1993 年第 11 号第一冊、1994 年第 12 号第二冊。

③ 井上哲次郎「懐中雜記」第一冊，福井純子編，『東京大学史紀要』1993 年第 11 号，第 29 頁。

④ 井上哲次郎「懐中雜記」第一冊，福井純子編，『東京大学史紀要』1993 年第 11 号，第 30 頁。

（Jules Simon）时说："去年参加了维也纳东洋学会，与世界各国的东洋学者见面，然而了解东洋各国哲学史的人甚少，孔子之学稍稍为欧洲所知，但知道老子的人更少，至于其他诸子百家之学还没被欧人窥得。"① 1888年6月3日，陈其镳、姚文栋与井上哲次郎在德国会面，姚氏对井上哲次郎编纂东洋哲学史的工作大为赞赏："重洋万里闭户著书，此是奇境，举世方波靡于西学，而君表章东哲，隐然有砥柱中流之意，亦可谓奇士。"② 可能是受到姚氏等人的启发，井上哲次郎自述"此日，立志编纂日本宗教史"③。可见，欧美学者对于东洋哲学的无知正是刺激井上哲次郎研究东洋哲学史的重要动力，在东西二元区分的哲学界中，井上哲次郎认为十分有必要凸显东洋哲学的主体性，扩大其在西方世界的声音。

与此同时，井上哲次郎感受到东洋哲学中的日本哲学在西方世界的声音尤其微弱，面对日本是否有哲学的质疑时，他意识到建立日本哲学系统的重要性。例如，1887年6月6日，雅勒（Paul Janet）就直接问井上哲次郎日本是否自古以来就有哲学家，井上哲次郎回答："至今大约二百年前日本已经哲学家辈出，往往唱一家之学，如柱下漆园二氏之学所唱者几无，大抵以尼山瞿昙二氏之学为本，然亦能偶得自家独特之见解（即如伊藤仁斋提倡吴廷翰《吉斋漫录》中的仁义即道之论，物徂徕与仁斋相同提倡古学，亦大异其趣，一半是荀子的《性恶篇》，一半依据杨升庵的《丹铅总录》，著《弁道弁名论语征》，唱礼乐即道也之论，贝原益轩渊源自罗正庵，亦多少立一家之见解，混同神儒佛，成一类无类之折衷学派，其后大盐平八郎拥奉王阳明余姚之学，然亦自立一机轴，唱道所谓的太虚心说）。此等之事，他日我应在东洋哲学史中详言。"④ 在这里，井上哲次郎已经呈现出按照人物、谱系、学统来构

① 井上哲次郎「懷中雜記」第一冊，福井純子編，『東京大学史紀要』1993年第11号，第43頁。

② 井上哲次郎「懷中雜記」第一冊，福井純子編，『東京大学史紀要』1993年第11号，第49頁。

③ 井上哲次郎「懷中雜記」第一冊，福井純子編，『東京大学史紀要』1993年第11号，第49頁。

④ 井上哲次郎「懷中雜記」第一冊，福井純子編，『東京大学史紀要』1993年第11号，第38—39頁。

建日本哲学史的端倪，最终在江户儒学三部曲中得以实现，后文将详述。

在西方哲学的领地，井上哲次郎意识到突出东洋哲学（特别是中国哲学、日本哲学）主体性不仅有益于系统整理东洋（特别是日本）自身的思想学问以与世界对话，而且将扩大西方学者的认知范围，补充西方哲学研究之不足，推动哲学研究的进步。“日本受到了中国、印度哲学很大的影响，那么轻视、无视、假装不了解中国、印度哲学，只将日本作为西洋哲学的延长线，认为自己应归属这一系统，作为东洋人而言，这样是否是公平的立场呢?”井上哲次郎认为日本学者应研究东洋哲学，并与西洋哲学对照，从而形成更为先进的哲学思想，“作为东洋人，这是最合适的方法”，“特别是在宗教、伦理范围内，纳入东、西洋哲学的史实，咀嚼、消化，怀有前途发展之抱负”①，从而表明了自己东、西洋哲学折衷融合的研究立场。

值得注意的是，井上哲次郎还敏锐地洞察到东洋哲学研究在促进学术发展的诉求之外，还蕴含着特殊的政治意义，“东洋学会是为了研究日本、中国、印度、亚罗比亚、埃及、波尔斯等东方诸国的语言、风俗、历史、哲学、宗教等而设立的。应该明了的是，它不仅在学问上极为重要，又与东洋政略、殖民政略等政治上有极大关系。我辈东洋人代表我邦之人亲身列席此会，在政略上、学问上均是颇为紧要之事”②。由此可窥，井上哲次郎的东洋哲学史研究也贯穿着鲜明的政治意图，即在东西二元对立的语境下为防止西方殖民侵略，联合中国、印度等东洋各国建立日本中心主义的东洋论以对抗西洋。

二　理论哲学的核心——“现象即实在论”

1890 年井上哲次郎归国后便开始陆续发表东洋哲学研究的相关成果，1890 年 11 月 26 日在哲学会第五十八次会议上发表了《性善恶论》③，对比西方哲学阐发了中国人性论的发展史，内田周平在《哲学

① 详见井上哲次郎「明治哲学界の回顧 結論——自分の立場」，『现代日本思想大系』，東京：筑摩書房 1975 年版。

② 井上哲次郎「万国東洋学会景况」，東京帝国大学文学部哲学会编『哲学会雑誌』，1887 年第 3 号。

③ 井上哲次郎「性善悪論」，東京帝国大学文学部哲学会编『哲学会雑誌』，1891 年第 47 号、第 48 号。

会杂志》上刊载《读井上文学士的性善恶论》[1] 驳斥其观点，由此展开了关于人性论的激烈论战。不仅如此，井上哲次郎融合东西洋哲学，提出了日本主义式的形而上学观点[2]——现象即实存论，最早在《我世界观之一尘》[3] 中见其端绪，此后又陆续发表了《现象即实在论要领》[4]《实在论对唯物论、唯心论的哲学价值》[5]《认识与实在的关系》[6] 等文完成了理论建构，此外在《伦理与宗教的关系》[7]《明治哲学界的回顾》[8] 等中也有涉及。

“现象即实存论”又称“圆融实在论”是从本体论层面展开的，是井上哲次郎理论哲学中最核心的部分。井上哲次郎对西方哲学的二元论进行了总结，划分为三个阶段：第一阶段是一元表面实在论，现象、实在二分，现象乃表面，实在即里面，两者对立，这也是最朴素、最低级的实在论；第二个阶段是二元实在论，现象宛如舞台，实在宛如后台，英国哲学者称之为“behind the phenomena”，井上哲次郎批判这一实在论是采用空间性思维来理解超越现象之上的实在，这是不妥当的；第三个阶段便是融合性实在论立场，即“现象即实存论”。现象与实在的关系并非表里关系、空间关系，而是差别与平等的关系。现象是由差别产生的特殊性，然而在现象之中也有共通性，通过分类统一乃至特殊的科学性组织而产生世界的平等性，这便是实在。现象与实在乃同一事物的两面，二者不可分离。这一实在论立场超越了现象、实在二元对立的观点，达到了真实一元观、圆融相即的层面。进而在融合的实在论基础上，批判科学式进化论仅仅停留在现象界。现象是活动的，实在是静止

① 内田周平「井上文學士ノ性善惡論ヲ讀ム」，東京帝国大学文学部哲学会编『哲学会雑誌』，1891 年第 50 号。

② 渡部清「日本主義的形而上学としての「現象即実存論」」，上智大学哲学会编『哲学論集』，1999 年第 28 号。

③ 井上哲次郎「我世界観の一塵」，哲学会编『哲学雑誌』，1894 年第 89 号。

④ 井上哲次郎「現象即實在論の要領」，哲学会编『哲学雑誌』，1897 年第 123 号。

⑤ 井上哲次郎「唯物論と唯心論とに対する実在論の哲学的価値」，哲学会编『哲学雑誌』，1910 年第 284 号。

⑥ 井上哲次郎「認識と実在との関係」，井上哲次郎编『哲学叢書』第二集，東京：集文閣 1901 年版。

⑦ 井上哲次郎「倫理と宗教との関係」，東京：富山房 1902 年版。

⑧ 井上哲次郎「明治哲学界の回顧」，『现代日本思想大系』，東京：筑摩書房 1975 年版。

的，动静不二，全然一体。

对比西方哲学史来看，柏拉图将理念世界与现象世界一分为二，前者是永恒不变的绝对存在，而后者则是变化不居、不真实的，前者是原本、模型，而后者是前者的摹本、影子。中世纪基督教进一步加强了两个世界的断裂，将理念世界安放在上帝这一超越者身上。之后，康德则提出了“物自体”的观念对这一断裂进行了反思，试图用先验唯心论、批判理性的视角去解构传统的形而上学观点。康德认为人具有感性与悟性两种认识能力，感性是直观的空间、时间性的，而悟性则包含了因果性等 12 种范畴。这一理论中，“范畴本身是空的，它必须从外面获得认识的内容，这就是由直观所提供的感性予料，这是外界给予的。故而康德的名言是：直观无概念是盲的，概念无直观是空的；只有二者的结合才能够形成知识”[①]。井上哲次郎受到康德哲学的触发，并进而联系东洋哲学特别是大乘佛教唯识论，提出的“现象即实在”的观点，指出“在我主观之外没有其他的客观样式实存”[②]。井上哲次郎将实在理解为“无限的通性”[③]，即世界的无差别性、平等相，那么现象则是世界的差别相。因此现象并非简单的虚构，其中蕴涵着普遍性、无差别性的实在，“现象即实在”也就超越了主观与客观的对立关系，现象与实在之间形成了差别与平等的关系，主观、客观、实在变成了三位一体的关系；[④] 那么在认识论上，便需要纯化心的作用，消除个别、特殊的存在，即经验性的客观现象，进而“内面性直观”“超越性认识”无差别的真实在之全体，从而达到“二元一致”“同体不离”“圆融相即”的境界。

渡部清认为“现象即实在论”基本上是以大乘佛教的教义为骨架的，这一思考形态在与大乘佛教类似的老庄哲学中同样可以看到。[⑤] 笔

---

① 钱广华：《开放的康德哲学——重读物自体》，《中国社会科学》2004 年第 5 期。

② 井上哲次郎「我世界観の一塵」，哲学会編『哲学雑誌』，1894 年第 89 号，第 493 頁。

③ 井上哲次郎「現象即實在論の要領」，哲学会編『哲学雑誌』，1897 年第 123 号，第 381 頁。

④ 小坂国继『明治哲学の研究——西周と大西祝』，東京：岩波書店 2013 年版，第 357 頁。

⑤ 渡部清「日本主義的形而上学としての「現象即実存論」」，上智大学哲学会編『哲学論集』，1999 年第 28 号，第 26 頁。

者以为，井上哲次郎提出的“现象即实在论”的思维构造同样受到了儒学特别是阳明学的影响，一方面是由于阳明学、禅学、老庄学三者本身有着密切的关联；另一方面井上哲次郎自身亦认识到阳明学在东洋哲学史中的特殊地位，因而在江户儒学三部曲中将《日本阳明学派之哲学》置于首要地位，其弟子高濑武次郎更是在王阳明思想中发现了与康德哲学的通约性，进而将其推之于中国哲学的高峰。因此可以说，井上哲次郎在理论哲学领域以“现象即实在论”对东洋思想进行了西方哲学式的近代重建。

三　实践伦理的构建——“国民道德论”

1890 年 10 月《教育敕语》颁布后，井上哲次郎受文部大臣芳川显正之命撰写了《敕语衍义》一书，作为《教育敕语》的权威解说书于 1891 年 9 月 2 日出版。同年 10 月 6 日第 2486 号《官报》“公告”栏中刊载了该书通过教科书审查的消息，由此该书开始作为修身教科书普遍应用于学校教育中。井上哲次郎在《敕语衍义》中说：“盖敕语之旨意在于，修孝悌忠信之德行，巩固国家之基础，培养共同爱国之义心，以备不虞之变。”① 将《教育敕语》的核心归纳为“孝悌忠信”“共同爱国”两点，试图以此来黏合民心，《教育敕语》所倡导的实践伦理是“由孝悌开始，从一家推之于一村，一村推之于一乡，遂至于共同爱国。其意在于为国家修养一身，孝于父母、友于兄弟毕竟是为了国家，我身应供奉给国家，应为君而死”②。进而，他在理论上进行了阐发：“孝悌忠信及共同爱国主义，对于国家而言一日不可欠缺，不论时之古今、洋之东西，大凡组织国家，必实行该主义。自古以来，我邦之人未尝放弃孝悌忠信、共同爱国之精神。”③ 那么，在“国民性教育”方面，孝悌忠信、共同爱国成为两大支柱，这并非日本独有之德义，无论是在东方还是在西方，它们都是具有普遍性、一般性的道德。井上哲次郎借用了儒家修身齐家治国平天下的实践伦理结构，将其与《教育敕语》融合为一体，从而形成了深刻影响日本明治时期社会的国民道德论。

① 井上哲次郎『敕语衍義』，東京：井上蘇吉［ほか］1891 年版，第 2 頁。
② 井上哲次郎『教育と宗教の衝突』，東京：敬業社等 1893 年版，第 33 頁。
③ 井上哲次郎『敕语衍義』，東京：井上蘇吉［ほか］1891 年版，第 4—5 頁。

1891年1月9日，时任东京第一高等中学舍监的内村鉴三在该校举行的《教育敕语》奉读仪式上没有行最尊敬的礼仪，由此导致了该校同事、学生的激烈批判，进而这一事件被媒体大肆报道，引发了日本社会的普遍关注，“内村鉴三不敬事件”成为当时的热门话题。井上哲次郎强烈抨击了内村鉴三的行为，1893年4月专门发表了《教育与宗教的冲突》一文，特别突出了内村鉴三的基督教徒身份，并联系当时在熊本英学校、山鹿高等小学等地陆续发生的不敬事件，将一事件导向基督教与国体的冲突问题，指出帝国宪法虽然规定日本臣民享有信教自由，但并非完全没有任何限制，“第一不应妨害社会的安宁秩序，第二不应背离臣民的义务”①。进而，井上哲次郎缕述基督教与日本国体存在的明显冲突：基督教是一神教，耶稣基督宛如独裁之君主，严禁其他神之崇拜，亦不能容忍天照大神之存在，因而基督教信仰会威胁到天皇信仰；不仅如此，《教育敕语》宣扬的是国家主义，应培养国民共同的爱国精神以服务于日本国家建设，而耶稣则倾向于世界主义，缺乏国家精神，日本的基督教徒在外国宣教师的庇荫下多缺乏爱国心，且欧洲本土爱国心的培养并未得力于基督教，基督教徒信仰世俗国家之上的天国，这会误导教徒轻视现世世界，无助于国家之繁荣建设。井上哲次郎的言论被当时的各大媒体引述，社会上渐渐形成了基督教是“非国家反敕语”宗教的观感，更为极端的是一些地方甚至出现了迫害基督教徒的现象，弃教情况也随之增加。此后，大西祝、北村透谷及以柏木义圆、本多庸一、横井时雄、植村正久等为代表基督教徒展开了反攻，批判井上哲次郎是“陋俗的国家主义国粹论者”，是狭隘的爱国论，其中柏木义圆尖锐地诘难，井上哲次郎将国家作为唯一的中心，在“国家机器”下人的良心与理性焉存？人难道是国家的奴隶吗？批判《教育敕语》是“反宪法的敕语”，井上哲次郎的解读是任意妄为、不负责任的。② 内村鉴三本人也做出了回应，在《呈文学博士井上哲次郎公开状》中斥责如井上哲次郎之流的尊王爱国论人士伪善、谄媚，“多在政府的庇荫下生长，故而多缺乏平民性思想”，不知广阔之宇宙形势、不

① 井上哲次郎『教育と宗教の衝突』，東京：敬業社等1893年版，第30—31頁。

② 生松敬三「「教育と宗教の衝突」論争」，宮川透、中村雄二郎、古田光編『近代日本思想論争：民選議院論争から大衆社会論争まで』，東京：青木書店1963年版。

重视人权，不希求独立思想之发展，文末亦引用斯宾塞论独裁政治的言论暗讽时势。[①] 双方火力十足，争辩十分激烈，后来甚至蔓延到各自的阳明学研究中。

甲午中日战争之后，清朝败降并于1895年4月17日签订了《马关条约》，正当日本为跃升“世界一等国”而举国欢腾之时，德、法、俄三国干涉，要求日本归还辽东半岛。这宛如一盆冷水迎面泼来，强烈地刺激了日本社会，新一轮民族主义浪潮席卷而来。日本知识界随之出现了新的变动，频有“国耻”之痛的声音。西园寺公望文相在高等师范学校学生毕业式上说，20世纪之国民不应固守东洋之陋习，在忠孝论之外还需适应时代了解世界主义道德，[②] “世界主义”一时成为战后思想界的流行词汇。但在井上哲次郎、高山樗牛看来，甲午战后《教育敕语》遭遇顿挫、教育宗教冲突论遭遇挫折、勃兴的国民精神也遭受了巨大打击，进而世界主义在日本思想界昂扬起反动气势。[③] 针对世界主义的潮流，井上哲次郎与高山樗牛将鹿鸣馆时代后兴起的“国粹主义”进行了“日本主义”的改造，强调“日本主义将维持国体和满足民性作为保全国家独立、国民幸福的两大制约要素，以这两点为核心，试对内外各种事物进行公平研究，并对研究结果进行取舍。所以在日本主义看来，不论国内国外、东洋西洋，只要是适合国体、民性的，即便是外邦文物，都应该毫不犹豫地吸收、同化。反之，凡是有害于国体、民性的，即便是我国数千百年来存在、发展起来的事物，也要大胆地排斥打破”[④]，但是“日本主义在伦理、宗教方面排除所谓的世界主义和个人主义，倡导的是国家主义”[⑤]。可见，井上哲次郎在实践伦理层面依然延续了此前《敕语衍义》中“孝悌忠信”“共同爱国”的路线，并将这一带有儒学性质的国民教育理念贯彻到伦理教科书的编纂中。

---

① 内村鑑三「文学博士井上哲次郎に呈する公開状」，『内村鑑三全集』第二巻，東京：岩波書店1980年版，第126—133頁。

② 西園寺公望「高等師範学校生徒卒業式における文部大臣西園寺公望演説」，『官報』，1895年3月30日第3525号。

③ 高山樗牛「過去一年の国民思想」，『太陽』，1899年2月号。

④ 高山林次郎「日本主義を賛す」，『太陽』，1897年第13号。

⑤ 高山樗牛「国粋保存主義と日本主義」，『樗牛全集』第四巻，東京：博文館1927年版，第346頁。

1897年4月井上哲次郎与高山林次郎合编的《伦理教科书：新编》[①] 出版，1899年1月10日通过教科书审查，此后作为中学及师范学校修身、伦理科的审定教材通行。[②] 1899年8月文部省下达了教育与宗教分离的训令，[③] 指示在教育中要彻底地实行政教分离，在课程教学外也要禁止宗教上的教育与仪式，基督教学校因此面临巨大的压力，井上哲次郎在这一形势下则进一步强化了国民道德论的建构，积极推进伦理宗教化在学校教育的普及。1899年10月，井上哲次郎在哲学会上发表了题为《关于宗教之未来的建议》[④] 的演讲，指出宗教与教育分离将会导致德育根基的丧失，教育中不可缺乏宗教性情操，否则便会缺乏感动人心的力量，由此开始构想超越现有宗教的新宗教以奠定德育的基础。由此，井上哲次郎吸纳了康德宗教哲学的三阶段（极恶时代、善恶混战时代、纯善时代），提出了伦理教的概念，它是宗教进化的最高阶段，那么应该去除佛教、基督教等现有宗教中与《教育敕语》相冲突的个性部分，同时发挥教化人心、统合国民的重要作用，进化出纯粹的、普遍性的伦理性宗教，并以此改造教育、规范国民道德，具体而言在"教育本国子弟的时候应以传统的日本精神为教育的指导原理，并谨慎取舍欧美之方法"[⑤]。1900年4月，井上哲次郎与加藤弘之、中岛力造、渡边薰之助、吉田熊次、乙竹岩造共同成为修身教科书调查委员，主理国定修身教科书的编撰工作。1903年，井上哲次郎编写了《中学修身教科书》《中学修身教科书・伦理篇》。这些修身教科书的核心目的在于将"祖先崇拜""忠孝一体""家族制"国家形态的敕语体制贯彻到明治日本的国民教育中，推进伦理宗教化的进程。这一趋势在1908年第二期国定修身教科书中得到进一步的强化，其中开始提倡日本主义式的"国民道德论"，以抵抗甲午中日战争、日俄战争之后流行的世界主义、社会主义的浪潮。在1910年12月文部省召集全国示范学

---

① 井上哲次郎、高山林次郎「倫理教科書：新編」，東京：金港堂1897年版。

② 文部省「師範学校・中学校・高等女学校検定済教科用図書表」（明治十九年5月—明治三十二年4月），文部大臣官房図書課1899年版，第2頁。

③ "文部省训令十二号"，即宗教教育禁止训令。

④ 井上哲次郎「宗教の将来に関する意見」，哲学会编『哲学杂志』，1899年第154号。

⑤ 井上哲次郎「明治哲学界の回顧」，『现代日本思想大系』，東京：筑摩書房1975年版。

校修身科担当教员举行的讲习会上，井上哲次郎与同为东京帝国大学教授的穗积八束、东京女子高等师范学校教授吉田熊次进行了一系列演讲。他们鼓吹的国民道德与强化德育共同成为国定修身教科书的补充内容。1912 年 8 月，井上哲次郎的《国民道德概论》出版，这标志着以“祖先崇拜”“家长制”“忠孝一本”为核心的“国民道德论”体系形成。那么总体来看，在井上哲次郎构建的国民道德论中，儒学居于什么地位呢？从《敕语衍义》到明治末年“国民道德论”的建立，儒家德教思想在井上哲次郎的实践伦理观中一直居于核心地位。具体而言有以下三点：第一，在《敕语衍义》中，井上哲次郎借用了儒家中“推己及人”“修身齐家治国平天下”的伦理图式，将《教育敕语》中的实践伦理解释为“家→村→乡→国”由近及远的模式，将“孝悌忠信”“共同爱国”作为国民教育的两大支柱；第二，在宗教与伦理的关系论战中，批判基督教、佛教等宗教中的迷信成分、反《教育敕语》要素，强调普遍性的伦理性宗教（即德教）在教育中的重要性，在编写的修身教材中还特别吸纳了儒家修身理论；第三，“忠孝一本论”是国民道德论中的一大支柱，其思想来源便是儒教实践伦理，井上哲次郎在《日本德教之位置》中指出：日本的德教中心是“古代历史民族间发展起来的国民道德”，它以“忠孝一本”为核心；然而，忠孝之说虽源自中国之儒教，但中国因为屡屡发生政权变更，因而并未能充分发挥这一精神，倒是日本自建国以来尽忠之对象一直未有更迭，历史上这一精神更为强而有力。①

综上所述，在东西二元对立、近代学科体制的压力下，井上哲次郎意识到加强东洋思想的近代化转型、凸显东洋哲学主体性的重要性与迫切性：从学术层面而言，这不仅可以促进西方学界加深对于东洋思想的知解，有助于日本融合东西方思想之精华形成更先进的学说，从而扩大东洋思想的影响力，推进世界哲学的发展；从政治战略层面而言，这有助于在东洋内部构建以日本为中心的东洋论，借此筑起亚洲思想的共同防御圈，② 对抗西方的殖民侵略。有鉴于此，井上哲次郎在构建日本近

---

① 井上哲次郎「日本に於ける德教の位置」，『倫理と教育』，東京：弘道館 1908 年版。

② 山室信一『思想課題としてのアジア一基軸・連鎖・投企』，東京：岩波書店 2001 年版。

代哲学体系时有意识地将中国的儒学、印度的佛教与西方哲学糅合起来，在其最核心的形而上学理论“现象即实在”中隐现着王阳明思想的身影；在实践伦理层面，儒家的德教思想更是成为井上哲次郎构筑国民道德论的基石，“将儒学作为国家体制、教育方针的强化性理论支柱加以援用”[①]。在这一思想脉络上，井上哲次郎的江户儒学三部曲自1900年开始陆续问世，在明治时期社会推起了新的儒学思想热潮。

第三节　井上哲次郎的阳明学研究

一　儒学研究三部曲的展开

1900年以后，井上哲次郎的《日本阳明学派之哲学》（1900年）、《日本古学派之哲学》（1902年）、《日本朱子学派之哲学》（1905年）相继出版，构成了其最具代表性的儒学研究三部曲。井上哲次郎在《日本阳明学派之哲学序》中说：“自明治十三四年，我试图编著东洋哲学史，关于中国哲学、印度哲学的部分，裒然成册，已满书笥……久涉岁月未展示何等成果，人或疑余荒废其业，岂不遗憾。明治三十年，余蒙官命，赴法国巴黎参加万国东洋学会，作了《日本哲学思想之发达》的演讲。归国以来，愈感日本哲学史之必要。阐明德教之渊源，寻绎学派之关系，其稿亦积，充塞箧底”。[②] 在同一时期刊出的《日本伦理汇编》中，井上哲次郎又说：“如今佛教废弛、儒教衰颓、武士道不振，我国历来的道德主义渐濒末期，其状不啻一发千钧；与此相反，西洋的道德主义日月输入，大有席卷我国精神界之势……我国道德界几乎可用混沌二字形容，以至出现了过渡时代”，突出了重建日本道德主义的急迫感，进而指出日本国民“德教”的根源在江户儒学之中。[③] 可见，井上哲次郎的日本儒学史研究正处于其东洋哲学史研究、国民道德构建的延长线上，主要目的在于对日本传统德教思想进行近代性转化，

---

① 江島顕一「「国民道徳論」の形成に及ぼした儒学の影響に関する一考察：井上哲次郎の思想に焦点を当てて」，日本教育学会大會研究発表要項66，2007年，第76—77頁。

② 井上哲次郎『日本阳明学派之哲学』，東京：富山房1900年版，第1—2頁。

③ 井上哲次郎、蟹江義丸共編『日本倫理彙編』，東京：育成会1901年版，第1—3頁。

构建日本独自的哲学史，以对抗西方伦理道德思想，弥补学界之空白。在稍晚刊出的《日本朱子学派之哲学》中，井上哲次郎对于日本儒教道德主义表现出强大的自信，“今日俄战争已告终结，随之我邦之威光发扬宇宙，欧美的学者，渐欲探究我邦强大之缘由。斯时正当德川氏三百年间我邦之教育思想，在国民道德的发展上产生了伟大的影响”①，借此强化了国民道德与国家兴衰之关联。

在具体撰述方面上，相比于此前偏重于历史性叙述的东洋哲学史研究，井上哲次郎在儒学三部曲中突出了哲学学派性、系统性，这一点源自其在留学期间受到的西方学者的启发，他在与欧美学者、名流的交往过程中，屡屡被问及属于哪一学派那一系统，因此强化了他在东洋哲学史研究中的学统建构、学派归属意识。②“余自明治三十年以来历史性地叙述了日本历来之哲学，自今以后希望展现哲学系统性的联系”③，他将日本江户时代以来的儒学划分为阳明学派、古学派、朱子学派，在三大派别内部按学派、事迹、著作、学说等方面进行了解说，在三本论著的附录部分还详细列出了三大学派系统、各学派生卒年表。

值得注意的是，井上哲次郎的江户儒学划分法，可以说开日本儒学研究之先河。早在1898年11月，井上哲次郎为其学生高濑武次郎的《日本之阳明学》作序时便将日本德川时代以来的儒教哲学分为四派：朱子学派、古学派、阳明学派、折衷学派。吉田公平说：“江户开幕以来约百年间，与传入日本的中国明末清初时期的学术情报相对应，儒学界形成了程朱、陆王、古学、古文辞四大学派。促其形成的一大要因便是朱陆论，换言之识别四大学派的表征之一便是朱陆论。尾藤二洲曾说：‘天下之学有四家，曰朱、陆、伊、物。’（《素餐录》）江户时期的儒学大致不出四大学派之框架……中期至后期作为四大学派之余波出现了折衷学派。”④尾藤二洲是江户后期的儒学者，其所述中“伊”即伊藤仁斋为代表的古学派，“物”即荻生徂徕等古文辞学派。可以看到，井上哲次郎在三分法中将“伊”“物”共同融入古学派，另外加上

① 井上哲次郎『日本朱子学派之哲学』，東京：富山房1906年版，第5—6頁。
② 井上哲次郎「懐中雜記」第一冊，福井純子『東京大学史紀要』1993年第11号。
③ 井上哲次郎『日本古学派之哲学』，東京：富山房1902年版，第1頁。
④ 吉田公平『日本における陽明学』，東京：ぺりかん社1999年版，第138頁。

了折衷学派。在1901年出版的《日本伦理汇编》中，井上哲次郎则细分为五类："阳明学部"（上、中、下）、"古学派部"（上、中、下）、"朱子学派部"（上、下）、"折衷学派部""独立学派部"。在1924年11月《重订日本阳明学派之哲学》中，井上哲次郎又指出德川时代的儒教应该分为朱子学派、阳明学派、古学派、折衷学派及独立学派。那么，江户儒学究竟应该三分、四分，还是五分，井上哲次郎在《学界回顾录》中说："在《日本阳明学派之哲学》《日本古学派之哲学》《日本朱子学派之哲学》面世后，自己的研究范围也在渐渐扩大，《日本折衷学派之哲学》等其他成果尚未刊行，虽然出版社书肆频频催促，无奈未有闲暇。"① 因此，随着研究的深入，井上哲次郎的分派愈加细化，三部曲只是其刊行于世的部分成果而并非其儒学史研究之全体，但这也是其最为重视的部分。

井上哲次郎的儒学分派法影响甚为深远。在日本战前学界方面，岩桥遵成在《近世日本儒学史》② 中分"第一篇朱子学派""第二篇阳明学派""第三篇古学派""第四篇折衷考证学派与独立学派""第五篇水户学派"排列。高须芳次郎在《近世日本儒学史》③ 中完全沿用了四分法，即朱子学派、古学派、阳明学派、折衷学派来搭建框架。高田真治在《日本儒学史》④ 的"第三章 近世"中则分为朱子学派、海南朱子学派、阳明学派、古学派、折衷派、考证派、独立派、水户学派。第二次世界大战以后的日本思想史学界，仍然有学者沿用了井上哲次郎的划分方法，如源了圆在《德川思想小史》中前三章按照朱子学、阳明学、古学的顺序介绍了德川时代的思想状况。小岛毅则说："将江户时代的儒学三分为朱子学派、阳明学派、古学派（及在此基础上加上折衷派、考证派的五分法），经过他的整理，最终定型了这一区分方式。这一分类法在现今高中教科书中盛行，惭愧的是，我承担执笔任务的伦理教科书中，也刊载了这一分类谱系。但是，若要辩解的话，'在明治时代井上哲次郎的创造，也并非当时人们自己的认识'。"⑤ 在中国学界方面，

① 井上哲次郎『井上哲次郎自伝』，東京：富山房1973年版。

② 岩橋遵成『近世日本儒学史』，『倫理叢書』第6编，東京宝文館1927年版。

③ 高須芳次郎『近世日本儒学史』，越後屋書房1925年版。

④ 高田真治『日本儒学史』，地人書館1941年版。

⑤ 小島毅『近代日本の陽明学』，東京：講談社2006年版，第113頁。

朱谦之则完全按照井上哲次郎的三分法体系撰写了《日本的朱子学》《日本的古学及阳明学》等论著。另外，在刘宗贤、蔡德贵主编的《当代东方儒学》[①] 中介绍日本儒学的形成与展开情况时亦直接沿用了井上哲次郎的朱子学、阳明学、古学派三分法。

对于井上哲次郎的儒学分派方法，和辻哲郎、吉田公平等学者也提出了批判。和辻哲郎认为井上哲次郎惯于用西方哲学的方法来分割日本的学问，对于江户儒学的研究亦是如此，"过于拘泥于学派道统之别"，而忽视了思想发展中的复杂性。[②] 吉田公平也认为井上哲次郎的分类方法将"复杂的实际状态进行了简单明了的分析"，"将日本思想史理解为思想斗争的历史并非不恰当"，但是在理解思想时只是顽固地将其限制在狭小的模式中，将会无法理解思想复杂而丰富的层面。[③] 战后日本思想史研究学者亦从不同方法层面展开研究试图克服这一宏大叙述的缺点。

在三部曲中，井上哲次郎将东西洋伦理进行了区分，西洋伦理通过知性探求确定道德主义，东洋道德的精粹在心德，因而以心德磨炼为主。总体来看，这三派中朱子学是"儒学各派中最安全、稳健的教育思想"，其伦理学说"成崇高清健之德行"，使人"温良、恭谦、笃实"，在德川幕府时代是官方教育思想，后来学朱子之人成为朱子精神的奴隶，因而朱子学说多千篇一律的"单调感"；[④] 阳明学被幕府官方排斥，因此具有反官学的平民主义色彩，且进入日本之后带有日本特性，呈现出神道合一的倾向，以国家精神为本，在陶冶人物方面，朱子学多固陋迂腐之人，阳明学则"短刀直入"少有固陋之人；[⑤] 古学派在日本之文艺复兴时代（即德川时代，将镰仓时代视为黑暗时代）"俄然放一异彩"，大胆打破中国之朱子学圈套，抨击阳明学中的谬见，虽主张复归古学，然实际借此以倡新学，山鹿素行、伊藤仁斋、荻生徂徕"皆主张活动主义，反抗宋儒的寂静主义"，"存日本民族特有之精神"[⑥]。比较

① 刘宗贤、蔡德贵主编：《当代东方儒学》，人民出版社 2003 年版。
② 和辻哲郎『日本倫理思想史』（下巻），東京：岩波書店 1952 年版。
③ 吉田公平『日本における陽明学』，東京：ぺりかん社 1999 年版，第 23 頁。
④ 井上哲次郎『日本朱子学派之哲学』，東京：富山房 1906 年版，第 595—604 頁。
⑤ 井上哲次郎『日本阳明学派之哲学』，東京：富山房 1900 年版，第 623—631 頁。
⑥ 井上哲次郎『日本古学派之哲学』，東京：富山房 1902 年版，第 1—4 頁。

来看，井上哲次郎认为这三派中古学派最具日本民族特性，阳明学派进入后亦带有了日本特性，而对于朱子学派的积极评价则最少。可见，井上哲次郎的儒学研究在西洋哲学、近代文明图景的映照下，将日本儒学发展史置于东亚儒学发展史的优位，其构建日本主义东洋论的目的清晰地显露出来。在《日本阳明学派之哲学》中，井上哲次郎甚至将“东洋道德”与八国联军侵华事件中的日本军表现联系起来，他说“我国军队能大放异彩，我国军队勇武之原因不独由于装备”，还由于“国民道德心的发达进步”，应将“我国国民道德心洁净无比之姿态，炫耀于世界万国之眼”。[①] 因此，井上哲次郎的东洋道德论中关于亚洲侵略的论述需要格外警惕，并严加批判。

二 日本阳明学的谱系

《日本阳明学派之哲学》于 1900 年 10 月出版后，不仅成为井上哲次郎的东洋哲学思想史研究中最重要的著作之一，而且其在亚洲近代阳明学研究历史中的作用亦不可被忽视，特别是其建立的日本阳明学学派系统几乎成为亚洲知识人了解日本阳明学的范本，中国著名学者朱谦之撰写的《日本的古学及阳明学》便是以井上哲次郎的谱系为基础完成框架搭建的。

在该书中，井上哲次郎共分四篇：第一篇“中江藤树及藤树学派”，列中江藤树、熊泽蕃山二人；第二篇“藤树蕃山以后的阳明学派”，列北岛雪山（附细井广泽）、三重松庵、三宅石庵、三轮执斋（附繁伯）、川田雄琴（附伯寿）、中根东里、林子平、佐藤一斋、梁川星岩；第三篇“大盐中斋及中斋学派”，单列大盐中斋；第四篇“中斋以后的阳明学派”，吉村秋阳（附吉村斐山）、山田方谷（附河井继之助）、横井小楠、奥宫慥斋（附冈本宁斋、市川彬斋）、佐久间象山、春日潜庵、池田草庵、柳泽芝陵、西乡南洲、吉田松阴（附高杉东行）、东泽泻、真木保臣、锅岛闲叟等。其所列阳明学派系统，如表 4-2 所示：

---

① 井上哲次郎『日本阳明学派之哲学』，東京：富山房 1900 年版，第 2—3 頁。

表 4-2　　四种日本阳明学谱系的主要人物对照

三宅雪岭《王阳明》（1893 年）	高濑武次郎《日本之阳明学》（1898 年）	井上哲次郎《日本阳明学派之哲学》（1900 年）	朱谦之《日本的古学及阳明学》（1962 年）
中江藤树	中江藤树	中江藤树	中江藤树
熊泽蕃山	熊泽蕃山	熊泽蕃山	熊泽蕃山
三轮执斋	北岛雪山	北岛雪山（附细井广泽）	渊冈山
川田雄琴	三重松庵	三重松庵	北村雪山
佐藤一斋	三宅石庵	三宅石庵	细井广泽
大盐中斋	中根东里	三轮执斋	三重松庵
春日潜庵	三轮执斋	川田雄琴	三宅石庵
西乡南洲	川田雄琴	中根东里	三轮执斋
高杉晋作	石田梅岩（附手岛堵庵、中泽道二）	林子平	川田雄琴
	镰田柳泓	佐藤一斋	中根东里
	竹村悔斋	梁川星岩	林子平
	大盐中斋	大盐中斋	佐藤一斋
	佐藤一斋	宇津木静区	佐久间象山
	吉村秋阳	林良斋	山田方谷
	山田方谷	吉村秋阳（附吉村斐山）	春日潜庵
	河井继之助	山田方谷（附河井继之助）	吉村秋阳
	金子得所	横井小楠	池田草庵
	奥宫慥斋	奥宫慥斋（附冈本宁斋、市川彬斋）	横井小楠
	尾崎愚明	佐久间象山	奥宫慥斋
	中尾水哉	春日潜庵	大盐中斋
	中江兆民	池田草庵	梁川星岩
	川尻宝岑	柳泽芝陵	西乡南洲
	池田草庵	西乡南洲	吉田松阴
	中岛操存斋	吉田松阴（附高杉东行）	
	林良斋	东泽泻	
	东泽泻	真木保臣、锅岛闲叟	
	春日潜庵		

续表

三宅雪岭《王阳明》（1893年）	高濑武次郎《日本之阳明学》（1898年）	井上哲次郎《日本阳明学派之哲学》（1900年）	朱谦之《日本的古学及阳明学》（1962年）
	梁川星岩		
	高杉东行		
	云井龙雄		
	锅岛闲叟		
	岛义勇		
	伊藤茂右卫门		
	西乡南洲		

由表4-2可知，井上哲次郎与高濑武次郎虽是师徒关系，但两人列出的谱系图亦存在较大差别，耐人寻味的是，在高濑武次郎那里位列第九的“石田梅岩（附手岛堵庵、中泽道二）”和第二十一的“中江兆民”并没有进入井上哲次郎的谱系，换言之，井上哲次郎直接忽略了石田心学一派，并驱逐了以中江兆民、幸德秋水为代表的社会主义式阳明学，试图弱化其反体制革命色彩。与此同时，井上哲次郎添加了江户时代的林子平、宇津木静区、横井小楠、佐久间象山、吉田松阴等人，明治时代的三岛中洲（山田方谷门下）、加藤弘之（佐久间象山门下）也被纳入，强化了明治时期官方主义、“日本主义”的色彩。从内容上来看，井上哲次郎的学派系统比高濑武次郎的排列更为清晰，对西方近代学术体制的贯彻亦更为彻底。例如，阐述中江藤树的思想时，高濑武次郎所列细目为：“世界观、天道图说、人生观、修德工夫、格知诚意、教育”，部分是从中江藤树的思想中提炼出的关键词。井上哲次郎则从“宇宙论、神灵论、人类论、心理论、伦理论（分理论方面、实际方面）、政治论、学问论、教育论、异端论”九个方面加以列述，强化中江藤树等日本阳明学者学说的体系化思维，对照西方学术思想以凸显日本阳明学的近代性特征。此外，可以看到的是，朱谦之的阳明学谱系中所列人物未超出井上哲次郎的范围，可以说是井上哲次郎的缩小版。

三 “日本阳明学”的特殊性

在儒学三部曲中，井上哲次郎将《日本阳明学派之哲学》列居首位。在序言中，他说欧美的功利主义、利己主义思想传入日本后，污染破坏了日本国民的道德心，为了对抗这一趋势需要熔铸陶冶国民心性、让其领悟德教精神，那么阳明学便是被井上急切挑选出来的第一件思想武器①。

那么与西方伦理相比，日本阳明学作为东洋哲学中最重要的思想之一有何优长呢？井上哲次郎指出东洋思想的最大优点在于注重主观性道德修养，而阳明学在诸多东洋学派中特别重视实行，“彼等主观性显现于吾辈心中，不着一点污染，蹈我正道由此入正义，吾辈于何无惧，排除一切之不善，斥责不义，实行我道德，如此思维而有决心。由此不顾时势境遇，现拔山倒海之举。涩井太室说‘信而守之，行而勿违，莫过于阳明家，暗斋次之，徂徕次之，倚而不憾，排而不校者，唯罗山之徒乎（《读书会意卷中》）’”②。阳明学重视主观，不顾客观之情势、决然行善的气势，乃根源于其迥异于西方的、特殊的心法磨炼术，“王学由禅学与儒学合一胚胎而成，禅是东洋中一种特殊的心法，此心法与柔道相似，柔道即应用腕力之心法，心法是精神界的柔道，西洋没有柔道”③。与此同时，井上哲次郎批判阳明学的长处亦是其短处，“轻视客观性研究，是东洋哲学的通病”④，而阳明学可以说受这一弊端影响最大。从学术思想史来看，古来和汉学者将经学置于首位，对于经学尽力最盛，但后来一转而为埋首于训诂考证，陆象山、王阳明以此为戒，日本的大盐中斋亦抨击浮观博览，学不以词章、文义为重，而应唯以明心为主，将“我方寸之虚”作为道德性修炼的捷径，目的便在于实行道义，跻于圣贤之域，因而排斥其他迂回繁杂的研究，有轻视客观性研究的倾向。要言之，阳明学之弊在于偏重于主观性方法，拒绝客观性智识。即便如此，井上哲次郎盛赞日本阳明学在主观性方面的超越性价值，“藤树自不待言，执斋也好、东里也好，其心境洁净、纯粹。其他王学者，在文明的智识中，虽然对于文明之智识有所轻视，但在心德这一点上值得永远被后人尊敬”⑤。相比之下，西方伦理则是客观性知识

① 井上哲次郎『日本阳明学派之哲学』，東京：富山房1900年版，第1—6頁。
② 井上哲次郎『日本阳明学派之哲学』，東京：富山房1900年版，第629—630頁。
③ 井上哲次郎『日本阳明学派之哲学』，東京：富山房1900年版，第630頁。
④ 井上哲次郎『日本阳明学派之哲学』，東京：富山房1900年版，第511—512頁。
⑤ 井上哲次郎『日本阳明学派之哲学』，東京：富山房1900年版，第627頁。

探求为主，即通过知性探求而确定其道德思想，然后加以实行。井上哲次郎认为道德不应仅仅从主观性入手，还应从客观性方面加以完善，“主观性的善在善的行为中实现，因而不得不了解当下的境况、时势”，“需要由客观性智识改良其善实现的方法”，实现道德同时需要主观性工夫与客观性智识，即心法与学术兼具，苟缺其一无异于如鸟失一翼。[①] 在此基础上，井上哲次郎提出了东西洋论融合论，“若将东西洋道德之优长融合为一，应可实现古往今来未有之伟大道德”[②]。可以看到的是，井上哲次郎一方面强调东西洋思想的对立，抨击全盘西化，特别是伦理学界以利己主义、功利主义为导向的风气，对于日本国民精神的荼毒；另一方面又强调东西思想的融合，以日本为主体，吸纳东西方之优长，进化更为先进的道德。总体而言，井上哲次郎以日本主义为基石宣扬东西思想折衷调和论，其阳明学立场亦是如此。

因此，井上哲次郎在东洋阳明学思想发展内部特别凸显了日本特色，即阳明学由中国进入后产生了质变，具体而言有两大特点：一是以国家精神为本，呈现出神道合一的倾向，“阳明学其本虽出自明之阳明，然而进入日本后便忽而日本化，带有了日本性质。若举最为显著的事实，便是具有了神道合一的倾向，要言之，出现了以国家精神为本的趋势，藤树处已经初现特征，如蕃山之学，学儒又学佛，但其由学理而心阔大，然立于吾之神道，主张以神道为根据。大盐中斋亦深为崇敬伊势大庙，生乱之时仍举‘天照皇太神宫’之旗帜，奥宫慥斋期待神道与王学一致，亦是务必注意之处。要言之，阳明学经历了日本化之过程，这是毋庸置疑的事实，神道合一的倾向，便是其显著特征”[③]。二是简易直截，带有了日本式趣味。井上哲次郎称“日本人性喜单纯”，阳明学进入日本后被单纯化成为“简易直截”之学，“日本人之阳明学适合其性其物，因此能被接受容纳，相互融会贯通，内在蓄藏熊熊之活气，遇事发显而如电光，眩夺众目”[④]，进而强调在研究日本阳明学时不仅要注意其理论、哲学，还应该发掘其实践性资源，了解他们的品行事

① 井上哲次郎『日本阳明学派之哲学』，東京：富山房 1900 年版，第 628—629 頁。
② 井上哲次郎『日本阳明学派之哲学』，東京：富山房 1900 年版，第 631 頁。
③ 井上哲次郎『日本阳明学派之哲学』，東京：富山房 1900 年版，第 626 頁。
④ 井上哲次郎『日本阳明学派之哲学』，東京：富山房 1900 年版，第 627 頁。

迹。由此，井上哲次郎在中日的阳明学之间画上了清晰的界限："中国阳明学派之人物往往以奇节显，然而日本之阳明学派实成活泼泼之事迹，赫赫留迹，远优中国之阳明学派。"① 高濑武次郎在《日本之阳明学》（1898 年）中指出因为日本国民性特征，日本阳明学更加简易直截，井上哲次郎与其学生在这一点上有相同的判断，两人由此特意构建出日本民族的独特性，及在东洋文化圈中的先导者位置。不同的是，井上哲次郎在阳明学中还特意堆砌出国家精神、神道合一的日本性，从而将日本阳明学与其特意强调的、悠远连续的民族性联系起来，因此井上哲次郎的阳明学研究服务于日本国体建设、国民道德论的色彩更为浓烈。

井上哲次郎不仅刻意加深中国阳明学与日本阳明学的非连续性，在中国思想史内部也突出了朱子学与阳明学的断裂。井上哲次郎指出朱王二者有五大差异：（1）朱子博学以得德性之法，为学之工夫类于归纳法，王阳明祖述象山，先德行而后学问，多演绎法；（2）朱子主张理气二元并存，以此为世界之根本，王阳明的世界观则是理气合一的一元论；（3）朱子分辨心与理，认为心属于气，王阳明则主张心即理；（4）朱子学有经验论倾向，而王阳明则是唯心论式的；（5）朱子主张先知后行，王阳明则主张知行合一，因此朱子重学理，王阳明重实行。② 由此，朱子学多出博学之士，但存固陋迂腐之弊，阳明学偏重主观、往往难免浅薄，然而短刀直入，切中要点，陶冶人物，因而多出伟人。沟口雄三对井上哲次郎的差异说进行了批判："在这里暂不谈第二与第四项，其他各项不得不说是肤浅之见，这一分析与阳明学的思想或思想史的本质相去甚远。倒不如说这应是指日本所接受的阳明学的特征。而将此作为中国的阳明学的特征，是对中国进行日本式的解读，这种不能将自己的世界相对化的主观思考，作为思想研究是不科学的。"③ 沟口雄三对井上哲次郎阳明学研究中的日本性、主观性特征的质疑是颇为中肯的，然而井上哲次郎的判断却被作为当时的权威观点得

① 井上哲次郎『日本阳明学派之哲学』，東京：富山房 1900 年版，第 627 頁。

② 井上哲次郎『日本阳明学派之哲学』，東京：富山房 1900 年版，第 3—4 頁。

③ ［日］沟口雄三：《李卓吾·两种阳明学》，孙军悦译，生活·读书·新知三联书店 2014 年版，第 240 页。

到认可，并经过高濑武次郎等人的进一步阐发，反而成为明治时期日本人接受阳明学的一大独特景观，换言之井上哲次郎的研究成为明治时期思想界的独特底层，折射了明治知识人对于阳明学寄予的特殊期待。

综上所述，在东西伦理思想、中日阳明学、阳明学与朱子学的三层思想断裂中，井上哲次郎突出日本阳明学理论上的特殊性。那么面对明治时期社会的现实，井上哲次郎又在哪些方面做出了调整呢？

四　阳明学与两种思想武器

明治时期，井上哲次郎的两大思想核心便是：构建东洋哲学史和确立国民道德。在井上哲次郎的阳明学研究中，这两大主题占据了十分显著的位置。纵观《日本阳明学派之哲学》，井上哲次郎投注精力最多的部分便是日本阳明学的开山鼻祖中江藤树，那么若明确了井上哲次郎对中江藤树思想的主要观点，便可把握到其阳明学研究的特色。

井上哲次郎按照西方哲学的分类体系，将中江藤树的思想划分为宇宙观、神灵论、人类论、心理论、伦理观、政治观、学问论、教育论、异端论等九大部分，下面笔者将对其核心观点做一归纳：

1. 宇宙观①：一元世界观，中江藤树主张“理气二元”，但与朱子的世界观相异之处在于还具有“理气妙合”的层面，“理气同为上帝具有的两种属性”，即“理气合而为上帝，乃同一世界的两个方面，自差别来看即理气，自平等视之，即上帝”，“与斯宾诺莎以心意、物质为万有本体之属性的一元世界观奇妙暗合”②。同时，中江藤树有唯心倾向，世界由理气形成，然心统理气，进而心统御世界，中江藤树与王阳明同为唯心思想，主张万法唯心，人心即理，天理不灭因而死生同一，“舍去现象”而达到无差别平等之实在。

2. 神灵论③：中江藤树将造天地、生万物之主归于上帝，“其思想与吠檀多派的本体论相似，梵天既是世界本体同时又是个人精神，梵天是最上之实在，天地万物皆在梵天之中……换言之，我之精神即梵天”，中江藤树的思想与此无二异，简言之，井上哲次郎将中江藤树的神灵论

---

① 井上哲次郎『日本阳明学派之哲学』，東京：富山房 1900 年版，第 45—50 頁。
② 井上哲次郎『日本阳明学派之哲学』，東京：富山房 1900 年版，第 47 頁。
③ 井上哲次郎『日本阳明学派之哲学』，東京：富山房 1900 年版，第 50—55 頁。

解释为“上帝=我=良知”的图示。中江藤树的上帝可以行赏罚之事，有人格但没有具体形状，即无“人形”但有“人感”，同时其上帝具有“世界精神”，乃世界的主人，犹如“个人之心是其身体的主人”一样，正所谓太虚一体。中江藤树可以说是大盐中斋思想的先驱，但大盐中斋对于太虚之上的上帝本体并不明了。

3. 人类论①：世界由理气而成，天即此二元之实在，由气而成其形，由理而成其心，人亦是如此。人乃万物之灵，圣人乃人之神明，凡人乃圣人之未开。人性本善，由“方寸之中”决定了君子、小人之别。人皆由一元世界而出，因而同根，四海皆兄弟，与孔子、释迦之意相同；中江藤树的万人平等，与卢梭的平等思想相通。

4. 心理论②：井上哲次郎认为中江藤树在良知与本心、真心、天性、天理、道心、良心、天君、至善、仁礼等之间建立起对等关系，它是天人合一的关键，以诚为主，明明德事良知之寂然不动、神明昭昭的状态，中庸乃良知异名，混沌心之本体，良知由自反慎独而炳然发露。值得注意的是，井上哲次郎特别突出了中江藤树的良知论中的以下层面：注重孝的价值，“天地未发之前太虚之神道，天地人万物皆由孝而生”，由孝而理气合一成为天地之本体，因此孝即良知，“孝者天性之殊称也”；良知乃大安乐、妙乐，人人具足，中江藤树与吠檀多派相同，由悦乐而与世界实在相合，吠檀多经第一卷第一章第十二节的“妙乐所成之自己乃最上之自己”，即内面性自己，即梵天，“人最深处之内面亦妙乐所具有最上之自己”；良知即全知（omniscient），即一切智，能够了解一切天地鬼神之事，中江藤树良知论中的宗教性层面得到强化。

5. 伦理观③：井上哲次郎最为重视这部分内容，所占篇幅最大，他分理论性、实际性两方面阐述了中江藤树的伦理思想。在理论性方面，中江藤树的伦理观以良知为根砥展开，属于动机论，即由内部先天的判断力来判别善恶，在此基础上呈现出三种结果：（1）神人合一，与基督路加传中“视哉，神之国在尔衷也”意思相同，了知善恶之神明在我之中，一切行为皆由此规定，其“良知之谓圣，当下自在，圣凡一

① 井上哲次郎『日本阳明学派之哲学』，東京：富山房1900年版，第55—60頁。
② 井上哲次郎『日本阳明学派之哲学』，東京：富山房1900年版，第61—87頁。
③ 井上哲次郎『日本阳明学派之哲学』，東京：富山房1900年版，第88—123頁。

性”与空海的“一切众生身中，皆有佛性具，如来藏一切众生，无非无上菩提法器”，与吠檀多派的“我即梵天”旨意相同；（2）物我一体，万物一体本心，由一元世界观而导出人类相互交际间的一视同仁，具有“四海兄弟万国一家的博爱性人生观”，带有世界主义的倾向；（3）内外莹彻，百恶之源在意，心内清朗则不留阴翳，万欲由意而生，意即佛教的魔罗，导向人之不善，中江藤树的见解与叔本华的意志论相似。在实际性方面，中江藤树的伦理实践十条目值得注意，立志、惑悟、自反慎独、修德积善、毁誉、悔、孝、忠、谦、忍十条。其中自反慎独十分重要，这是进入圣人境界的关键；孝则在中江藤树那里具有特殊意义，孝之意义广大无边，与普通人理解的狭义之孝，即敬爱父母并不相同，孝乃世界先天之实在，由人类行为发展而来，是伦理性秩序。孝即世界万物发生、进化的根本，乃世界最大之理法，具有“遍一切处”之性格；孝是先天的，潜伏于我身，随着我的生长发展，即我之德性、良知，此乃父母遗传之天真，需要培养、尊重它，并由此敬爱父母，敬爱父母即敬爱天地神明。中江藤树对于忠所言不多，将其视为孝的一部分，进而井上哲次郎由中江藤树的《孝经启蒙》“忠本孝之一端，故所以事家人严君之敬，所以教臣也。经曰：以孝事君则忠此意也”，特别强调了“忠孝一本”的旨意，从次序上来看，孝最重、忠次之。

6. 政治论①：中江藤树与孔孟一样未将政治与伦理分离，其政治论亦是以伦理为基础的，因而具有政教一致的倾向。

7. 学问论②：中江藤树的学问以良知为根本，主张复归自存之实在，中江藤树的学问以伦理的实行为主，故不要求博学多识，不尚诗赋文章，专门用力于经学。以经书最为重要。

8. 教育论③：轻视知识教育、体育教育，专尚德教，其教育由自反慎独进入，主张音乐对于德育有辅助作用。值得一提的是，中江藤树认为女子与男子一样应该进学修德，这一点超出当时的许多学者，实乃开女子教育之先河者。

---

① 井上哲次郎『日本阳明学派之哲学』，東京：富山房1900年版，第124—126頁。
② 井上哲次郎『日本阳明学派之哲学』，東京：富山房1900年版，第127—133頁。
③ 井上哲次郎『日本阳明学派之哲学』，東京：富山房1900年版，第134—137頁。

9. 异端论[①]：中江藤树虽然对于佛学多有借鉴，但是对于释迦、达摩仍多有非议，抨击其教进入中国后，产生了消极影响，到日本后毁灭日本之神道，导致国运衰微。井上哲次郎认为中江藤树对于佛学的态度过于严苛，佛教和儒学一样丰富了日本的思想界，且在文学、美术方面亦有颇多贡献；不仅如此，中江藤树所倡之王学亦难免受到佛教思想之影响，但是中江藤树以实践伦理为核心，因而对于佛教的批判态度十分鲜明。同时，中江藤树还对中国的老庄管商等思想、记诵词章之学等一概排斥，视其为禽教。中江藤树信仰神道，主张神儒调和，神道以正直为体、以爱敬为心、以无事为行，他将此与中庸的知仁勇一一对应，并将其与镜、玉、剑三种神器匹配起来。

综合来看，虽然《日本阳明学派之哲学》以中江藤树、熊泽蕃山、大盐中斋等日本阳明学学者的思想研究为主，但是在井上哲次郎描绘的阳明学者的思想图景中明显镶入了许多明治思想的“映像”，这一点在中江藤树研究中呈现得十分明显。

第一，贯穿着建立东洋哲学史的母题。可以看到，在搭建研究框架时，井上哲次郎套用了西方哲学的分类体系，从中江藤树的思想挑拣出宇宙观、神灵论、人类论、心理论、伦理观、政治观、学问论、教育论、异端论九个部分，试图在“西洋镜”中照见以阳明学为代表的东洋哲学的体系，对东洋传统思想进行再整理、再分类。在理论范畴上，井上哲次郎大量借用了西方哲学思想内容。例如，井上哲次郎将中江藤树的宇宙观解读为带有唯心倾向的一元世界观，引入斯宾诺塞的本体论加以分析，将中江藤树的“良知”理解为“全知”（omniscient），[②] 把中江藤树的伦理学归之于“动机论”，并与叔本华、康德的观点进行对比等。在该书中，井上哲次郎大量引用了西方哲学理论，与此同时多会附上德文，以示对比研究的准确性。井上哲次郎试图借用西方理论方法对东洋思想中庞杂的概念加以规范，建立东洋哲学史自身的主体性。基于对于东洋哲学史的整体关怀，井上哲次郎在其阳明学研究中十分注重与东洋其他思想的对比，将神道教、佛教、印度教、儒教、道教等均纳

---

① 井上哲次郎『日本阳明学派之哲学』，東京：富山房 1900 年版，第 138—149 頁。

② 井上哲次郎『日本阳明学派之哲学』，東京：富山房 1900 年版，第 70 頁。

入探讨的范围内。例如，在阐述中江藤树的“上帝”时，井上哲次郎不仅将其与基督教的上帝进行对比，还与吠檀多派的梵天进行了对照；在“良知”的光明部分，井上哲次郎又将其与佛教如来的“法身、报身、应身”、与基督教的马太传、与吠檀多的梵天光明一一联系起来。在阳明学研究中，井上哲次郎还挑出了东洋哲学史中存在的通病，王学以心法为主，因而不要求博学多识，毋宁说博学多识有害于心法，中江藤树的学问以主观考察为主，但是作为一种哲学不仅要有自我价值的探索，同时不应摒弃对于客观事实的一切探索精神，同时在学问上以经书为重，否定文艺的价值，[①] 这些问题也是东洋哲学的通病，应该以西方哲学之优长补其不足。井上哲次郎将日本阳明学当作建立东洋哲学史的试验田，将西方理论方法作为一般性、普遍性工具，以阳明学为线索寻绎东洋思想的联系性、共通性；进而在东西哲学折衷融合的立场上，促进日本哲学思想的进化发展。

第二，在一般性的哲学理论之外，井上哲次郎突出了日本的特殊性，在日本阳明学研究中倾注了对国民道德的殷切关注，具体而言有以下两个部分：

1. 处于“内村鉴三不敬事件”延长线上的阳明学研究。在中江藤树部分，井上哲次郎十分注重阐明基督教与阳明学的关系，主要原因在于中江藤树的部分思想可以成为攻讦基督教的有力武器，并且其伦理思想符合井上哲次郎对于伦理宗教化的一些想象。井上哲次郎指出中江藤树的学问虽然与基督教、佛教有不少相似之处，但是中江藤树以人伦秩序为重，并未在现世世界之外另建一个理想世界。中江藤树的神灵论中出现了上帝，这一点常被基督教徒借来宣扬其天父思想，井上哲次郎对此提出了严厉批判：中江藤树的上帝来源于古代中国人民对于人格性上帝的信仰，这在《诗经》《书经》中可以得到确证，“藤树的学问毕竟是世间性、现实性的，时或有超越性观念，但不过将其作为实践伦理的根基，而不求出世之解脱。耶稣则是在人伦关系之外建设天国，蔑视君臣父子之关系，只尊重人类之天父，因此一家之中，当然一国之中如若出现不和亦不以为意，牺牲世间之关系以供奉出世间的关系。两者表面

① 井上哲次郎『日本阳明学派之哲学』，東京：富山房 1900 年版，第 161—165 頁。

只有毫厘之差，结果上却有千里之别，这不免带来民族命运的伟大变动”，“耶稣教徒借藤树以合耶稣教之旨意，此乃十中知其二五之谓”；[①] 而且中江藤树将道视为普遍的，认定道之应用根据时、处、位而不同，换言之，中国礼仪制度输入日本后，需要针对日本之具体情势来斟酌应用，因而其中也有未能尽合于日本的情况，“藤树乃先哲中道破‘和魂汉才’之人，由日本性精神来探究汉学”，具体而言就是辨别彼此之差别，并对此加以考量，“这一点与基督教徒有很大不同，基督教动辄笼统地提倡世界主义，将西洋之基督教教义原封不动地传入我邦，而不讲求实际应用，难眠有左支右吾之处。他们将藤树推为基督教会之长老，不过见其皮相而已”[②]。要言之，井上哲次郎对于教徒借阳明学“格义”基督教思想的行为提出了严厉批判，鲜明表达了世界主义应以日本主义为基石的立场，“日本精神”应该是本国国民接纳一切外来思想的根本。值得注意的是，中江藤树思想中既以忠、孝等伦理思想为根本，又有宗教性的感染力（模糊的人格性上帝），符合了井上哲次郎对于伦理宗教化的想象，正如他在《明治哲学界回顾》中指出的学校教育应有感动人的力量、融入宗教性情操，这一宗教并非其他而应是伦理教，即剔除佛教、基督教等特定宗教中的迷信成分，而兼具普遍性、世界性与特殊性、日本性的伦理教。

2.《教育敕语》关涉下的阳明学变形。在中江藤树研究中，井上哲次郎特别突出了其伦理思想中的“孝”之价值。如前文所述，井上哲次郎对于《教育敕语》进行了“祖先崇拜”“家族制”“忠孝一本”的解读，试图由此建立以国民道德为基础的国家伦理。在日本阳明学研究中，井上哲次郎也时刻高举国体精神的探照灯，搜索可以确证日本民族特殊性的思想资源。进而，井上哲次郎欣喜地发现中江藤树的孝本思想可以轻易地与“忠孝一本”的《教育敕语》精神发生关联。不仅如此，中江藤树建立了“孝=良知”的图式将有利于从超越性层面构筑“忠孝一本”的基础，“孝联结着祖先与子孙，因此血族命运如何由孝之强弱决定。日本民族由同样的古老传说牵引出遥远的系统，自建国以来，并未被其他民族扰乱，拥有着相同的语言、风俗、习惯、历史等，因而形

① 井上哲次郎『日本阳明学派之哲学』，東京：富山房1900年版，第150—153頁。

② 井上哲次郎『日本阳明学派之哲学』，東京：富山房1900年版，第155頁。

成了现今之民族，国家是由孝的家族制形成的。日本民族并非如其他民族那样，过去的历史并未呈现出混乱的状况，有着古今一贯的系统，现在的国民继承祖先之业，子孙又继承了现在之国民之业，如此发展起来。因此，孝之教在日本民族命运上关系重大。由此观之，中江藤树十分重视孝。忠乃孝之扩充，特别是日本，言孝忠自在其中。日本国家形成了一个家族制，因此在家面对父亲，如同在国面对君主。国是家之扩充，家是国的缩小，故立忠孝一本之教"①。井上哲次郎将日本视为单一民族国家，"孝"建立了日本民族悠远的连续性特征，借用阳明学思想进一步强化了"家=国""家长=天皇""忠=孝"的伦理性线索，搭建了伦理宗教化政治的理想，"如柏拉图、亚里士多德多将国家的目的视为培养民族道德，法国法兰索瓦·芬乃伦撰写了《忒勒马科历险记》也叙述了伦理政治的理想。然而近日政治成为极为错综复杂之机关，其目的原本并非让政治与伦理自相矛盾，但却使得由伦理无法促进政治的完善。因此如今看来，藤树关于政治的观点至今仍有未尽之处"②。

综上所述，井上哲次郎在日本阳明学中寻求到两种思想武器，即东洋哲学与日本精神：以阳明学为场域，探索东、西洋思想中一般性、普遍性的部分，借用西方哲学完成东洋思想的近代转型，从而在文明进化论的基轴上，发明出以日本主导的更为先进的东洋文化对抗西方；同时，任何思想在日本的完成都需要尊重本国的特殊性，那么在日本实践伦理中必须以日本国体精神为主导，阳明学成为建立国民道德的重要支撑，井上哲次郎从中发现了德教（伦理宗教化）与德治（伦理政治化）的可能性。

五 阳明学与武士道

明治维新后，随着"四民平等"布告的颁行，江户时代以来的身份制度瓦解，武士的身份、俸禄、特权等被一并取消，这意味着武士阶层事实上被消灭。与此同时，面对西方帝国主义的亚洲侵略，明治政府意识到自己面临着强大的外来威胁，因而大力提倡殖产兴业、富国强兵。伴随着日本近代国防体制、军队装备的建立，"武士道"作为日本军人

① 井上哲次郎『日本阳明学派之哲学』，東京：富山房1900年版，第155—157頁。

② 井上哲次郎『日本阳明学派之哲学』，東京：富山房1900年版，第124—125頁。

精神道德修养的重要内容被创造出来。在甲午战后特别是日俄战争后，明治时期社会刮起了“武士道”的热潮。其中，标志性事件当属基督教徒新渡户稻造的《武士道》一书以英文的形式在美国出版，[①] 该书向欧美人介绍了日本武士的实践道德伦理，后来樱井鸥村将此书翻译成日文在日本出版。[②] 新渡户稻造的“武士道”不仅将旧有的儒学、佛教的道德性进行了整合重编，还将基督教伦理包含其中，特别是将基督教的殉教精神与武士道的忠义殉死联系起来。[③] 新渡户稻造《武士道》的海外问世引发了明治时期知识界的震动，围绕着“何谓武士道”展开了激烈的论争。长期持基督教批判立场的井上哲次郎抨击道：“彼时新渡户稻造著《武士道》，企图向海外介绍武士道之趣旨，今见其书，惜其无一言涉及（山鹿）素行之见解，故而遗漏阐明武士道精髓的要点。”[④] 在井上哲次郎看来，武士道的祖师当属日本古学派的山鹿素行，新渡户稻造对于武士道精神源头的理解是存在很大问题的。在《日本阳明学派之哲学》完成后不久，井上哲次郎开始就“武士道”论题陆续撰写相关文章、编纂相关书籍，如《论武士道兼及“瘦我慢说”》[⑤]《武士道与将来的道德》[⑥]《武士道》[⑦]《武士道丛书》[⑧]《伦理与教育》[⑨]《国民道德概论》[⑩] 等。井上哲次郎将“武士道”纳入其伦理修身教育的论说中，并成为国民道德体系的重要组成部分。

船津明生总结了明治时期武士道的三种流派：一是山冈铁舟等人保存的旧有的武士道传统，另外，传承了福泽谕吉的《瘦我慢说》中代表性精神论的“和魂武士道”；二是以《叶隐》传统、《军人敕谕》等

---

① Inazo Nitobe, *Bushido: the Soul of Japan, an Exposition of Japanese Thought*, Philadelphia: The Leeds and Biddle Company, 1900.

② 新渡戸稲造『武士道』，櫻井鷗村訳，丁未出版社 1908 年版。

③ 狭間芳樹「キリシタンと武士道：殉教精神の涵養とキリスト教の倫理」，現代キリスト教思想研究会『アジア・キリスト教・多元性』2010 年第 8 号，第 3—18 頁。

④ 井上哲次郎『日本古学派之哲学』，東京：富山房 1915 年版，第 90 頁。

⑤ 井上哲次郎「武士道を論じ併せて「瘠我慢説」に及ぶ」，『巽軒論文』2 集，東京：富山房 1899 年版。

⑥ 井上哲次郎「武士道と將來の道德」，帝国教育会编『教育公報』1901 年第 248 号。

⑦ 井上哲次郎『武士道』，東京：兵事雑誌社 1901 年版。

⑧ 井上哲次郎、有馬祐政共編『武士道叢書』，東京：博文館 1906 年版至 1909 年版。

⑨ 井上哲次郎『倫理と教育』，東京：弘道館 1908 年版。

⑩ 井上哲次郎『国民道徳概論』，東京：三省堂 1912 年版。

为代表的强化天皇中心的政治意识形态的“皇道武士道”，以灭私奉公为基本理念，代表便是井上哲次郎编纂的《武士道丛书》；三是以新渡户稻造《武士道》为代表，融合新教精神，提升武士道的国际性、普遍性思想层面的“基督教式武士道”。[①] 在1905年出版的《武士道丛书》[②] 中，井上哲次郎将明治十五年（1882年）1月4日明治天皇颁布《军人敕谕》列于卷首。《军人敕谕》明确提出了军人应遵守的五条德目：忠节、礼仪、武勇、信义、朴素，强调军人对于天皇的绝对忠诚。井上哲次郎在序文中指出日本之所以能在甲午中日战争、日俄战争获胜，原因在于日本拥有本民族特有的精神武器——武士道。总体来看，井上哲次郎的武士道构想正是以国家主义、天皇体制为主导的，融合神儒佛三者[③]形成的。

在日本儒学中，井上哲次郎将古学派的山鹿素视为武士道的始祖，[④] 主要原因便在于，井上哲次郎将武士道视为日本民族的产物，[⑤] 而在古学派在日本儒学中“存日本民族特有之精神”[⑥]，如此方可凸显“武士道”纯粹的日本特性。然而吊诡的是，在《武士道丛书》的学派谱系中，井上哲次郎最先列入的武士道经典并非是山鹿素行的相关论著，而是日本阳明学开山鼻祖中江藤树的《文武问答》，第二位是中江藤树弟子熊泽蕃山的《集义和书抄录》《集义外书抄录》，山鹿素行位列第三，此后列入的阳明学论著还有：林子平的《学则》《海国兵谈抄录》，真木保臣的《紫滩遗稿抄录》，吉田松阴的《士规》《武教讲义》等。此外，井上哲次郎将《武教小学》视为山鹿素行武士道理论走向伦理实践的重要论著，该书在德川时代的武士间甚为流行，阐述了武士应遵守的道德之教，可惜为后人所忽视，最终继承山鹿素行这一传统的正是吉田松阴。他撰写了《武教讲录》，展现了山鹿素行兵法的核心，实乃东洋兵法之集大成者，“间接继承了素行学问系统的，正是吉

---

① 船津明生「明治期の武士道についての一考察：新渡戸稲造『武士道』を中心に」，『言葉と文化』2003年第4号，第17頁。

② 井上哲次郎、有馬祐政共編『武士道叢書』，東京：博文館1905年版。

③ 井上哲次郎『武士道』，東京：兵事雜誌社1901年版，第3頁。

④ 井上哲次郎『武士道』，東京：兵事雜誌社1901年版，第16頁。

⑤ 井上哲次郎『武士道』，東京：兵事雜誌社1901年版，第15頁。

⑥ 井上哲次郎『日本古学派之哲学』，東京：富山房1915年版，第1—4頁。

田松阴”①。但是，吉田松阴在井上哲次郎的儒学谱系中是日本阳明学者中的一员。可见，在武士道与阳明学的关系问题上，井上哲次郎的态度是十分暧昧的，阳明学思想不仅是其建立武士道的重要思想来源，而且事实上成为其武士道谱系的核心。“井上实际上是主张日本的战斗精神渊于阳明学，但是，以 1901 年关于武士道的演讲为转折点，他开始强调日本军队的强大在于‘日本民族精神’，即‘古来的武士道精神’。”② 具体而言，日本阳明学与武士道有哪些思想关联呢？

笔者通过比较井上哲次郎的日本阳明学与武士道的相关论述，认为两者主要有以下四个理论链接点：第一，“心德磨炼”与“精神训练”。在《日本阳明学派之哲学》中，井上哲次郎将日本军队武勇的原因归于“我国国民神圣的道德心”，心德乃东洋道德的精粹，日本阳明学在人物陶冶、心德磨炼上大有功绩，远超于固陋迂腐的朱子教育主义，例如井上哲次郎在西乡隆盛部分便说“他由此得以激发活力，鼓舞士气，进行实弹演习……如此锻炼而来的胆识与技术应用于日清战争，乃制胜的一大原因……然后可知此本来源于其方寸之中所养成炯然一点良知之光也”③。与此相似，井上哲次郎主张武士道是“一种特别的精神上的训练”，与阳明学（例如藤树思想中的“忍”④）同为一种克己主义的道德实行⑤。第二，“知行合一”与“义士实行”。井上哲次郎指出武士道最为尊贵之处在于“武士道促成人之决心，并且决无迷惑之处”，由此而促进“义士之实行”，这便是康德所说的决心，决心是武士道的根砥。⑥ 正如前文所述，井上哲次郎对日本阳明学的归纳正是知行合一、短刀直入，对于主观性善的决然实行，“日本人利用朱子学及其他所有从中国输入的学问并以日本人的精神加以日本式地运用。特别是其中的阳明学与武士道十分相似。……（山鹿素行、吉田松阴、佐久间象山等人）其精神实与阳明学甚为相符，武士道的精神就在于实践，他们以生

---

① 井上哲次郎『武士道の本質』，東京：八光社 1942 年版，第 24 頁。

② 唐利国：《论井上哲次郎武士道的成立——东西洋的对抗与日本的定位》，《历史教学》2008 年第 6 期。

③ 井上哲次郎『日本阳明学派之哲学』，東京：富山房 1900 年版，第 605 頁。

④ 井上哲次郎『日本阳明学派之哲学』，東京：富山房 1900 年版，第 122—123 頁。

⑤ 井上哲次郎『武士道』，東京：兵事雜誌社 1901 年版，第 4—5 頁。

⑥ 井上哲次郎『武士道』，東京：兵事雜誌社 1901 年版，第 52—53 頁。

命相赌坚决做到底，这正是武士道精神之所在，它与阳明学的知行合一的实践精神一致，这正是称之为日本式的证据”①。第三，东西洋伦理调和论。在两本论著中，井上哲次郎均批判了明治时期社会中功利主义、利己主义、直觉主义等西方伦理思想盛行导致了日本伦理教育的混乱，在《武士道》中井上哲次郎认为应该以宣扬日本精神、实行精神的武士道为基础调和西洋的道德主义，这与《日本阳明学派之哲学》中主张主客观融合、东西洋折衷的立场是一致的。第四，“诚意”与“死节”。在《日本阳明学派之哲学》中，井上哲次郎特别提出了以良知、心即理为基础而形成的“死生一致”的观念。尤其在中江藤树部分，井上哲次郎指出中江藤树将百恶之源归于意，由此会遮蔽良知的光辉，意乃人之生命的界限，唯有诚意则能明晓生命与世界本体相贯通，超脱生死，进入冲漠无朕、先天未画的神明境界。② 在武士道中，井上哲次郎强调为了人道之目的、善恶之正义的勇气精神，③ 最显著的优点便是不畏死亡的“死节”精神，④ 要为万世一系绵延不绝的皇统、为崇高的爱国主义奉献生命⑤。

综上所述，井上哲次郎在武士道的论述中大量吸收了日本阳明学的实践伦理思想，因此两者在思想内容、论证逻辑上多有重叠。随着甲午中日战争、日俄战争的胜利，大亚细亚主义、日本主义的膨胀，井上哲次郎不断在研究中强化“日本精神”“皇统思想”的意识，同时在构建武士道思想时不断纯化日本民族特性，最终导致了其日本阳明学谱系与武士道谱系之间出现了明显的矛盾。阳明学与武士道的嫁接，最终成为服务于军国主义的思想工具，这一点也是需要我们十分警惕的。

第四节　井上哲次郎阳明学研究的评价

纵观井上哲次郎的阳明学研究，具有以下特点：（1）注重东西方思想一般性、共通性研究。井上哲次郎不仅在东洋思想内部，将以儒家

① 井上哲次郎「武士道の本質」，明善学社『阳明学』1910 年第 20 号。
② 井上哲次郎『日本阳明学派之哲学』，東京：富山房 1900 年版，第 96—101 頁。
③ 井上哲次郎『武士道』，東京：兵事雜誌社 1901 年版，第 60—62 頁。
④ 井上哲次郎「武士道」，『倫理と教育』，東京：弘道館 1908 年版，第 434 頁。
⑤ 井上哲次郎『国民道德概論』，東京：三省堂 1912 年版，第 198 頁。

为主的中国思想、以佛教为主的印度思想与日本阳明学进行对照研究，同时还联系西方哲学研究加以评述。可以看到，井上哲次郎的研究视域十分宏阔，采用对比研究的方法，对于东西方思想进行了工程浩大的检索、比较、提炼。但正因此，井上哲次郎在评述日本阳明学派之哲学的时候多将东西方哲学的概念直接套用进去，有些理论的关联性显得十分薄弱而缺乏清晰的逻辑论证，这也是明治知识人在东洋思想近代转型中所面临的通病。（2）注重特殊性的发现。毋宁说，在井上哲次郎那里，一般性的建立正是为了特殊性的发明而铺设的理论基石。在阳明学研究中，井上哲次郎将敕语精神、日本主义、国民道德作为主旋律，阳明学成为填入这一特殊性的素材，因此时不时会出现被扭曲的阳明学论述。这也是井上哲次郎在阳明学研究上存在的最大缺点。

井上哲次郎在明治时期知识界的位置举足轻重，因而《日本阳明学派之哲学》一经问世，便产生了很大的影响，并且成为当时“阳明学研究的主流”①。总体来看，井上阳明学的主要影响有以下两方面：第一、促进了阳明学在日本知识界影响力的扩大，推动阳明学研究热潮的到来，包括被井上哲次郎屡屡批判的内村鉴三等基督教徒，开始将阳明学纳入其思想体系中。内村鉴三在《代表的日本人》中列出了五位日本人的代表：西乡隆盛（新日本的建设者）、上杉鹰山（封建领主）、二尊宫德（农民圣人）、中江藤树（村落教授）、日莲上人（佛教僧侣），其中有两位便是阳明学派的人物，并且内村鉴三指出王阳明的良心之说甚为高远，与基督教最为相近，均追求尊严与信仰，② 促进了阳明学与基督教的进一步融合。大桥健二指出，明治基督教的指导者们，大多都有着阳明学的思想背景，例如本多庸一、海老名弹正、松村介石、内村鉴三、植村正久、柏木义圆、新渡户稻造等，而且基督教文学者北村透谷、国木田独步亦是如此。他们将阳明学的“良知”与基督教的“良心”等而视之，都寻求的是高贵的灵魂，他们既是基督教徒也是体现武士道的日本人。此外，中野正刚、司马辽太郎、三岛由纪夫

① 山下竜二『陽明学の研究・成立篇』，東京：現代情報社 1971 年版，第 92 頁。

② 内村鑑三『代表的日本人』，鈴木範久訳，東京：岩波書店 1995 年版。

等人多以《日本阳明学派之哲学》为蓝本来理解阳明学，[①] 可见井上哲次郎的阳明学研究对于日本近代知识界的深刻影响。

第二，促进了中国近代阳明学研究的发展。《日本阳明学派之哲学》问世后立刻引起了梁启超的关注，受到该书的影响，开始在晚清知识界大力宣扬阳明学，例如井上哲次郎将朱子学视为幕府时期的官方教育主义，阳明学则因受到官学压抑具有了反体制的色彩，有平民主义的倾向，梁启超则撰写《节本明儒学案》表达了相似的观点，强调阳明学复兴并应使之成为民国以来近代思想史的“正统”，在《节本明儒学案》中甚至直接多次引述井上哲次郎的观点。不仅如此，梁启超还延续了井上哲次郎的武士道论、国民道德论研究路线，试图构建中国的国民道德和武士道。[②] 章太炎、刘师培等国粹派人物亦纷纷展开了对于阳明学的重建。中华人民共和国成立之后，井上哲次郎的阳明学研究仍然有迹可循，其中最为显著的便是朱谦之，如前文所述，朱谦之借用了其日本阳明学的谱系来搭建框架，而且在内容上亦多有引述，[③] 甚至在一些核心观点上也受到了井上哲次郎的影响，例如将中江藤树视为主观唯心主义、带有神秘主义倾向。[④]

值得警惕的是，井上哲次郎的阳明学研究存在着十分明显的缺陷：(1) 与高濑武次郎一样，将中日阳明学之差异归之于民族性之优劣。井上哲次郎刻意地将中国的阳明学与日本阳明学区分开来，日本阳明学因为与日本独特国民性融合起来因而别具活气，得以培养出许多英雄豪杰之士。井上哲次郎的优劣判断是基于近代以来中日不同的历史命运，日本通过明治维新得以完成近代化转型，在甲午中日战争之后，“中国停滞论”“中国衰退论”在日本社会甚嚣尘上，东亚旧有的华夷秩序彻底崩塌，以日本为主导的大亚细亚主义得以借机膨胀。显然，井上哲次郎在文明进化的链条上从物质方面到精神层对日本、中国进行了先后的排序，阳明学成为一面镜子，折射出他对于日本应成为东洋文化

① 大橋健二『良心と至诚の精神史：日本陽明学の近現代』，東京：勉誠出版社 1999 年版，第 123—189 頁。

② 李亚：《梁启超与近代中日阳明学》，博士学位论文，北京外国语大学，2015 年。

③ 例如，“井上哲次郎称：‘桂悟语阳明接触，为哲学史上决不可看过的事实’”。朱谦之：《日本的古学及阳明学》，人民出版社 2000 年版，第 211 页。

④ 朱谦之：《日本的古学及阳明学》，人民出版社 2000 年版，第 228、239 页。

圈新文化正统的想象。（2）日本阳明学思想的形象被敕语精神、皇国思想、国家主义扭曲变形。如前文所述，在《教育敕语》颁布后，井上哲次郎开始了大力构建以祖先崇拜、家族制、忠孝一本为核心的国民道德。在《日本阳明学之哲学》中，井上哲次郎亦十分注重阳明学与敕语精神的联系，借以阐发悠远绵长的连续性传统，例如在中江藤树部分，将孝拔高到世界本体、万物进化发展之根本的层面，以呼应“忠孝一本”的敕语精神，建立以皇国体制为核心的日本式阳明学。后来井上哲次郎将武士道与阳明学勾连起来，宣扬为天皇殉死的“忠勇精神”，为军国主义的膨胀、大东亚战争埋下了祸根。

结　语

通过上述研究，我们可以从以下几个方面来理解日本明治时期的阳明学研究：

第一，近代日本阳明学研究的开拓者三宅雪岭质疑明治时期知识界流行的儒学批评论，率先尝试用西方哲学理论来阐发阳明学的内涵，从而促进了王阳明思想在哲学层面的近代转化。与此同时，他的阳明学研究呈现出国粹主义、普遍主义、实用主义的倾向。三宅雪岭提出的阳明学三纲领、维新思想动力说经过梁启超、孙中山等晚清民国知识人、革命家的推介风靡一时，几乎成为近现代中国人的常识。虽然三宅雪岭搭建的阳明哲学体系略显简略，有些论断缺乏严密的逻辑论证，然而其在东亚近代阳明学研究史上的先驱地位不容抹杀。

第二，继之而起的高濑武次郎不仅进一步加深了“三纲领”的哲学性诠释，同时还拓展了阳明学研究的伦理性层面，而且将前者视为后者展开的形而上基石，并借用康德哲学将“良知”解读为自然法则与道德律的统一，阳明思想添上了直觉主义的色彩。此外，高濑武次郎的第二大拓展便是在凸显日本阳明学主体性的基础上，有意识地由国民性出发以区别中国与日本的阳明学，同时构建起自江户至明治时期庞大的日本阳明学谱系，当然不得不注意的是这一谱系的筛选明显带有主观性、任意性。高濑武次郎的阳明学研究穿越国境启发了以张君劢为代表的中国近代知识人。

第三，井上哲次郎的阳明学研究中始终贯穿着两大主题，即确立东洋哲学、与构筑国民道德，因此，他比三宅雪岭、高濑武次郎更进一步确立了阳明学研究中的日本主体性、近代性。特别是在国民道德层面，井上哲次郎将日本阳明学者的思想按照《教育敕语》精神进行扭曲变形，进而与武士道进行融合，借由明治时期官学首领的地位，其阳明学研究遂一跃而为日本近代阳明学研究的主流。

第四，日本明治时期的阳明学研究在东亚阳明学发展史上举足轻重，三宅雪岭、高濑武次郎、井上哲次郎主要从哲学、伦理学层面对阳明学进行了近代转化，试图让阳明思想融入日本近代的学术、政治、国民生活中，他们的一些观点如今看来仍颇具启发意义。同时需要警惕的是，他们的某些观点带有狭隘的民族色彩与皇国意识，例如对于中日阳明学特质的区分、忠孝一本的阳明学变形，等等。对此，我们应该进行批判性反思，解开他们背负的历史枷锁，打开更为宏阔、开放的阳明学研究新视角。

参考文献

一　中文著作

[英] 安东尼·肯尼：《牛津西方哲学史》，杨平译，吉林出版集团有限责任公司2010年版。

卞崇道：《融合与共生：东亚视域中的日本哲学》，人民出版社2008年版。

卞崇道、王青主编：《明治哲学与文化》，中国社会出版社2005年版。

陈荣捷：《王阳明传习录详注集评》，台湾学生书局1983年版。

陈荣捷：《王阳明与禅》，台湾学生书局1984年版。

陈来：《有无之境——王阳明哲学的精神》，人民出版社1991年版。

蔡仁厚：《王学流衍：江右王门思想研究》，人民出版社2006年版。

杜维明：《论儒学的宗教性——对〈中庸〉的现代诠释》，武汉大学出版社1997年版。

邓红：《日本的阳明学与中国研究》，广西师范大学出版社2018年版。

冯友兰：《中国哲学史》，中华书局1984年版。

冯达文：《宋明新儒学略论》，广东人民出版社1997年版。

郭齐勇、吴根友主编：《近世哲学的发展与中国哲学的创造转化》，中国社会科学出版社2014年版。

龚鹏程：《晚明思潮》，商务印书馆2005年版。

[日] 沟口雄三：《李卓吾·两种阳明学》，孙军悦译，生活·读书·新知三联书店2014年版。

黄宗羲：《明儒学案》，沈芝盈点校，中华书局1986年版。

黄仁宇:《万历十五年》，中华书局 2006 年版。

黄俊杰:《东亚儒学史的新视野》，华东师范大学出版社 2008 年版。

嵇文甫:《左派王学》，上海书店 1990 年版。

梁启超:《节本明儒学案》，商务印书馆 1925 年版。

梁启超:《饮冰室文集》，商务印书观馆 1936 年版。

梁启超:《梁启超全集》，北京出版社 1999 年版。

劳思光:《新编中国哲学史》，三敏书局 2003 年版。

李明辉:《儒家与康德》，联经出版事业公司 1990 年版。

卢坦:《日本明治时期的社会主义思想研究》，中国社会科学出版社 2016 年版。

刘岳兵主编:《明治儒学与近代日本》，上海古籍出版社 2005 年版。

罗素:《西方哲学史》，何兆武、李约瑟译，商务印书馆 2009 年版。

牟宗三:《从陆象山到刘蕺山》，学生书局 1979 年版。

牟宗三:《心体与性体》，上海古籍出版社 1999 年版。

牟宗三:《中国哲学的特质》，上海古籍出版社 1997 年版。

欧阳祯人:《从心性到政治》，中国社会科学出版社 2017 年版。

彭国翔:《良知学的展开——王龙溪与中晚明的阳明学》，生活·读书·新知三联书店 2005 年版。

钱穆:《阳明学述要》，九州出版社 2010 年版。

钱明:《阳明学的形成与发展》，江苏古籍出版社 2002 年版。

容肇祖:《李卓吾评传》，商务印书馆 1937 年版。

王阳明:《王阳明全集》，吴光、钱明、董平等编，上海古籍出版社 2011 年版。

王阳明:《王阳明全集》，谢廷杰辑刊，中央编译出版社 2014 年版。

王阳明:《王阳明全集补编》，束景南、查明昊辑编，上海古籍出版社 2016 年版。

王家骅:《儒家思想与日本的现代化》，浙江人民出版社 1995 年版。

王汎森:《晚明清初思想十论》，复旦大学出版社 2005 年版。

吴虞:《吴虞文录》，黄山书社 2008 年版。

吴光主编:《阳明学综论》，中国人民大学出版社 2009 年版。

吴震:《阳明后学研究》，上海人民出版社 2003 年版。

吴震：《王阳明著述选评》，上海古籍出版社 2004 年版。

吴震：《泰州学派研究》，中国人民大学出版社 2009 年 11 月版。

［日］武内义雄：《儒教之精神》，高明译，太平书局 1942 年版。

徐复观：《中国思想史论集》，上海书店出版社 2004 年版。

萧萐父：《吹沙集》，巴蜀书社 2007 年版。

余英时：《历史与思想》，台湾联经出版事业公司 1976 年版。

杨国荣：《王学通论——从王阳明到熊十力》，华东师范大学出版社 1990 年版。

杨国荣：《心学之思：王阳明哲学的阐释》，中国人民大学出版社 2010 年版。

张君劢：《比较中日阳明学》，中华文化出版社事业委员会 1955 年版。

张君劢：《比较中日阳明学》，台湾商务印书馆 1976 年版。

张君劢：《王阳明：中国十六世纪的唯心主义哲学家》，江日新译，东大图书 1991 年版。

朱谦之：《日本的古学及阳明学》，人民出版社 2000 年版。

朱谦之：《日本的朱子学》，人民出版社 2000 年版。

张崑将：《德川日本儒学思想的特质：神道、徂徕学与阳明学》，台湾大学出版中心 2007 年版。

张荫桐选译：《1600—1914 的日本》，生活·读书·新知三联书店 1957 年版。

二　中文论文

卞崇道：《论井上哲次郎儒学观》，《东疆学刊》2004 年第 3 期。

卞崇道：《关于明治思想中武士道的一个考察——以井上哲次郎的〈武士道的本质〉为重点》，《延边大学学报》（社会科学版）2009 年第 3 期。

戴宇：《井上哲次郎武士道论考》，《深圳大学学报》（人文社会科学版）2013 年第 3 期。

邓红：《何谓“日本阳明学”》，《华东师范大学学报》（哲学社会科学版）2015 年第 4 期。

龚颖：《伦理学在日本近代的历史命运：1868—1945》，《道德与文明》2008 年第 1 期。

葛奇蹊：《明治时代日本国家主义者的社会主义批判》，《河北工程大学学报》（社会科学版）2014 年第 1 期。

刘金才：《阳明学在日本的传播和对民众道德培育的影响》，《贵州文史丛刊》2016 年第 1 期。

林月惠：《唐君毅、牟宗三的阳明后学研究》，《杭州师范大学学报》（社会科学版）2010 年第 1 期。

李亚：《梁启超与近代中日阳明学》，博士学位论文，北京外国语大学，2015 年。

钱明：《阳明后学研究的回顾与瞻望》，《中共宁波市委党校学报》2004 年第 1 期。

钱明：《关于东亚世界的“阳明学”概念》，《贵阳学院学报》（社会科学版）2015 年第 2 期。

钱广华：《开放的康德哲学——重读物自体》，《中国社会科学》2004 年第 5 期。

孙彬：《论西周从“philosophy”到“哲学”一词的翻译过程》，《清华大学学报》（哲学社会科学版）2010 年第 5 期。

唐利国：《论井上哲次郎武士道论的成立——东西洋的对抗与日本的定位》，《历史教学》（高校版）2008 年第 8 期。

文碧方：《建国六十年来大陆的陆王心学研究》，《现代哲学》2010 年第 2 期。

吴震：《19 世纪以来“儒学日本化”问题史考察：1868—1945》，《杭州师范大学学报》（社会科学版）2015 年第 5 期。

王锟：《从思想到学术：20 世纪阳明学研究的流变与走向》，《贵州师范大学学报》（社会科学版）2016 年第 2 期。

王俊英：《简论三宅雪岭国粹主义思想的特质》，《日本学刊》2011 年第 5 期。

徐水生：《略论丸山真男的日本思想史研究》，《国外社会科学》2000 年第 4 期。

徐水生：《中国儒学与日本现代化的复杂关联》，《南国学术》2015

年第 2 期。

张崑将：《当代日本学者阳明学研究的回顾与展望》，《台湾东亚文明研究学刊》2005 年第 2 期。

赵猛：《“美德即知识”：苏格拉底还是柏拉图》，《世界哲学》2007 年第 6 期。

张荣明：《中国思想史研究：方法与边界》，《学术月刊》2007 年第 4 期。

佐藤炼太郎：《明末清初相反对立的阳明学派史——周汝登〈圣学宗传〉与黄宗羲〈明儒学案〉的比较》，《湖南大学学报》（社会科学版）2017 年第 1 期。

三 外文著作

熊沢蕃山『蕃山全集』（六册），正宗敦夫編，東京：蕃山全集刊行会 1941—1943 年版。

三輪執斎『執斎全書』，高瀬武次郎編，京都：中田彦三郎 1924—1926 年版。

石田梅岩『石田梅岩全集』，柴田実編，大阪：清文堂出版 1994 年版。

福沢諭吉『文明論之概略』，東京：岩波書店 1995 年版。

加藤弘之『人権新説』，東京：谷山楼藏版 1882 年版。

西周『西周全集』，東京：宗高書房 1960 年版。

中江兆民『中江兆民全集』第六巻，東京：岩波書店 1984 年版。

三宅雪嶺『基督教小史 第 1 冊』，東京：集成社 1886 年版。

三宅雪嶺『哲学涓滴』，東京：文海堂 1889 年版。

三宅雪嶺『論理学』，東京：文学社 1890 年版。

三宅雪嶺『我観小景』，東京：政教社 1892 年版。

三宅雪嶺『王陽明』，東京：政教社 1893 年版。

三宅雪嶺『王陽明』，東京：哲学書院 1895 年版。

三宅雪嶺『宇宙』，東京：政教社 1909 年版。

三宅雪嶺『明治思想小史』，東京：丙午出版社 1913 年版。

三宅雪嶺『大学今昔譚』，東京：我観社 1946 年版。

三宅雪嶺『同時代史』(全6巻)，東京：岩波書店 1949—1954年版。

三宅雪嶺『三宅雪嶺集』，柳田泉編『明治文学全集』，東京：筑摩書房 1967年版。

三宅雪嶺『偽醜悪日本人』，鹿野政直編『日本の名著』(37)，東京：中央公論社 1976年版。

三宅雪嶺『真善美日本人』，鹿野政直『日本の名著』(37)，東京：中央公論社 1977年版。

三宅雪嶺『三宅雪嶺——自伝/自分を語る』，東京：日本図書センター 1997年版。

高瀬武次郎『日本之阳明学』，東京：鉄華書院 1898年版。

高瀬武次郎『日本之阳明学』，東京：榊原文盛堂 1907年版。

高瀬武次郎『陽明学楷梯：精神教育』，東京：鉄華書院 1899年版。

高瀬武次郎『楊墨哲学』，東京：金港堂 1902年版。

高瀬武次郎『王陽明詳伝』，東京：文明堂 1904年版。

高瀬武次郎『陽明学新論』，東京：榊原文盛堂 1906年版。

高瀬武次郎『老荘哲学』，東京：榊原文盛堂 1909年版。

高瀬武次郎『陽明主義の修養』，東京：東亜堂書房 1918年版。

高瀬武次郎『四言教論』，大阪：洗心洞文庫 1922年版。

高瀬武次郎『陸象山』，京都：内外出版社 1924年版。

高瀬武次郎『證道論：陽明學四言教』，山本丈之助 1928年版。

高瀬武次郎『陽明学講話』，東京：弘道館 1928年版。

高瀬武次郎『易学講話』，東京：弘道館 1928年版。

高瀬武次郎『陽明学叢』，東京：博多成象堂 1932年版。

高瀬武次郎『鼓腹集』，大阪：洗心洞文庫 1935年版。

高瀬武次郎『熊沢蕃山』，滋賀：熊沢光造 1937年版。

高瀬武次郎『天泉鼓腹集』，大阪：洗心洞文庫 1935年版。

高瀬武次郎『鼓腹集』第2集(和歌部)，京都：皇教会 1942年版。

井上円了『倫理通論』，東京：普及社 1887年版。

井上哲次郎［ほか］編『哲学字彙』，東京：東京大学三学部 1881 年版。

井上哲次郎『倫理新説』，東京：酒井清造等 1883 年版。

井上哲次郎『敕语衍義』，東京：井上蘇吉［ほか］1891 年版。

井上哲次郎『教育と宗教の衝突』，東京：敬業社等 1893 年版。

井上哲次郎『日本阳明学派之哲学』，東京：富山房 1900 年版。

井上哲次郎『哲学叢書』，東京：集文閣 1900—1901 年版。

井上哲次郎『武士道』，東京：兵事雑誌社 1901 年版。

井上哲次郎、蟹江義丸共編『日本倫理彙編』，東京：育成会 1901—1903 年版。

井上哲次郎『日本古学派之哲学』，東京：富山房 1902 年版。

井上哲次郎『倫理と宗教との関係』，東京：富山房 1902 年版。

井上哲次郎、有馬祐政共編『武士道叢書』，東京：博文館 1905 年版。

井上哲次郎『日本朱子学派之哲学』，東京：富山房 1906 年版。

井上哲次郎『倫理と教育』，東京：弘道館 1908 年版。

井上哲次郎『国民道徳概論』，東京：三省堂 1912 年版。

井上哲次郎『我が国体と国民道徳』，東京：広文堂書店 1925 年版。

井上哲次郎『明治哲学界の回顧』，岩波講座『哲学』第 10 卷，東京：岩波書店 1932 年版。

井上哲次郎『巽軒年譜』，井上哲次郎生誕百年記念會實行委員會編 1954 年版。

井上哲次郎『懷旧録』，東京：春秋社 1942 年版。

井上哲次郎『武士道の本質』，東京：八光社 1942 年版。

井上哲次郎『井上哲次郎自伝』，東京：富山房 1973 年版。

井上哲次郎『井上哲次郎』，島薗进、矶前顺一編，東京：クレス出版 2003 年版。

井上厚史『愛民の朝鮮儒教』，東京：ぺりかん社 2021 年版。

徳富蘇峰『吉田松陰』，東京：岩波書店 2001 年版。

内村鑑三『代表的日本人』，東京：岩波書店 1948 年版。

内村鑑三『内村鑑三全集』第二卷，東京：岩波書店 1980 年版。

岡倉天心『明治文学全集・冈仓天心集』，亀井勝一郎、宮川寅雄编，東京：筑摩書房 1968 年版。

岡田武彦『王陽明と明末の儒学』，東京：明德出版社 1970 年版。

岡田武彦『陽明学の世界』，東京：明德出版社 1986 年版。

岡田武彦『王陽明と現代』，大阪：関西師友協会 1987 年版。

岡田武彦编『王陽明文集』，東京：明德出版社 1970 年版。

柳田泉『哲人三宅雪嶺先生』，東京：実業之世界社 1955 年版。

柳父章『翻訳の思想』，東京：平凡社 1977 年版。

長妻三佐雄『公共性のエートス：三宅雪嶺と在野精神の近代』，京都：世界思想社 2002 年 11 月。

荒木見悟『陽明学の展開と仏教』，東京：研文出版 1984 年版。

荒木見悟『陽明学の位相』，東京：研文出版 1992 年版。

荒木见悟、溝口雄三『朱子・王陽明』，東京：中央公論社 1974 年版。

丸山眞男『丸山眞男集』第六卷，東京：岩波書店 1995 年版。

渡辺和靖『明治思想史——儒教的伝統と近代認識論』，東京：ぺりかん社 1979 年版。

隅谷三喜男『近代日本の形成とキリスト教』，東京：新教出版社 1961 年版。

山路爱山『基督教評論・日本人民史』，東京：岩波書庫 1966 年版。

山下竜二『日本の陽明学』，『日本陽明学大系・第一卷』，東京：明德出版社 1971 年版。

山下竜二『王陽明』，東京：集英社 1984 年版。

山下竜二『陽明学の研究・成立篇』，東京：現代情報社 1971 年版。

山井湧『明清思想史の研究』，東京：東京大学出版会 1980 年版。

山室信一『思想課題としてのアジアー基軸・連鎖・投企』，東京：岩波書店 2001 年版。

吉田公平『陸象山と王陽明』，東京：研文出版 1990 年版。

吉田公平『日本における陽明学』，東京：ぺりかん社 1999 年版。

吉田公平『日本近世の心学思想』，東京：研文出版 2013 年版。

大橋健二『良心と至誠の精神史——日本陽明学の近現代』，東京：勉誠出版社 1999 年版。

小島毅『近代日本の陽明学』，東京：講談社 2006 年版。

荻生茂博『近代・アジア・陽明学』，東京：ぺりかん社 2008 年版。

島田虔次『中国に於ける近代思惟の挫折』，東京：筑摩書房 1970 年版。

島田虔次『朱子学と陽明学』，東京：筑摩書房 1967 年版。

島田虔次『中国思想史の研究』，京都：京都大学学術出版会 2002 年版。

溝口雄三『中国前近代思想の屈折と展開』，東京：東京大学出版会 1980 年版。

三島由纪夫『行動学入門』，東京：文芸春秋 1970 年版。

楠本正継『宋明時代儒学思想の研究』，広池学園出版部 1964 年版。

松本三之介『明治精神の構造』，東京：岩波書店 1981 年版。

松山信一『明治哲学史研究』，東京：こぶし書房 1999 年版。

中野目徹『政教社の研究』，京都：思文閣出版社 1993 年版。

中野目徹『明治の青年とナショナリズム：政教社・日本新聞社の群像』，東京：吉川弘文館 2014 年版。

中川未来『明治日本の国粋主義思想とアジア』，東京：吉川弘文館 2016 年版。

実藤恵秀『近代日中交渉史話』，東京：春秋社 1973 年版。

警视厅編『警視庁統計書』，東京：クレス出版 1997 年版。

新渡戸稲造『武士道』，櫻井鷗村訳，丁未出版社 1908 年版。

和辻哲郎『日本倫理思想史』，東京：岩波書店 1952 年版。

家永三郎『日本近代思想史研究』，東京：東京大学出版会 1953 年版。

子安宣邦『漢字論：不可避の他者』，東京：岩波書店 2003 年版。

小坂国继『明治哲学の研究——西周と大西祝』，東京：岩波書店2013年版。

岩橋遵成『近世日本儒学史』，『倫理叢書』第6編，東京宝文館1927年版。

高須芳次郎『近世日本儒学史』，越後屋書房1925年版。

Inazo Nitobe, *Bushido: the Soul of Japan, an Exposition of Japanese Thought*, Philadelphia: The Leeds and Biddle Company, 1900.

四　外文论文

井上哲次郎「懷中雜記」第一冊，福井純子編，『東京大学史紀要』1993年第11号。

井上哲次郎「懷中雜記」第二册，福井純子編，『東京大学史紀要』1994年第12号。

井上義彦「カントの“真善美”の哲学について」，『長崎総合環境研究』2006年8月第2号。

井ノ口哲也「井上哲次郎の江戸儒学三部作について」，『東京学芸大学紀』2009年第60号。

後藤基己「清初政治思想の成立過程」，『漢学会雑誌』1942年10月第2号。

山下竜二「明代思想研究はどう進められてきたか」，『名古屋大学文学部研究集（哲学）』1964年第12号。

渡部清「三宅雪嶺研究（一）：彼の「哲学」観の変遷を中心に」，『哲学科紀要』2001年第27号。

渡部清「三宅雪嶺研究（承前）儒教心学再生の試み」，『哲学科紀要』2002年第28号。

渡部清「日本主義的形而上学としての「現象即実存論」——井上哲次郎の立論を中心に」，『哲学論集』1999年第10号。

森田康夫「大塩的陽明思想の継承者・三宅雪嶺」，『大塩研究』2006年第3号。

呉光輝「日本陽明学の「読み換え」——明治期の知識人を中心に」，『北東アジア研究』2009年第17号。

藏角利幸「三宅雪嶺と長谷川如是閑：大正八年『我等』創刊を中心として」,『金沢学院短期大学紀要：学葉』2014 年第 12 号。

平石直昭「徳川思想史像の綜合的構成——「日本化」と「近代化」」，平成 6 至 7 年度科学研究费补助金（综合研究 A）研究成果报告书（非公开出版物）1996 年。

吉田公平「高瀬武次郎年譜稿—東洋大学の漢学者たち」（その 1),『井上円了センター年報』2006 年第 15 号。

生松敬三「「教育と宗教の衝突」論争」，宮川透、中村雄二郎、古田光編『近代日本思想論争：民選議院論争から大衆社会論争まで』，東京：青木書店 1963 年版。

瓜谷直樹「井上哲次郎の儒学研究の再検討：陽明学を中心に」,『教育文化』2011 年第 20 号。

町田三郎「井上哲次郎ノート一漢学三部作を中心にして一」,『中村璋八博士古稀記念東洋学論集』，東京：汲古書院 1998 年版。

大島晃「井上哲次郎の「東洋哲学史」研究と『日本陽明学派之哲学』」,『陽明学』1997 年第 9 号。

大岛晃「井上哲次郎における東沢瀉」，『陽明学』2001 年第 13 号。

野村英登「陽明学の近代化における身体の行方—井上哲次郎の中江藤樹理解を中心に」，『「エコ・フィロソフィ」研究』2016 年第 10 号。

金吉洛『韓国儒学の近代的変貌——開化期の朴殷植の近代精神』,「日韓宗教研究者交流シンポジウム」論文集 1996 年版。

長妻三佐雄「ナショナリズムと多様性の思想：三宅雪嶺における有機体的国家論の展開（変革期の政治思想）」，『政治思想研究』2012 年第 12 号。

船津明生「明治期の武士道についての一考察：新渡戸稲造『武士道』を中心に」,『言葉と文化』2003 年第 4 号。

荻原隆「三宅雪嶺の国粋主義—志賀重昂と対比して」,『研究年報』2004 年第 17 号。

荻原隆「政教社の国粋主義（上）」,『名古屋学院大学論集』（人文自然科学篇）2012 年第 1 号。

荻原隆「政教社の国粋主義（下）」,『名古屋学院大学論集』（人文自然科学篇）2012 年第 7 号。

狹間芳樹「キリシタンと武士道：殉教精神の涵養とキリスト教の倫理」,『アジア・キリスト教・多元性』2010 年第 8 号。

伊香賀隆『陸王心学における「自然」と「工夫」についての研究：陸象山・王陽明・王龍渓』，博士論文，東洋大学，2012 年。

李向英「政教社の対清認識——雑誌『日本人』を中心に」,『日本研究』2005 年第 18 号。

江島尚俊「近代日本の大學制度と倫理学：東京大學における教育課程に着眼して」,『田園調布学園大学紀要』2015 年第 10 号。

江島顕一「「国民道徳論」の形成に及ぼした儒学の影響に関する一考察：井上哲次郎の思想に焦点を当てて」，日本教育学会大會研究発表要項 66，2007 年。

Peng Guoxiang, "Contemporary Chinese Studies of Wang Yangming and His Followers in Mainland China", *Dao: Journal of Comparative Philosophy* (U. S. A), Vol. 11, No. 2, June 2003.

Quentin Skinner, "Meaning and Understanding in the history of ideas", *Meaning and Context: Quentin Skinner and his Critics*, edited and introduced by James Tully, Princeton: Princeton University Press, 1989.

后　记

《日本明治时期的阳明学研究》终于作为一部学术著作正式出版了，算是对我近十年来研习日本阳明学的回顾与总结。自 2010 年开始，我跟从恩师徐水生先生主攻中日近代哲学思想交流史方面的研究，先后顺利获得了硕士和博士学位。在先生的悉心指导下，我开始对日本阳明学，特别是阳明学与日本近代化的关系，萌生了浓厚的兴趣，并决定确立为博士学位论文的选题。2015 年我有幸赴日本早稻田大学政治经济学院进行访学交流，期间于早稻田大学图书馆、日本国立国会图书馆、东京大学图书馆等地收集了大量资料，同时也受到了渡边浩、平林宣和、濑户宏、饭冢容等教授的指点与帮助，研究得以有条不紊地开展。

日本与中国一衣带水，但阳明学却呈现了迥然异趣的思想风景。阳明学于 16 世纪初传入日本后，经过近代知识人、思想家的创造性地转化，与日本的社会、历史、文化相结合，产生了迥异于中国阳明学的新面貌、新作用，对近代日本产生了重要的历史影响。深入研究阳明学在近代日本出现的新面貌、新作用，客观、理性地阐释与评价日本近代知识人对阳明学的善用与滥用，既对国内阳明学研究具有重要参考价值，也可为阳明学如何“传下去、活起来、走出去”提供一个鲜活的实例。本书算是一个小小的尝试，敝帚自珍，虽略感欣慰，但也深知仅概览三宅雪岭、高濑武次郎、井上哲次郎三人的研究难以窥知日本近代阳明学的全貌，且尽管数易书稿，也难免存在一些纰漏不足之处，期待来日拾遗补缺，敬请各位专家读者批评指正。

最后，我要向武汉大学国学院及哲学学院中国哲学教研室的诸位先生深表谢意，他们研精覃思、勤于著述、诲人不倦，使我受益良多。特别是恩师徐水生教授，冰壶玉尺、循循善诱，笔耕不辍、著述等身，我将终生感铭先生的教诲与鼓励。同时，中国社会科学出版社为本书的出版做了大量的工作，衷心感谢梁剑琴编辑为本书所做的辛勤工作。

徐　倩

2022 年 5 月 10 日